Stefan Weinfurter
Herrschaft und Reich der Salier
Grundlinien einer Umbruchzeit

Stefan Weinfurter

Herrschaft und Reich der Salier

Grundlinien einer Umbruchzeit

Jan Thorbecke Verlag Sigmaringen
1991

CIP-Titelaufnahme der Deutschen Bibliothek

Weinfurter, Stefan:
Herrschaft und Reich der Salier: Grundlinien einer Umbruchzeit / Stefan Weinfurter. – Sigmaringen: Thorbecke, 1991
ISBN 3-7995-4131-4

© 1991 by Jan Thorbecke Verlag GmbH & Co., Sigmaringen

Alle Rechte vorbehalten. Ohne schriftliche Genehmigung des Verlages ist es nicht gestattet, das Werk unter Verwendung mechanischer, elektronischer und anderer Systeme in irgendeiner Weise zu verarbeiten und zu verbreiten. Insbesondere vorbehalten sind die Rechte der Vervielfältigung – auch von Teilen des Werkes – auf photomechanischem oder ähnlichem Wege, der tontechnischen Wiedergabe, des Vortrags, der Funk- und Fernsehsendung, der Speicherung in Datenverarbeitungsanlagen, der Übersetzung und der literarischen oder anderweitigen Bearbeitung.

Dieses Buch ist aus säurefreiem Papier hergestellt und entspricht den Frankfurter Forderungen zur Verwendung alterungsbeständiger Papiere für die Buchherstellung.

Einbandgestaltung: Neuffer Graphik Design, Freiburg i. Br.

Gesamtherstellung: M. Liehners Hofbuchdruckerei GmbH & Co. Verlagsanstalt, Sigmaringen
Printed in Germany · ISBN 3-7995-4131-4

Inhalt

Vorwort 7

Einleitung 9

1. Kapitel:
   Herkunft, Haus und Adelsherrschaft der Salier 13

2. Kapitel:
   Aufbruch und Dynamik der neuen Kaiserdynastie 24

3. Kapitel:
   Reichsrechte und Königsautorität unter Konrad II. 44

4. Kapitel:
   Verfassung und Gesellschaft im Wandel 58

5. Kapitel:
   Friedenskaiser und Herrscherkritik um die Jahrhundertmitte ... 75

6. Kapitel:
   »Staatsstreich« der Fürsten aus Sorge um das Reich 97

7. Kapitel:
   Heinrich IV. – König, Tyrann oder Antichrist 114

8. Kapitel:
   Fürsten als die Häupter des »Staatswesens« 139

Schlußbemerkung 156

Quellenverzeichnis 158

Literaturverzeichnis 162

Orts- und Personenregister 174

Stammtafel der Salier 187

Vorwort

Das salische Jahrhundert von 1024 bis 1125 strahlt in besonderer Weise den Charakter einer »Zeit der Gärung«, ja einer »Schwellenzeit« unserer Geschichte aus. In der Königsherrschaft und Reichsverfassung und auf den verschiedensten Ebenen der »Gesellschaft« und Gesellschaftsordnung wurden tiefgreifende Veränderungen eingeleitet und wirksam. Die Dynamik und Spannung, von denen die salische Epoche geprägt ist, in einigen Grundlinien einzufangen, ist der Versuch dieses Buches.

Über mehrere Semester habe ich an der Universität in Mainz in meinen Seminaren zusammen mit meinen Studenten versucht, die vielfältigen Fragen und Gesichtspunkte, die auf den Wandel dieser Epoche, seine Ursachen und Wirkungen zielen, tiefer auszuloten, und manche unserer Ergebnisse sind in die Darstellung eingeflossen. Im Zusammenhang mit meiner herausgeberischen Betreuung des dreibändigen Werkes »Die Salier und das Reich« (Sigmaringen 1991) und der in Vorbereitung dazu in Mainz veranstalteten Saliertagung (1989) habe ich von den beteiligten Kolleginnen und Kollegen viele Anregungen für dieses Vorhaben erhalten, ebenso in zahlreichen Gesprächen mit dem Generaldirektor des Römisch-Germanischen Zentralmuseums in Mainz, Herrn Dr. Konrad Weidemann, und meinen wissenschaftlichen Mitarbeitern, Herrn Dr. Helmuth Kluger, Herrn Dr. Hubertus Seibert und Herrn Frank Martin Siefarth. Wertvolle Hinweise erhielt ich auch von meinem Mainzer Kollegen Prof. Dr. Dethard von Winterfeld und von Herrn Dr. Ernst-Dieter Hehl von der Akademie der Wissenschaften und der Literatur in Mainz. Allen danke ich sehr herzlich, Herrn Frank Martin Siefarth vor allem auch für die Anfertigung des Registers, Frau Doris Hagen, M.A., für vielfältige Mithilfe und Herrn Dr. Eckhart Grünewald vom Verlag für die gute und trotz allen Termindrucks fröhliche Zusammenarbeit bei der Drucklegung.

Mainz, August 1990 *Stefan Weinfurter*

Salierstemma in der Chronik des Ekkehard von Aura (Havelberger Überlieferung, jetzt Staatsbibliothek Berlin, Stiftung Preußischer Kulturbesitz, Cod. lat. 295, fol. 81ᵛ), zurückgehend wohl auf eine Vorlage in der Recensio II von 1106/1107

Einleitung

Ein Herrscher sitzt majestätisch auf seinem Thron. Die darüber angebrachte Schrift nennt seinen Namen: Kaiser Konrad (II.). Er hält in seiner linken Hand den Reichsapfel. Mit dem rechten, ausgestreckten Arm trägt er ein Medaillon, in dem sich das Brustbild eines weiteren Herrschers befindet: Kaiser Heinrichs (III.). Darunter, mit Verbindungsstrichen gleichsam darangehängt, folgt das Medaillon mit dem Bild Kaiser Heinrichs (IV.), mit dem wiederum die Darstellungen seiner Kinder verbunden sind: zu seiner Rechten die Tochter Agnes – hier aus ungeklärten Gründen Adelheit genannt – und darunter die Söhne, König Konrad und König Heinrich (V.). Die ganze Komposition ist eingerahmt von Mauerzügen und Zinnen, die einen Palast oder ein befestigtes Haus andeuten (Tafel 1).

Es ist ein sehr bemerkenswertes Bild, das uns in einer um 1130 angefertigten Abschrift der Chronik des Ekkehard von Aura überliefert ist (Staatsbibliothek Berlin, Stiftung Preußischer Kulturbesitz). In eindrucksvoller Art führt es uns das von 1024 bis 1125 regierende Herrscherhaus, die Dynastie der Salier, vor Augen, und wir können nach den jüngsten Forschungen (Karl Schmid) ziemlich sicher davon ausgehen, daß die Vorlage dieser Federzeichnung, das nicht mehr erhaltene Original, 1106, spätestens 1107 entstanden ist.

Das Bild signalisiert eine besondere Geschlossenheit, eine enge innere Verbindung, mit der die dargestellte Dynastie zusammengehalten wird; die Hausarchitektur unterstreicht diese Zusammengehörigkeit noch. Die feste Verankerung, den »Halt«, verleiht der Dynastie aber vor allem der thronende Kaiser Konrad II., der Begründer des salischen Herrscherhauses. Seine Kraft, so scheint das Bild mitteilen zu wollen, strömt auch auf die nachfolgenden Generationen über und gibt der Herrscherdynastie dauerhafte Stabilität.

Das Überraschende dabei ist, daß die politischen Ereignisse im Reich in diesen Jahren einen ganz anderen Eindruck vermitteln. Heinrich V., der letzte in der Medaillonfolge, der junge Sohn Kaiser Heinrichs IV., hatte sich im Winter 1104/1105 einer Fürstenverschwörung angeschlossen und in den Jahren 1105 und 1106 unter geradezu entwürdigender Demütigung des Vaters alles darangesetzt, die Herrschaft an sich zu reißen. Wie sind diese Vorgänge mit der beschriebenen Darstellung zu vereinbaren? Das Bild gehört in das Umfeld der Partei des jungen Königs, der sich gegen seinen Vater erhoben hatte. Aber von Anfang der Kämpfe an, so lehrt uns das Bildprogramm des »Salierhauses« fein zu unterscheiden, hat sich der Sohn nicht so sehr von persönlicher Machtgier leiten lassen, sondern sich in der höheren Einheit der Dynastie mit dem Vater verbunden gesehen. Die Weiterführung des dynastischen Auftrages aber schien bedroht, als die Fürsten dem exkommunizierten Vater nicht mehr folgen wollten und damit auch die Nachfolge des Sohnes gefährdet war. Im Interesse der Dynastie sah sich der Sohn also zur Entmachtung des Vaters verpflichtet – eine Konzeption, die noch ausführlicher zu erörtern sein wird. Die Kraft und auch die Bindung der dynastischen Idee hatten sich gleichsam über das Recht des Einzelherrschers gesetzt.

Dieses Programm der transpersonal-dynastischen Verankerung der Königsherrschaft war, jedenfalls in dieser Ausprägung, vor den Saliern im ostfränkisch-deutschen Reich noch unbekannt, und es signalisiert uns eine neue Stufe von Herrschaftslegitimation und Königsidee. Von hier, so kann man hinzufügen, zieht sich eine direkte Linie zur staufischen Herrscheridee, nach der sich das Stauferhaus schließlich als letztes Glied eines von Anfang an bestehenden, allein zur Herrschaft legitimierten Kaisergeschlechts verstanden hat. Wie es aber in der Salierzeit zu den Grundlagen dieser Herrscheridee kam, welche »ideologischen« und verfassungshistorischen Veränderungen dafür eine Rolle gespielt haben, wird in den folgenden Kapiteln ein Leitthema sein.

Die dynastiebildende Kraft der Salier ist in der Forschung zeitweise etwas unbeachtet geblieben; eher in älteren Werken finden sich Wertungen wie diejenige von Karl Hampe in seinem klassischen Werk »Deutsche Kaisergeschichte in der Zeit der Salier und Staufer« von 1908: »Vielmehr darf man wohl behaupten, daß kaum eine andere Dynastie des gesamten deutschen Mittelalters an echter Herrscherbegabung mit den Saliern zu wetteifern vermag.« Schon bei Hampe schließen sich freilich auch folgende Worte an: »Auch war das Reich trotz der jahrzehntelangen, zerrüttenden Kämpfe und des Rückgangs der Zentralgewalt von einem Verfall der Kräfte weit entfernt. Politisch war es trotz allem noch immer die ausschlaggebende Macht Europas, seine kriegerische Kraft war ungebrochen. Indem der grundbesitzende Adel sich von der wirtschaftlichen Eigentätigkeit zurückzuziehen begann, waren die unteren Schichten, Dienstmannen und Bauern, im lebhaften Aufschwunge begriffen. Die emporblühenden Städte zogen die überschüssigen Kräfte des Landes an sich und vermannigfaltigten und bereicherten das wirtschaftliche Leben. Allenthalben Wachstum und Bewegung! Auf geistigem Gebiete endlich wird man zwar nicht von einer »salischen« Kultur in demselben Sinne reden können, wie man von einer ottonischen und staufischen spricht, hervorragende Leistungen wurden fast nur auf den Gebieten der Geschichtsschreibung und Baukunst erzielt; bald genug fehlte es für große Kulturtaten an der nötigen Sammlung. Aber für das geistige Reifwerden der Nation wird man die Bedeutung der salischen Epoche gleichwohl sehr hoch einschätzen; die Laienkultur der Stauferzeit wäre ohne diese vorbereitende Entwicklung undenkbar« (S. 88 der 3. Auflage von 1916).

Wenn man von dem nationalhistorischen Impetus in der Diktion dieses Forschers an der Jahrhundertwende absieht, so wird man zugeben müssen, daß mit dieser skizzierenden Wertung durchaus schon der Blick geöffnet wird für die neben dem salischen Königtum wirkenden Kräfte, für die »Dynamik« des salischen Jahrhunderts. In dieser Epoche liefen tiefgreifende Entwicklungen ab, die nicht auf der Ebene des Königtums entstanden sind oder vom Königtum gesteuert wurden, die aber gleichwohl für das Reich und seine Menschen prägend geworden sind: »Allenthalben Wachstum und Bewegung!« Karl Hampe hat diese Vorgänge nur angedeutet, aber seither hat die Geschichtsforschung durch eine Vielzahl von Studien die politischen, sozialen, rechtlichen, wirtschaftlichen und religiösen Veränderungen und Bewegungen schärfer erfaßt und tiefer ausgelotet. Vor allem die Vorgänge der Kirchen- und Klosterreform sind gründlich erforscht worden, der »Investiturstreit« insbesondere, den man grob gefaßt mit den Jahreszahlen 1076 und 1122 umgrenzen kann. In neueren Überblicksdarstellungen wird mit unterschiedlicher Schwerpunktsetzung dieser Forschungsstand ausgezeichnet vermittelt. Die Bücher von Hagen Keller (Propyläen Geschichte Deutschlands 2) und Egon Boshof (Die Salier) umfassen die gesamte salische Epoche, während diejenigen von Horst Fuhrmann (Deutsche Geschichte im hohen Mittelalter), Friedrich Prinz (Grundlagen und Anfänge. Deutschland bis 1056), Alfred Haverkamp (Aufbruch und Gestaltung. Deutschland 1056–1273), Hermann Jakobs (Kirchenreform und Hochmittelalter. 1046–1215) und Eduard Hlawitschka (Vom Frankenreich zur Formierung der europäischen Staaten- und Völkergemeinschaft. 840–1046) nur bis zur Mitte des 11. Jahrhunderts reichen oder dort einsetzen.

Diese vielfältigen Forschungsleistungen haben deutlich gemacht, daß wir die Geschichte des »deutschen« Reiches in der Salierzeit aus dem Zusammenspiel und dem Gegeneinander verschiedenartigster Kräfte auf ganz unterschiedlichen Ebenen verstehen lernen müssen. Es zeigt sich, daß es wichtig ist, die Bedingungen zu kennen, in denen sie sich jeweils entwickelt haben, und die Konsequenzen zu beachten, die sie in einem Netz von Verbindungen, Einflüssen und Abhängigkeiten auslösten. Neben dem König und seiner Dynastie sind dabei vor allem die hohen Machtträger des Reiches zu beachten, die Bischöfe und Äbte, die Herzöge, Grafen und Vögte, aber auch die veränderten Herrschaftsformen des Adels und die im Wandel begriffene Amtsführung der kirchlichen Amtsträger, die in diesem Jahrhundert erstmals sich konkreter formierenden Gruppen der »Bürger« und der unfreien Krieger und Dienstleute mit besonderer Rechtsqualität (Ministerialen), aber auch des »Bauernstandes«, die neuen Ideen von der Funktion und Rolle der Kirche und der Priester, von der funktionalen Ordnung der Gesellschaft, von dem stärker hervortretenden Vorrang der »Wahrheit« vor der »Gewohnheit«, von strengerer Bestrafung und Gehorsam der Untergebenen... – immer weiter würde man bei dieser Aufzählung in das »Innere« des salischen Gesellschafts- und Herrschaftsverbunds eindringen, der gleichzeitig ein »Wirkverbund« war und bei dem König und Herrscherdynastie nur einen Ausschnitt darstellen. Das »Reich« und die Lebensbedingungen seiner Menschen in diesem Sinne auch nur einigermaßen umfassend einzufangen, kann der folgenden, kurzgefaßten Einführung in die Salierzeit niemals gelingen. Aber es soll doch versucht werden, Königtum und Herrschaftskonzeption der Salier auch in diesen Zusammenhängen zu sehen und einige Grundlinien dieser Epoche, Beispiele des »Wirkverbunds« und eine Vorstellung vom grundlegenden Wandel in Reich und »Gesellschaft« dieses salischen Jahrhunderts zu vermitteln.

1. KAPITEL

Herkunft, Haus und Adelsherrschaft der Salier

Am 4. September 1024 wurde in Kamba – einem heute nicht mehr existierenden, gegenüber Oppenheim gelegenen rechtsrheinischen Ort – ein neuer König gewählt: Konrad II. aus dem Geschlecht, das man später Salier nannte.

Wer waren die Salier? Der Name *reges salici* selbst bringt hier zunächst wenig Aufschluß, denn er ist uns erst aus dem Anfang des 12. Jahrhunderts überliefert und scheint kaum weiter zurückzureichen. Wie der Name zustandekam, ist nicht unumstritten. Möglich wäre eine Ableitung von *sal* = Herrschaft, was sich auf die bei den Saliern deutlich hervortretende – schon von den Zeitgenossen empfundene – Tendenz zur »Befehlsherrschaft« beziehen könnte. Wahrscheinlicher aber ist der Bezug auf den vornehmsten Volksstamm der Franken, der diesen Namen trug. Die *lex Salica*, das Volksrecht dieses Stammes, hat das Bewußtsein davon über die Jahrhunderte erhalten. Die salischen Herrscher waren (Rhein-)Franken, und da Wipo, der Biograph Konrads II., dessen Herkunft mütterlicherseits auf die fränkischen Königshäuser zurückführte, könnte es sein, daß man den Namen Salier deshalb auf das Geschlecht Konrads II. übertrug. Streng genommen dürften wir also nur die Kaiserreihe von ihm bis zu Heinrich V. als »Salier« bezeichnen, aber die Geschichtswissenschaft hat diesen Namen längst auf die Vorfahren im 10. Jahrhundert ausgedehnt, und so wird auch in unserer Darstellung verfahren.

Wipo spricht in seiner um 1044/1045 entstandenen Biographie also noch nicht von »Saliern«. Bei ihm heißt es über diese Familie: »Es waren zwei Männer namens Konrad« – und damit meinte er die beiden Verwandten, die in Kamba 1024 in die engste Wahl gekommen waren –, »deren einen man wegen seines höheren Alters den älteren Konrad nannte; der andere hieß Konrad der Jüngere. Beide waren hochedle Herren aus dem rheinfränkischen Gebiet, und sie waren die Söhne von zwei Brüdern. Ihre Väter hießen Heinrich und Konrad. Diese beiden Väter wiederum waren die Söhne des Herzogs Otto von Franken, der noch zwei weitere Söhne hatte: Bruno und Wilhelm. Bruno wurde Papst und hieß dann Gregor [V. – der erste »deutsche« Papst, der mit 24 Jahren sein Amt angetreten hatte und es von 996 bis 999 innehatte]. Wilhelm hat als Bischof [1029–1046] die Straßburger Kirche nachhaltig gefördert. Nun waren aber die beiden Konrade nicht nur von Vaters Seite her von so hohem Adel, wie erwähnt; nicht weniger erlaucht waren sie auch von der Seite der Mütter her. Konrads des Jüngeren Mutter Mathilde stammte nämlich von einer Tochter König Konrads von Burgund ab. Die Mutter Konrads des Älteren hieß Adelheid und entstammte einem sehr vornehmen Geschlecht Oberlothringens. Sie war die Schwester der Grafen Gerhard und Adalbert, die ständig mit Königen und Herzögen den Kampf aufnahmen und schließlich selbst in der Zeit ihres Verwandten, König Konrads [II.], nur schwer Ruhe gaben. Ihre Ahnen sollen dem alten Haus der Könige von Troja entstammen, die unter dem heiligen Bekenner Remigius ihren Nacken unter das Joch des Glaubens beugten.«

Auf berühmte Herkunft aus Königshäusern wird also verwiesen, und über seine Mutter Adelheid, so besagt diese Stelle, könne sich Konrad II. auf das Geschlecht der Merowinger, des fränkischen Königshauses, das man von Troja herleitete, zurückführen. Der Merowingerkönig Chlodwig war es, der 496 vom Bischof Remigius von Reims (ca. 462–533) die Taufe empfangen hatte. Auffällig an dieser im Umkreis des salischen Hofes entstandenen genealogischen Einordnung ist der Verzicht darauf, die Verwandtschaft mit den »Ottonen«, dem vorangegangenen Königsgeschlecht, zu erwähnen, obwohl doch die Urgroßmutter des ersten salischen Königs, Liudgard, eine Tochter Ottos des Großen (936–973) war. Auffällig ist auch, daß die väterliche Herkunft überhaupt nur bis zu Herzog Otto »von Franken« zurückverfolgt wird, nicht aber noch bis zu dessen berühmtem Vater, Herzog Konrad dem Roten, dem Schwiegersohn Ottos des Großen, der im ottonischen Familienverbund aufgestiegen war. Daß man über die bis zu ihm reichenden genealogischen Zusammenhänge zweifellos zur Zeit Wipos Bescheid wußte, belegt schon die Tatsache, daß Konrad der Rote wie seine Nachkommen in der Hausgrablege im Wormser Dom bestattet war und sein Andenken also gepflegt wurde. Diese Beobachtungen deuten an, daß im Bewußtsein des frühsalischen Königshauses eine eher distanzierte Haltung zum ottonischen Königtum bestanden hat und daß die Machtstellung väterlicherseits eher in ihrer adlig-herzoglichen Begründung gesehen wurde. Auf diese Überlegungen werden wir im Zusammenhang mit der Wahl Konrads II. nochmals zurückkommen.

Mit dieser bei Wipo nur kurz zurückreichenden genealogischen Herleitung der väterlichen Linie hat sich die Forschung natürlich nicht zufriedengegeben. Verschiedene Studien (Hermann Schreibmüller, Heinrich Büttner, Wolfgang Metz) haben ergeben, daß die salischen Vorfahren mit aller Wahrscheinlichkeit in der Adelssippe der Widonen zu suchen sind. Diese Widonen, abgeleitet von dem in dieser Sippe auftretenden Leitnamen Wido, sind schon im 7. Jahrhundert als wichtige Helfer der Karolinger bezeugt. Sie hatten hohe Verwaltungsämter inne und besetzten zeitweise den Bischofsstuhl von Trier. In Mettlach an der Saar gründeten sie früh ein Hauskloster; ein zweites Hauskloster, Hornbach im Bliesgau, entstand kurz vor der Mitte des 8. Jahrhunderts (742 oder kurz vorher) und wurde dem großen irofränkischen Missionar Pirmin, dem Gründer berühmter Klöster wie auf der Reichenau oder in Murbach, übertragen. Der Herrschaftsschwerpunkt der Widonen lag ungefähr im Gebiet zwischen Metz, Trier, Idar-Oberstein und Pirmasens (»Ort des Pirmin«). Mit der Gründung Hornbachs und den im Wormsgau liegenden königlichen Schenkungen an dieses Kloster war überdies ein erster Zugriff von

Westen her über den Waldgürtel in das alte Siedelland in der Rheinebene vollzogen. Um 760 kam noch das kleine Kloster St. Philipp zu Zell, westlich von Worms an der Pfrimm, hinzu, das dem Kloster Hornbach und damit den Widonen als Eigenklosterherren untergeordnet war.

Die Widonen-Sippe teilte sich seit dem Ende des 8. Jahrhunderts in verschiedene »Zweige«, die sich im bretonischen Raum, im Gebiet der unteren Loire und vor allem im Herzogtum von Spoleto beachtliche Machtstellungen schufen. Herzog Wido von Spoleto entwickelte besonders hochfliegende Pläne, strebte 888 nach der Königswürde von Burgund und erreichte schließlich im Jahre 891 sogar die Kaiserkrone. Nach ihrem Leitnamen Lambrecht nennt man diese Linie Lambertiner.

Ein Teil der widonischen Sippe ist im Ursprungsgebiet geblieben und hat im Laufe des 9. Jahrhunderts vom Bliesgau aus mit dem Hauskloster Hornbach (Mettlach ging an den Bischof von Trier verloren) die Herrschaft an der Saar und im Worms- und Speyergau ausgebreitet. Zu Beginn des 10. Jahrhunderts treffen wir einen Grafen Werner im Speyergau an, von dem an die Linie der salischen Vorfahren endlich ohne Unterbrechung weiterverfolgt werden kann. Die Verbindung dieses Werners zu den Widonen läßt sich genealogisch freilich nicht zwingend belegen, aber die Besitz- und Amtsnachfolge und dasselbe Hauskloster Hornbach sprechen für einen verwandtschaftlichen Zusammenhang.

Dieser Graf Werner konnte eine Frau aus dem königlichen Haus der Konradiner heiraten, wahrscheinlich die Schwester König Konrads I. (911–918). Durch diese Heirat gelangte der neue Leitname Konrad in seine Familie. Aber noch mehr: Als die Konradiner in den Kämpfen gegen Otto den Großen 939 unterlagen, verloren sie auch ihre Vormachtstellung am Mittelrhein. Diese ging, zweifellos mit Zustimmung des Königs, nun zum großen Teil auf die Familie des Grafen Werner über, nämlich auf dessen Sohn Konrad, der neben seinen sonstigen Vorzügen offenbar auch ein verwandtschaftliches Anrecht geltend machen konnte.

941 erscheint dieser Konrad, der den Beinamen »der Rote« erhielt, im Besitz der Grafschaften seines Vaters im Nahegau, Wormsgau und Speyergau und außerdem im Niddagau nördlich von Frankfurt. Seine Bindung zum ottonischen Königshaus wurde 947 durch die Heirat mit einer Tochter Ottos des Großen, Liudgard, gefestigt, nachdem ihm schon vorher, 944 (oder 945), die Herzogswürde von Lothringen übertragen worden war. Diese Vorgänge machen recht deutlich, wie eng die Interessengemeinschaft von König und Konrad dem Roten geknüpft war: Die Machtstellung des Saliers am Mittelrhein wurde intensiv gefördert, der dafür die Aufgabe zu übernehmen hatte, das politisch unzuverlässige Lothringen, das sich vom Elsaß bis an die Rheinmündung erstreckende Gebiet ungefähr zwischen Maas und Rhein, an das Reich zu binden und für den König zu kontrollieren.

Für Otto den Großen war es ein herber Schlag, als sich der Salier 953 einer für den König höchst gefährlichen Aufstandsbewegung anschloß. Otto beklagte sich nach dem Bericht des Geschichtsschreibers Widukind (III, 32) bitter über diesen Undank: »Der, den ich am meisten geliebt habe, den ich aus einer recht mittelmäßigen Position zur höchsten Würde, zu einer überragenden Macht- und Amtsstellung befördert habe, er hat meinen einzigen Sohn [damit meinte er seinen ebenfalls aufständischen Sohn Liudolf] gegen mich auf seiner Seite.« Die Erhebung wurde niedergeschlagen, und Konrad der Rote verlor 953 das Herzogtum Lothringen. Er unterwarf sich aber dem König und zog mit ihm 955 auf dem Lechfeld bei Augsburg gegen die Ungarn in den Kampf. Wieder berichtet uns Widukind darüber (III, 47): »Dem Herzog Konrad, der tapfer kämpfte, wurde durch die Hitze des Gefechts und durch die Sonnenglut, die an diesem Tag heftig brannte, gewaltig heiß, und als er die Bänder des Panzers löste und Luft schöpfte, fiel er, von einem Pfeil durch die Kehle getroffen. Sein Leichnam wurde auf Befehl des Königs ehrenvoll aufgehoben und nach Worms gebracht. Dort wurde dieser Mann, groß und ruhmvoll durch jegliche Tugend der Seele wie des Körpers, unter Tränen und Klagen aller Franken bestattet.«

Man erkennt an diesem Bericht, daß Konrad der Rote nach dem damaligen Urteil eine eindrucksvolle Persönlichkeit war, daß er jedenfalls alle Vorzüge des tapferen Kriegers aufwies und daß ihm der König nach der Unterwerfung erneut besondere Gunst entgegenbrachte. Auf königliche Anordnung hin erhielt er schließlich nach seinem Schlachtentod ein ungewöhnlich ruhmvolles Begräbnis in Worms, wie wir wissen im dortigen Dom, in dessen Krypta er noch heute ruht. Diese Begräbnisstätte ist überaus bemerkenswert, denn die Bestattung in einem Bischofsdom billigte man zu dieser Zeit bestenfalls Bischöfen oder Königen zu, geweihten Personen also. Den sterblichen Überresten gewöhnlicher Laien, auch mächtigster Fürsten, war dieser heiligste Ort des Gottesdienstes in der Regel verschlossen. Das salische Adelshaus wurde mit einer derart ehrenvollen und herausragenden Auszeichnung in seinem Selbstverständnis ohne Zweifel weit emporgehoben und hat an ihr festgehalten.

Damit verstärkte sich auch der Charakter von Worms als Mittelpunkt der salischen Fürstenherrschaft. Dort befand sich an der Stelle des späteren St. Pauls-Stifts die salische Grafenburg – wohl identisch mit der alten karolingischen Königspfalz (Peter Classen) –, und dort hatten Werner und Konrad der Rote einen umfangreichen Besitz- und Machtkomplex aus Eigengütern und vor allem Reichsgütern zusammengetragen. Worms war das salische Machtzentrum geworden.

Mit dem Tod Konrads des Roten war der glänzende Aufstieg des salischen Hauses keineswegs unterbrochen. König Otto I. hat seine Zuwendung und Förderung sogleich auf Konrads kleinen Sohn, also seinen Enkel, gerichtet. Dieser trug, wie sein königlicher Großvater, den Namen Otto. Obzwar noch unmündig, erscheint er 956 bereits als Graf im Nahegau, und in der Folgezeit vereinigte er mit dem Wormsgau, dem Speyergau, dem Niddagau und weiteren Grafschaften zwischen Neckar und Rhein (Elsenzgau, Kraichgau, Enzgau, Pfinzgau, Uffgau) einen annähernd geschlossenen Großgrafschaftskomplex um den Mittel- und Oberrhein in

Die im Wormser Dom bestatteten Salier

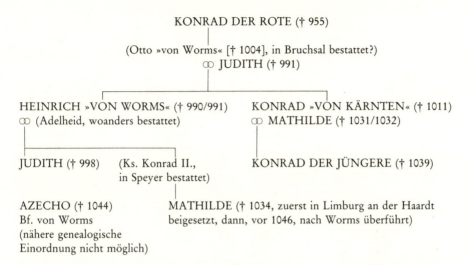

seiner Hand. Diese außerordentliche Machtstellung versuchte sein Onkel, König Otto II. (973–983), offenbar zu schwächen, indem er ihn 978 mit der Herzogswürde von Kärnten in weitentfernte Gebiete abzog. Ein Jahr später setzte er durch, daß der Salier seine Bann- und Zolleinkünfte innerhalb der Stadt Worms und bestimmte Gerichtsrechte an den Wormser Bischof abtreten mußte (D O II. 199). Diese Einbußen nahm der Salier aber erst hin, als er von der Vormundschaftsregierung Ottos III. 985 den für einen weiteren Herrschaftsausbau nach Westen höchst bedeutsamen Wasgauforst und wichtigen Königshof Lautern (Kaiserslautern) als Ersatz übertragen bekam. Der gleichzeitige Verzicht auf die Herzogswürde von Kärnten scheint überdies vom Hof mit der Übertragung von Besitz und Rechten des mächtigen Reichsklosters Weißenburg im Elsaß an den Salier vergütet worden zu sein.

Besonders aufschlußreich für die Herrschaftsbildung Ottos »von Worms«, wie dieser Salier zur Unterscheidung von anderen Personen desselben Namens genannt werden soll, sind eine Stifts- und eine Klostergründung, die auf ihn zurückgehen. Auf seinen Befehl hin (*iussu*) hat der Abt Adalbert von Hornbach 975/976 das inzwischen verfallene Kloster des heiligen Philipp zu Zell, westlich von Worms, von dem bereits die Rede war, zu erneuern begonnen (*Vita Philippi presbyteri Cellensis: De inventione corporis*, cap. 1). Nun sollte hier ein Stift mit Klerikern entstehen, womit eine stärkere seelsorgliche Erfassung der Umgebung neben der erneuten Konzentration der Güter und der Intensivierung der Bewirtschaftung verbunden war. Die Vogtei befand sich ohne Zweifel bei den Saliern oder einem Beauftragten, so daß sich an diesem Beispiel das Bild einer Herrschaftsverdichtung im Wormser Umfeld abzeichnet.

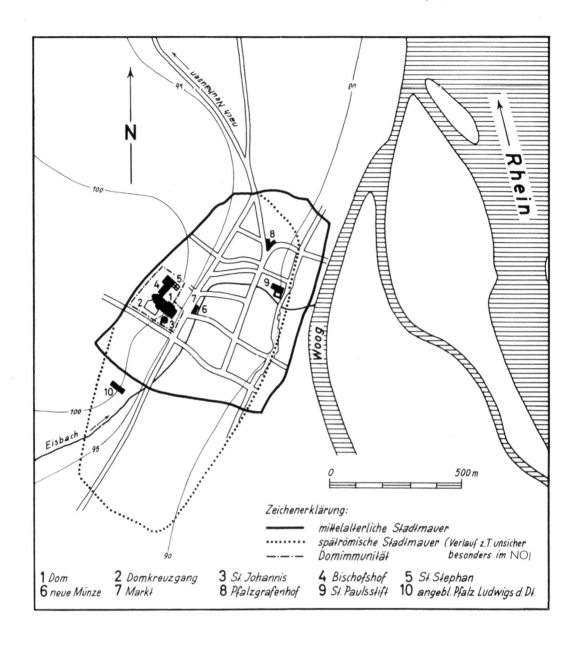

Abb. 1 Worms im Mittelalter (CLASSEN, Bemerkungen zur Pfalzenforschung, 1963, ND 1983, S. 501)

Noch wichtiger dürfte aber die mit ziemlicher Sicherheit 987 (und nicht 977) erfolgte Gründung des Klosters St. Lambrecht am Speyerbach, oberhalb von Neustadt (an der Weinstraße), gewesen sein. Eine recht interessante »Gründungsurkunde«, offenbar nach Gründungsaufzeichnungen nachträglich (11. Jahrhundert?) angefertigt, betont, daß »Kaiser« Otto III. der Gründung zugestimmt habe. Dies deutet darauf hin, daß man seine Zustimmung auch benötigte, und dies wiederum war dann der Fall, wenn Reichsgut bei der Gründung mitbetroffen war. In der Urkunde wird ein umfangreicher Besitzkomplex des Klosters exakt umschrieben, der offenbar – zumindest zum Teil – aus Reichsgut gebildet wurde. Auch verschiedene weitere Rechte, die noch genannt werden, dürften zum Teil auf Reichsrechte zurückgegangen sein. Die Vogtei, also die Gesamtheit der Herrschaftsrechte über das neue Kloster, so die Urkunde weiter, sollte immer das älteste Mitglied des Hauses in agnatischer Folge innehaben. Weder ein König (!) noch sonst ein Fürst oder eine weltliche Gewalt dürften künftig irgendwelche Gerichtsrechte beanspruchen (Stauber, Beilage 1).

Diese Formulierungen deuten darauf hin, daß Salier- und Reichsgut durch die Übertragung an das Kloster nunmehr gebündelt wurde, daß es herrschaftsmäßig in der Vogtei vereinheitlicht wurde und daß die damit entstehende, prinzipiell nicht teilbare Vogteiherrschaft an das Salierhaus gebunden werden sollte. Mit dem »Senioratsprinzip«, der Bevorzugung des Ältesten, war eine weitere Herrschaftskonzentration und -stabilisierung angestrebt. Das Frömmigkeitsmotiv, die »Investition« für das Seelenheil, darf bei diesen Vorgängen natürlich keineswegs übersehen werden; für das Denken des mittelalterlichen Menschen stand es an erster Stelle. Aber die rechtlichen und herrschaftsorientierten Vorteile wurden ganz offensichtlich gezielt damit verknüpft und umgesetzt. Dieser Vorgang, den man als »Patrimonialisierung« von Besitz und Rechten bezeichnet, ist typisch für den Aufbau der »modernen« Adelsherrschaften im 11. und dann besonders im 12. Jahrhundert. Die Salier aber haben, wie sich damit abzeichnet, diese Art der Herrschaftsbildung und -politik schon viel früher, gegen Ende des 10. Jahrhunderts, angewandt. Dieser Gesichtspunkt ist für die Beurteilung des salischen Hausverständnisses wichtig, denn er macht uns darauf aufmerksam, daß mit Otto »von Worms« ein stärkerer Zug zu einer »eigenständigen«, vom König oder seinem Auftrag unabhängigeren Herrschaftsstellung im Salierhaus einsetzte. Dieses Bewußtsein von der aus eigener Wurzel und aus eigenem Recht erwachsenen Bedeutung muß im »Salierhaus« eine zunehmende Rolle gespielt haben, denn genau bis an diesen Punkt hat Wipo, wie geschildert, die Genealogie der Salier in der männlichen Linie zurückgeführt.

Die neue Macht- und Herrschaftsposition des Otto »von Worms« wurde schon in seiner Zeit berücksichtigt und führte dazu, daß er den Titel »Herzog« (*dux*) vom Königshof auch für die Zeit zugebilligt bekam, in der er gar kein Herzogtum besaß. Wie die Forschung längst herausgestellt hat (Hans Werle), beruhte dieses »Titularherzogtum«, das früheste in der deutschen Geschichte, auf der immer mächtiger werdenden Adels- und Großgrafenherrschaft mit dem Herrschaftsmittelpunkt Worms. Die Bezeichnung *Wormatiensis dux Francorum* umschreibt diesen Sachverhalt recht gut, denn es gab zu dieser Zeit kein Herzogtum der Franken mehr, so daß wir also übersetzen müßten: »fränkischer Herzog von Worms«. Worms war gewissermaßen Geschlechtsbezeichnung geworden. *Dux* gibt den Rang der Familie im Reichsgefüge an. *Francorum* könnte zwar als Reminiszenz an das ehemalige Herzogtum Franken zu verstehen sein, hat aber sicherlich eher die Stammeszugehörigkeit der Salier gemeint, denn ihr »Herzogtum« bezog sich um die Jahrtausendwende allein auf den – in neuartiger Weise zusammengefügten – salischen Herrschaftsbereich. Es war ein Herzogsrang gleichsam »aus eigener Kraft« entstanden, den auch das Königtum schließlich anerkennen mußte. Auch im Inneren seiner Herrschaft setzte Otto »von Worms« diese Stellung um, denn ganz offensichtlich hat er – wie der Herzog von Bayern zu dieser Zeit – in seinen mittelrheinischen Grafschaften Grafen, unter anderen die Emichonen, die späteren Grafen von Leiningen, eingesetzt. Diese sollte man nicht, wie in der Geschichtsforschung mitunter zu finden ist, als »Untergrafen« bezeichnen, denn sie waren durchaus einem »Herzog« zugeordnet und standen in lehnrechtlichem Verhältnis zu ihm.

Diese besondere Ausprägung der salischen Adels- und »Herzogs«-Herrschaft und des salischen Hausbewußtseins muß man auch für die weitere Entwicklung dieses Hauses und ebenso für die spätere salisch-königliche Herrschaftsführung im Auge behalten. Es wird kaum ohne Bedeutung für das Selbstverständnis Konrads des Älteren, des ersten salischen Königs also, gewesen sein, daß sein Vater, Heinrich, der älteste Sohn des Otto »von Worms« war. Heinrich »von Worms« hätte die Führungsrolle des Hauses zu übernehmen gehabt, und seine Ehe mit Adelheid, deren Ahnen nach Wipo dem merowingischen Königshaus entstammten, entsprach dieser Rolle. Aber Heinrich starb vor seinem Vater, wahrscheinlich 990/991, jedenfalls vor dem Jahr 1000, so daß das »Seniorat« an seinen jüngeren Bruder Konrad überging. Im salischen Haus zu Worms hat das zu Beginn des 11. Jahrhunderts offenbar zu erheblichen Spannungen geführt, weil der junge, heranwachsende Sohn Heinrichs, ebenfalls mit dem Namen Konrad – also der spätere Konrad II. –, gegen diese Zurückstufung seiner Linie aufbegehrte. Für den Wormser Bischof Burchard (1000–1025) ergab sich daraus jedenfalls die Gelegenheit, den kleinen, etwa 11- bis 12jährigen Konrad unter seinen Schutz zu ziehen und die Einheit des salischen Hauses etwas aufzubrechen (*Vita Burchardi*, cap. 7 und 21).

In dieser Situation griff der neue König Heinrich II. (1002–1024) ein, der vom ersten Tag seines Königtums an das Programm einer ungewöhnlich intensiven und auch das gesamte Reich erfassenden Herrschaftsführung umzusetzen begann. Politisch wie auch »ideologisch« strebte er kraftvoll nach Monopolisierung der Königsgewalt und nach möglichst vollständiger Durchdringung des Reiches mit dem königlichen Hoheitsanspruch. Die christliche Herrscheridee, die ihn als *vicarius* und als *typus Christi* erscheinen ließ, hat er mit besonderem Nachdruck und aus vollster Überzeugung heraus als Legitimationsgrundlage für seine Handlungsweise eingesetzt. Er beanspruchte die ungeteilte und ungeschmälerte Königsgewalt im ganzen Reich (*sine aliqua divisione*, DH II. 34). Das gedanklich schon unter Otto dem Großen entwickelte – und in der Mainzer Krönungsliturgie von ca. 960 auch schon voll ausformulierte – Programm des göttlichen Auftrags und des göttlichen Willens für die königliche Amtsführung suchte er erstmals konsequent im gesamten Reich und gegenüber allen geistlichen und weltlichen Machtträgern durchzusetzen. Dies bedeutete in der Geschichte des »deutschen« Königtums erstmals einen stärkeren Zug zu einer auf die Königsgewalt zulaufenden Hierarchisierung in der Reichsverfassung. Dabei hat eine »Verfassung« zu dieser Zeit natürlich noch nicht im modernen Sinne existiert und war auch nicht schriftlich festgelegt, sondern ist als »Regelsystem« im Zusammenwirken – oder Gegeneinanderwirken – verschiedener Kräfte im Machtgefüge des Reiches zu verstehen.

Es kann nicht überraschen, daß sich dieser – im 12. Jahrhundert heiliggesprochene – Herrscher mit einem derartigen Herrschaftsanspruch sofort gegen die Ansätze der eigenständigen Machtbegründung, wie sie in besonderer Weise und ungewöhnlich früh im salischen Adelshaus hervortreten, vehement zur Wehr setzte. Dem Adelshaus der Salier sollte vor allem der Herrschaftsmittelpunkt, gewissermaßen das »Kraftzentrum« unabhängiger Herrschaft – gemeint ist Worms –, genommen werden. Daß sich der König auf den dortigen Bischof Burchard als Verbündeten stützen konnte, ist selbstverständlich, aber daß er Otto »von Worms« tatsächlich dazu bewegen konnte, im Oktober 1002 auf die salischen Besitzungen und auf die Salierburg in Worms zu verzichten, ist doch überraschend. Über die Gründe kann man nur spekulieren; es wäre denkbar, daß der zwei Jahre darauf gestorbene Otto einfach nicht mehr genügend Widerstandskraft aufbrachte. Aber es ist auf jeden Fall zu berücksichtigen, daß der Salier als Ersatz vom König den bedeutenden Königshof Bruchsal mit seinen außerordentlich umfangreichen Besitzungen und den Königsforst Lußhardt bekam. Vom materiellen Wert her gesehen, war dies sicher ein Vielfaches von dem, was man in Worms abgab, so daß der weitgehende Verlust des alten Herrschaftsmittelpunktes als erträglich erscheinen mochte. Vielleicht wurde Otto »von Worms« sogar in Bruchsal bestattet, was den Versuch einer neuen Mittelpunktsbildung andeuten würde.

Trotz dieses Erfolges Heinrichs II. blieben die Salier dessen ganze Herrschaftszeit hindurch im Grunde Gegner seiner Herrschaftskonzeption. Sie fügten sich nicht und richteten ihre Politik nach den Interessen ihres Hauses aus. Ständige Auseinandersetzungen und größtes Mißtrauen von seiten des Königs waren die Folge. Diese Zeit, in der Konrad der Ältere nach dem frühen Tod seines Onkels, Herzog Konrads von Kärnten (1011), die Sorge für dessen kleinen Sohn, Konrad den Jüngeren, und für das

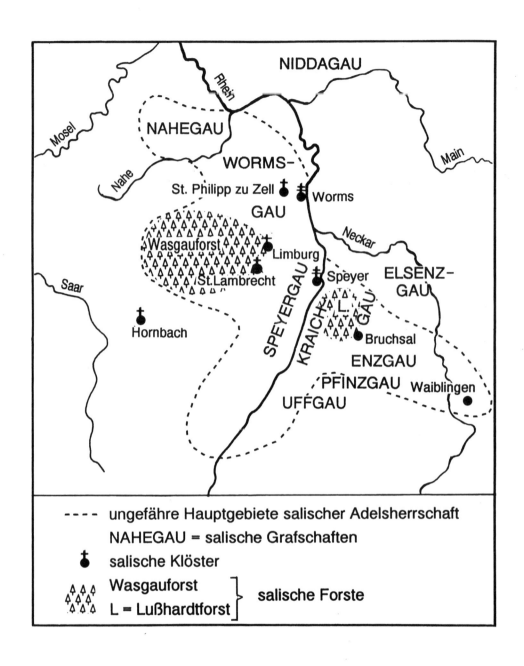

Abb. 2 Die Salierherrschaft zu Beginn des 11. Jahrhunderts

salische Gesamthaus übernahm, hat sich im salischen Verständnis als Zeit der Demütigung, gleichsam als Prüfung durch Gott, niedergeschlagen. So jedenfalls wird sie in den von Wipo verfaßten »Taten Kaiser Konrads II.« interpretiert. Diese Beobachtung ist nicht unwichtig, denn sie bestätigt erneut, daß das hohe Selbstbewußtsein und das bemerkenswerte Haus- und Herrschaftsverständnis, wie wir es für Konrad den Älteren bis zum Zeitpunkt seiner Königswahl nunmehr umschrieben und von den Voraussetzungen her skizziert haben, nicht im geringsten auf eine Verbindung mit dem Königtum seines Vorgängers ausgerichtet war. Das erklärt auch, weshalb in der salischen Königsdynastie dann die aus dem ottonischen Königshaus übernommenen Namen, Otto und Brun, wieder völlig getilgt wurden. Der neue Leitname Heinrich wurde dagegen wohl schon als salischer Name empfunden und vom Vater des ersten salischen Königs, Heinrich »von Worms«, abgeleitet.

Von erheblicher Bedeutung für das Selbstverständnis Konrads des Älteren dürfte demgegenüber seine Heirat mit Gisela im Jahre 1016 gewesen sein. Sie war die Tochter Herzog Hermanns II. von Schwaben, der 1002 als ernsthafter Gegner Heinrichs II. aufgetreten war. Man muß sogar davon ausgehen, daß Hermann bei einer »regulären« Wahl möglicherweise die besseren Chancen gehabt hätte, aber dem unbeugsamen Durchsetzungswillen Heinrichs II. war er nicht gewachsen. Dennoch durfte er sich für eine gewisse Zeit, zumindest bis zu seiner Unterwerfung, als König betrachten, so daß in seinem Haus das Bewußtsein königlichen Ranges entwickelt werden konnte. Giselas Mutter aber war Gerberga, die Tochter König Konrads von Burgund (937–993), dessen Ahnen, wie Wipo nicht zu Unrecht vermerkte, »aus dem Geschlecht Karls des Großen hervorgegangen sind«. Konrad der Ältere war also gewissermaßen mit einer Königstochter verheiratet, die ihm nicht nur wichtige konradinische Besitzungen in Schwaben einbrachte, sondern auch die Bedeutung des eigenen Ranges erhöhen konnte. Welcher Einfluß von Gisela in diesem Sinne auf Konrad den Älteren ausgegangen ist, ist kaum näher zu bestimmen, aber wenn man die wichtige Rolle Giselas in der Königszeit Konrads bedenkt, wird man ihn nicht zu gering veranschlagen dürfen.

2. KAPITEL

Aufbruch und Dynamik der neuen Kaiserdynastie

Am 13. Juli 1024 starb Heinrich II., ohne einen Sohn und damit einen designierten Nachfolger zu hinterlassen. Schon er selbst hat ganz offensichtlich in der Vorstellung gelebt, daß mit seinem Tod auch das Königtum zu Gott zurückfließe, und diese Idee hat ihn dazu veranlaßt, die Kirche als seinen Erben einzusetzen. Die Gründung des Bistums Bamberg 1007 dürfte bereits damit zusammenhängen, wie auch die Übertragung großer Teile seiner Besitzungen an diese Kirche in der Folgezeit. Das Königtum mit seiner Machtausstattung erscheint in diesem Handeln als ausgesprochen personenbezogen, geradezu individualisiert.

Diese Situation, sozusagen der Tod von König und Königtum in einer Person, hat die Großen des Reiches, ja das gesamte Reich in höchste Aufregung gestürzt. Man muß ja daran denken, daß das »deutsche« Reich damals noch immer nicht eine in sich gefestigte Größe war, trotz der Herrschaftsführung Heinrichs II., die eine Stärkung der Reichseinheit zum Ziele hatte. Die entscheidende Integrationskraft für den Zusammenhalt des Reiches ging nach wie vor vom König aus, und war der König tot, ohne für einen Nachfolger gesorgt zu haben, drohte die höchste Gefahr der Unruhe, des Unfriedens, ja des Auseinanderbrechens des Reiches. Vor allem in Italien, das bis südlich von Rom seit Otto dem Großen zum Reich gehörte, gab es offenbar sofort Abspaltungsbemühungen. Der Abt Bern von Reichenau (1008–1048) sah sich jedenfalls veranlaßt, dem Bischof Alberich von Como (1010–1028) einen höchst besorgten Brief zu schicken (Franz-Josef Schmale, Brief Nr. 10) und ihn eindringlich zu beschwören, darauf hinzuwirken, daß man in Italien keine überstürzten Beschlüsse fasse. Man möge doch Besonnenheit bewahren, damit die Einheit des Reiches nicht zerstört werde: »Als die verständigen Mitglieder eures Reiches solltet ihr abwarten, bis wir wieder in der ersehnten Gemeinschaft eines gemeinsamen Königs verbunden sind, bis wieder seine Autorität uns lenkt, bis seine Staatskunst wieder so glänzende Männer hervorbringt, die bis jetzt keine Rauheit der Alpen zu trennen und keine öffentlichen oder privaten Geschäfte auseinanderzubringen vermochten.« Auf jeden Fall sollte man die Wahlversammlung zu Kamba abwarten.

Das Reich stand in höchster Aufregung, und dies hat ganz offensichtlich enorme Kräfte bei den Großen des Reiches hervorgerufen, bei Bischöfen, Herzögen, Grafen und mächtigen Adligen, nun ihrerseits die Verantwortung zu übernehmen und auf eine rasche Beendigung dieser gefährlichen königslosen Zeit hinzuwirken. »In der Überzeugung, die drohende Gefahr anders nicht besser und schneller abwenden zu können, müßten sich die genannten Bischöfe, Herzöge und anderen Herren sorgfältig und mit bemerkenswerter Beharrlichkeit, das Reich in seiner Not nicht länger ohne Herrscher zu lassen«, so finden wir bei Wipo (cap. 1) diese Vorgänge charakterisiert. Innerhalb von wenigen Wochen – für die damaligen Kommunikations- und Verkehrsmöglichkeiten außerordentlich rasch – liefen die vielen, intensiven Verhandlungen ab, und Anfang September, kaum mehr als sechs Wochen nach dem Tod Heinrichs II., versammelte man sich am vereinbarten Wahlort Kamba am Rhein. Am 4. September 1024 einigte man sich: Der Salier Konrad der Ältere wurde zum neuen König gewählt.

Mit dieser Wahl sind viele Fragen verbunden, und die nächstliegende lautet natürlich: Weshalb fiel die Wahl auf den Salier? In der Forschung wird im allgemeinen ein Geblüts- und Erbrecht der Salier als Hauptgrund genannt, und man wird ohne Zweifel davon ausgehen müssen, daß erbrechtliche Argumente eine wichtige Rolle gespielt haben. Daß die Salier über Liudgard, die Tochter Ottos des Großen, mit dem alten Königshaus verwandt waren, haben wir bereits dargestellt. Aber war damit die Nachfolge wirklich schon entschieden? Haben sich die Wähler von 1024 gleichsam darauf beschränkt, das nähere Erbrecht der Kandidaten festzustellen?

Über die Wahlvorgänge werden wir durch die Darstellungen in Wipos »Taten Kaiser Konrads II.« recht ausführlich unterrichtet – aber dieser Bericht, so die überwiegende Forschungsmeinung, sei geschönt, einer Grundidee des Werkes entsprechend tendenziös gefärbt. Er ziele darauf ab, die Vorgänge entgegen den wirklichen Ereignissen als eine einstimmige Willensäußerung aller Fürsten und Stämme darzustellen, die auf göttliche Inspiration hin den Geeignetsten für die Königswürde ausgewählt hätten. Dies sei schon daran zu erkennen, daß Wipo auch die Anwesenheit der Sachsen und weiterer Personen und Gruppen behauptete, die nachweislich an der Wahl von Kamba nicht teilgenommen haben. Er habe also, insgesamt gesehen, einen fiktiven Wahlvorgang dargestellt.

Diesem Urteil wird man in einzelnen Punkten nicht widersprechen können, aber die entscheidende Überlegung dabei muß sein, ob dieser Bericht nicht doch der Grundstimmung auf der Wahlversammlung in Kamba entsprochen haben kann, so daß Wipo die vorhandenen Tendenzen nur in idealisierender Überzeichnung ausgebaut hätte. Die daraus entstehende Frage lautet also: Bestand im Reich und bei den Wählern von 1024 möglicherweise eine ganz bestimmte Vorstellung von den Eigenschaften und den Qualitäten eines künftigen Königs, die ihn, neben erbrechtlichen Voraussetzungen, als besonders geeignet erscheinen lassen mußten? Hier wird man sofort an die als außerordentlich bedrohlich empfundene, die Reichseinheit gefährdende Situation in den Wochen vor der Wahl denken müssen: Die Festigung der Einheit und auch ihre dauerhafte Gestaltung, damit aber auch eine über den Einzelkönig greifende Konzeption von Königtum waren, so wird man sagen dürfen, ein Bedarf der Zeit. Es könnte also sein, daß man solche Leistungen vor allem von den Saliern mit ihrem hochentwickelten Hausbewußtsein und ihrem »modernen« Herrschaftsaufbau erwarten konnte und daß sich eine neue Festigkeit des Reiches schon in dieser Erwartung der Wähler vorbereitete. Dann könnte man verstehen, daß Wipo das ganze Reich an der Wahl teilnehmen läßt, und vor allem könnte man verstehen, weshalb nach Wipo 1024 gar nicht eine einzelne Person, sondern ein Adelshaus, das »Haus« der Salier, für die Königswürde ausgewählt wurde.

Nach intensiven Verhandlungen und dem Ausscheiden diverser anderer Kandidaten, die wir namentlich nicht kennen (und deren Existenz manche Forscher ganz bezweifeln), waren, so Wipo, noch zwei übriggeblieben: die Salier Konrad der Ältere und sein Vetter, der Sohn Konrads »von Kärnten«, nämlich Konrad der Jüngere. Der Ältere dürfte damals etwa 35 Jahre gezählt haben, der Jüngere etwa 22 Jahre. Sie beide zusammen repräsentierten das salische »Haus«, wobei der jüngere Konrad infolge der Verlagerung des »Seniorats« um die Jahrtausendwende an seinen Vater den Hauptanteil der salischen Macht in Händen hielt. »Zwischen diesen beiden«, so erfahren wir von Wipo weiter, »dem älteren und dem jüngeren Konrad, konnte sich der übrige Adel nicht entscheiden. Zwar wünschten fast alle in geheimem Entschluß und erwartungsvoller Hoffnung den älteren Konrad wegen seiner charakterlichen Tüchtigkeit und Rechtschaffenheit, aber wegen der Macht des jüngeren Konrad hielten sie mit ihrer Ansicht zurück, damit die beiden im Streben nach der hohen Würde nicht aneinandergerieten.« Doch dann habe Konrad der Ältere die Situation gerettet, indem er den jüngeren beiseite genommen und zu ihm gesagt habe: »Ich fühle frohgemut meine innere Kraft wachsen: Haben doch in dieser großen Versammlung alle übereinstimmend nur uns beide vorgeschlagen, um einen von uns in die hohe Königswürde zu erheben. (...) Was auch immer uns den anderen für eine bestimmte Aufgabe als geeigneter erscheinen läßt, dafür wollen wir Gott, unserem Schöpfer, danken. Da wir also durch Übereinkunft der anderen einer so hohen Würde für wert gehalten werden, müssen wir darauf achten, daß wir solcher Huld nicht durch Verwandtenzwist als unwürdig erscheinen. (...) Wunsch, Wille und Zustimmung der Franken, Lothringer, Sachsen, Bayern und Schwaben vereinigten sich in bestem Willen auf uns, die Sprossen eines einzigen Stammes, auf ein Haus (*domus*), auf eine unauflösbare Hausgemeinschaft. Niemand kommt auf den Gedanken, Männer, die so vielfältig miteinander verbunden sind, könnten sich verfeinden.« Er schlug deshalb vor: »Merke ich, daß des Volkes Stimme dich wünscht, dich zu seinem Herrn und König begehrt, dann werde ich dir diese Gunst nicht durch Intrigen schmälern; ich will dich vielmehr freudiger noch als die anderen wählen, weil ich glaube, dir näher zu stehen als sie. Hat Gott jedoch mich ausersehen, so zweifle ich auch nicht am gebührenden Entgegenkommen deinerseits.« Der jüngere Konrad habe geantwortet, er stimme mit dieser Auffassung völlig überein. »Bei diesen Worten, das konnten viele beobachten, neigte sich der ältere Konrad ein wenig und küßte seinen Vetter; und erst durch diesen Kuß erfuhr man, daß sich beide geeinigt hätten.«

Die Rede Konrads des Älteren ist in diesem Wortlaut natürlich von Wipo selbst formuliert worden, aber daß die Unterredung stattgefunden hat, ist nicht zu bezweifeln. Die Auswahl des salischen »Hauses« erforderte in der Tat die interne Klärung, jedenfalls für den Augenblick, denn Konrad der Jüngere hat sich später doch noch den Gegnern seines Vetters angeschlossen. Nach dieser »hausinternen« Einigung der beiden Konrade konnte der Leiter der Wahl, Erzbischof Aribo von Mainz (1021–1031), dessen »Erststimmrecht« hier zum ersten Mal belegt ist und möglicherweise zu diesem Zeitpunkt erst eingeführt wurde, endlich die Stimmabgabe eröffnen. Sie erbrachte nun eine »einmütige« Entscheidung für den älteren Konrad als neuen »Lenker und Schützer des Reiches«, denn die oppositionelle Gruppe der Lothringer war vorher abgezogen. Gerade dieser Abzug derer, die eine andere Meinung vertraten, zeigt das Typische an der mittelalterlichen Königswahl: Der Stimmvorgang selbst war nurmehr die Bestätigung der vorangegangenen Meinungsbildung und verstand sich als Dokumentation des göttlichen Willens und verlief »einstimmig«, wie es Gottes Wille von einer christlichen Ordnung der Welt verlangte.

Dieser Akt der Willenserklärung, die Kur, hat mit der Akklamation des Volkes das Königtum auch rechtlich begründet. Von der Kaiserin Kunigunde, der Witwe Heinrichs II., erhielt der neue König daraufhin die königlichen Insignien, und Wipo fügte hinzu: »Ich meine wohl: Dieser Wahl fehlte die Gunst der himmlischen Gnade nicht, denn unter Männern von außerordentlicher Macht und so vielen Herzögen und Markgrafen wurde ohne Neid und Streit einer erwählt, der zwar an Geburt, Tüchtigkeit und Eigengütern niemandem unterlegen war, der aber im Vergleich mit solchen Männern nur wenig Lehen und Amtsgewalt vom Reich besaß.« Dies war erneut ein Hinweis darauf, daß Konrad sein Ansehen und damit sein Königtum eben nicht der Förderung des vorangegangenen Königtums verdankte, sondern seinen persönlichen Eigenschaften und einer Macht- und Rangstellung, die eigenständige Wurzeln hatte und zuallererst im salischen Haus verankert war.

Wie bereits angedeutet, hatte die Wahl in Kamba unter der Leitung des Mainzer Erzbischofs Aribo stattgefunden. Auch die Königserhebung von 1002 war bereits unter der Führung des damaligen Erzbischofs Willigis von Mainz (975–1011) erfolgt; beide Male standen somit Mainzer Erzbischöfe an der Spitze des Reiches, und in beiden Fällen wurden die neuen Könige von ihnen auch in Mainz gekrönt. Am 8. September 1024, am Festtag der Geburt Mariens also – was angesichts der besonderen Verehrung der hl. Maria durch die salischen Könige zu beachten ist –, setzte Aribo dem Salier Konrad II. im Mainzer Dom die Königskrone auf, nachdem er ihn, wie es üblich war, an Haupt, Brust, Schultern und Armen mit dem heiligen Öl gesalbt hatte. Der Mainzer Erzbischof, dessen Bistum vom Rhein bis tief nach Thüringen und Sachsen hineinreichte und dessen Kirchenmetropole wie eine Klammer des

Reiches 15 Suffraganbistümer umfaßte (Chur, Konstanz, Straßburg, Speyer, Worms, Würzburg, Augsburg, Eichstätt, Bamberg, Prag, Olmütz, Paderborn, Verden, Hildesheim, Halberstadt), sah sich als das geistliche Oberhaupt der Reichskirche. Der Ausbau des königlichen Vorrangs und die intensive Durchdringung des Reiches mit der Königsgewalt stützten sich in dieser Zeit ganz besonders auf die Bischofskirchen, und der Mainzer Erzbischof, der gleichzeitig Erzkapellan des Reiches war, konnte in diesem Interessenverbund auch seine eigene Bedeutung im Reich steigern.

Erzbischof Aribo war von Anfang an für die Wahl Konrads II.; man wird sogar sagen können, daß sie zum guten Teil sein Werk war. Er mußte vor allen anderen dafür sorgen, daß die Reichseinheit, die Vorbedingung für den Frieden (*pax*) und die gedeihliche Entfaltung der Kirche, gesichert wurde. Auch er hat demnach den Salier für diese Aufgaben als besonders geeignet erachtet. Dagegen scheinen für ihn genealogische Gesichtspunkte zunächst eine eher untergeordnete Rolle gespielt zu haben, wie seine Reaktion zeigt, als er nach der Krönung Konrads II. in Mainz – im Anschluß daran oder am nächsten Tag – auch dessen Gemahlin Gisela krönen sollte. Man hatte ihm in der Zwischenzeit bestimmte Anschuldigungen gegen Gisela hinterbracht, die man heute allgemein so deutet, daß ihre Ehe mit Konrad II. wegen zu naher Verwandtschaft nach strenger kanonischer Auffassung kirchenrechtlich anfechtbar gewesen sei. In dieser Hinsicht, das zeigt sein hartnäckiges Vorgehen gegen die Ehe des Grafen Otto von Hammerstein, war Aribo unerbittlich. Er, der aus dem bayerischen Geschlecht der Aribonen stammte, war ein eifriger, geradezu wilder Verfechter der biblischen und kanonischen Normen und so erfüllt von der Überzeugung, niemals zu irren, daß der Abt Bern von Reichenau in einem Brief an ihn leicht spöttisch rühmte: »Dir hat die göttliche Vorsehung eine solche Fülle des Wissens verliehen, daß sie Dich durch das Wasser der Heiligen Schrift nicht bloß bis zu den Knöcheln oder zu den Knien, sondern sogar bis zur Taille hindurchgeführt hat...« (Franz-Josef Schmale, Brief Nr. 13). Konsequenterweise lehnte Aribo die Krönung Giselas nun ab. Dies aber würde, wenn die genannte Ursache zutrifft, bedeuten, daß er sich vorher mit der weiteren Verwandtschaft des neugewählten Königspaares nicht sehr intensiv beschäftigt hatte.

Die Weigerung Aribos hatte im übrigen erhebliche Konsequenzen für das Mainzer Krönungsrecht, denn sein Kölner Amtsbruder, Erzbischof Pilgrim (1021–1036), ein Verwandter von ihm, zögerte keineswegs, die Krönung Giselas am 21. September 1024 im Kölner Dom nachzuholen. Er hatte vorher bei der Wahl auf der Seite der Gegner des Saliers gestanden und konnte sich nun auf diese Weise die Gunst des neuen Königs erwerben. Mit Erfolg, denn Konrad II. zog auch für die Krönung seines Sohnes, Heinrichs III., zu Ostern 1028 den Kölner Erzbischof vor, wobei dieser Akt diesmal im Aachener Marienmünster stattfand, was von nun an im Prinzip so beibehalten wurde.

Abb. 3 Kirchenprovinzen und Bistümer im salischen Reich

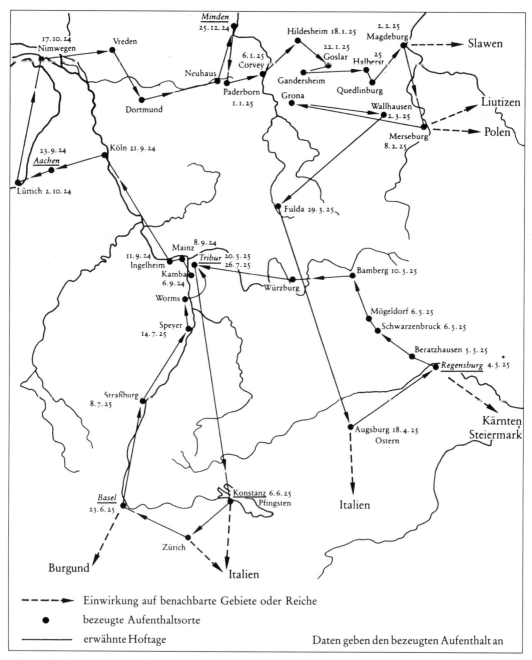

Abb. 4 Königsumritt Konrads II. 1024/1025 (KELLER, Zwischen regionaler Begrenzung und universalem Horizont, 1986, S. 76)

Die Königswahl Konrads II. hat, wie deutlich geworden ist, hohe Erwartungen an den ersten Salier herangetragen. Man erhoffte von ihm ein durchaus kraftvolles Königtum, in dem Einheit und Sicherheit des Reiches einen festen Halt fänden. Wie ist der erste Salier an diese Aufgaben herangegangen? In den ersten Monaten war es für ihn wichtig, das Reich in einem Umritt mit seinem Königtum gleichsam zu überziehen und bei dieser Gelegenheit die Huldigung der Großen, die in Kamba nicht anwesend waren, einzuholen. Auch die Sachsen haben ihn, wahrscheinlich am 25. Dezember 1024 in Minden, nachträglich anerkannt, und in Konstanz, im Juni 1025, haben sich ihm auch viele italienische Große angeschlossen. Der Reichsumritt des Königs in dieser Form besaß noch keine lange Tradition, sondern war erstmals von Heinrich II. so durchgeführt worden. Damit hatte dieser zu Beginn seiner Herrschaft sein Programm einer vollständigen Erfassung des Reiches durch seine Königsgewalt sogleich vor Augen führen wollen. Konrad II. hat sich in diesem Punkt also an den Herrschaftsstil seines Vorgängers angeschlossen, und die Forschung hat schon seit längerem erkannt (Theodor Schieffer), daß sich der erste Salier auch in vielen anderen Bereichen der königlichen Herrschaftsführung an Heinrich II. orientierte. Obwohl es vom salischen Selbstverständnis her, wie wir gesehen haben, an jeder Beziehung zum Vorgänger gefehlt hatte, erkannte der neue König doch sogleich die Bedeutung von dessen Herrschaftsprinzipien und -grundlagen. Er übernahm zum Beispiel das Personal der Hofkapelle und der Königskanzlei, er übernahm die Grundsätze der Kirchenpolitik ebenso wie der Italienpolitik und des Kaisergedankens und führte den von Heinrich II. eingeleiteten Erwerb des Königreichs Burgund zum Abschluß, wie wir noch sehen werden.

Man wird aber hinzufügen müssen, daß er im Konzept seines Vorgängers auch die Wiederaufnahme einer Herrschaftsführung erblickte, wie man sie vor allem mit Karl dem Großen (768–814) in Verbindung gebracht hat. Die kraftvolle Durchdringung des Reiches, die Bildung der Reichseinheit mit fester Hand, die straffe Indienstnahme der Reichskirche und die glanzvolle Überhöhung der Herrscherstellung durch die Kaiserwürde, dies war ein Herrschaftsstil, der von Karl dem Großen verkörpert wurde. Daß schon Heinrich II. von dieser Vorstellung geleitet war, zeigt sich an seiner Devise: *Renovatio regni Francorum* (Erneuerung der fränkischen Reichsherrschaft). Sie bedeutete das an Karl den Großen anknüpfende Programm einer auf der christlich-sakralen Amts- und Herrscheridee beruhenden, das Reich lückenlos erfassenden und »ungeteilten« Königsgewalt, die allen Herzogs-, Grafen- und Adelsgewalten wie auch den Bischofsgewalten im hierarchischen Sinne übergeordnet sein sollte (Stefan Weinfurter, Hagen Keller). Daß sich nun auch Konrad II. in diese Tradition stellte, demonstrierte er schon kurz nach seiner Wahl: zwei Tage nach der Krönung seiner Gemahlin Gisela in Köln zog er am 23. September 1024 in Aachen ein und setzte sich auf den Thron

Karls des Großen. So wie Karl der Große wollte er auch regieren, und daß dies der Umwelt nicht verborgen blieb, meldet wieder der Geschichtsschreiber Wipo: »An Konrads Sattel hängen die Steigbügel Karls des Großen«, dieses Wort sei damals im Reich umgegangen.

Die Idee der Wiederaufnahme der Herrschaftsführung Karls des Großen hat zweifellos auch seinen außerordentlich raschen Entschluß gefördert, einen Italienzug zu unternehmen und die Kaiserwürde zu erwerben. Schon Anfang 1026, nachdem er im Reich seine Gegner einigermaßen unter Kontrolle gebracht hatte, traf er die Vorbereitungen. Er hatte es so eilig, daß er in der winterlichen Kälte des Februars 1026 die Sammlung des Heeres in Augsburg anordnete, zu einem Zeitpunkt also, zu dem Futter und Verpflegung besonders schwer zu beschaffen waren. Als er wenig später mit seinem Heer in Oberitalien erschien, konnte er sich auf den Erzbischof Aribert von Mailand (1019–1045) stützen, der ihn wahrscheinlich – nach dem Beispiel Heinrichs II. – in Mailand zum König von Italien krönte. Aber die Lage war nicht ungefährlich, denn die italischen Markgrafen hatten sich gegen den neuen König zusammengeschlossen, und auch die Städte boten keine Sicherheit. In Ravenna etwa gab es einen Aufruhr, in dem die Deutschen erst ihre kämpferische Überlegenheit unter Beweis stellen mußten, wie von Wipo berichtet wird (cap. 13): »Die Deutschen setzten sich dagegen mit ihren Waffen zur Wehr, bildeten Haufen, umringten die Ravennaten vorn und hinten, hieben sich mit fressendem Schwert zueinander Bahn und ließen Gegner, die zwischen sie gerieten, tot, verwundet oder flüchtend zurück. Ein gewisser Graf Eberhard, ein wackerer bayerischer Vasall, kam mit der Fahne aus der Stadt heraus, überwältigte eine Brückenbesatzung und warf ganz allein eine große Anzahl der Gegner von der Brücke, so daß sie ins Wasser fielen und umkamen...« Solche Demonstrationen der Stärke machten Land und Leute gefügig, und auch die überlebenden Ravennaten erschienen am nächsten Morgen im härenen Gewand barfuß und mit bloßen Schwertern, »wie ihr Recht es von besiegten Bürgern verlangt«, und lieferten die geforderten Bußzahlungen ab.

Ein solches Auftreten der kriegerischen »Macht« und Überlegenheit war wichtig für das Ansehen des Königs, denn ein guter König mußte auch ein erfolgreicher König im Kampf sein. Er mußte seine Rechte und die Rechte des Reiches notfalls auch mit Gewalt durchsetzen. Und daß es sich bei der Herrschaft der Deutschen in Italien um ein Recht des Reiches handelte, das schon mit der Eroberung durch Karl den Großen begründet und von Otto dem Großen erneuert worden war, dies war zu einem festen Bestandteil des damaligen Rechtsdenkens im Reich geworden. Die Italienpolitik der deutschen Könige war sicherlich von verschiedenen und auch sich ändernden politischen und wirtschaftlichen Gesichtspunkten geleitet gewesen, aber der tragende Grundgedanke war der Rechtsanspruch des Reiches, zu dessen Durchsetzung der König, der Wahrer aller Reichsrechte, geradezu verpflichtet war. Solche Überlegungen machen erst klar, weshalb ein König wie Konrad II., der bestrebt war, die in ihn gesetzten Erwartungen gleichsam mustergültig zu erfüllen, die »Italienfrage« möglichst ohne Verzug zu erledigen suchte.

Auch die Kaiserwürde war zu einem Rechtsanspruch des deutschen Königs geworden, seitdem die Verknüpfung durch Otto den Großen 962 hergestellt und von den Nachfolgern jeweils wiederholt worden war. In einer Urkunde, die Konrad II. am 14. Juni 1026 in Cremona für die Kirche von Utrecht ausstellte (D K II. 64), wird diese Rechtsüberzeugung deutlich zum Ausdruck gebracht, denn er nennt sich dort: *Chonradus divina favente clementia rex Francorum, Langobardorum et ad imperium designatus Romanorum* (Konrad, von Gottes Gnaden König der Franken und der Langobarden und bestimmt für die Kaiserwürde der Römer). Als König »der Franken«, das heißt im deutschen Reich, und »der Langobarden«, also in Italien, besaß er das Anrecht auf die Kaiserkrone »der Römer«. Schon unter seinem Sohn und Nachfolger, Heinrich III., hat sich diese Verknüpfung auch im Königstitel selbst niedergeschlagen, denn in seiner Urkunde vom 18. Januar 1040 (D H III. 31), noch in seinem ersten Regierungsjahr, wurde erstmals die Bezeichnung *Romanorum Rex*, König der Römer, verwendet. Dieser Titel, der das »imperiale« Königtum umschreibt, fand dann immer häufiger Anwendung und wurde unter dem letzten Salier, Heinrich V. (1106–1125), schließlich vorherrschend.

Konzeptionell war diese Verschmelzung von »fränkischem« Königtum und römischem Kaisertum also schon im Herrschaftsprogramm Konrads II. entwickelt. In bemerkenswert zielstrebiger Verfolgung dieser Konzeption erreichte er zu Ostern 1027 in Rom von Papst Johannes XIX. (1024–1032) die Kaiserkrönung. Auch seine Gemahlin Gisela wurde gekrönt, und in Anwesenheit so hochrangiger Persönlichkeiten wie König Knut von Dänemark, König Rudolf III. von Burgund und Abt Odilo von Cluny erfolgte eine glänzende Demonstration des neuen salischen Kaisertums: nur zweieinhalb Jahre nach der Königswahl.

Die Pläne Konrads II. gingen aber noch weiter. Nachdem er im Juni 1027 nach Deutschland zurückgekehrt war, ließ er kurze Zeit später, im September, eine Gesandtschaft an den Kaiserhof in Byzanz abgehen, die den Auftrag hatte, für seinen Sohn Heinrich um eine Kaisertochter zu werben. Unter der Leitung des Bischofs Werner von Straßburg (1001–1028) mußte die Gruppe große Schwierigkeiten überwinden, als sie von König Stephan von Ungarn am Durchzug gehindert wurde und erst nach schlimmer Seereise von Venedig aus Byzanz erreichte. Am Hof des Basileus Konstantin VIII. wurde sie durchaus ehrenvoll empfangen und erhielt ein kostbares, über 30 cm großes Teil vom Kreuz Jesu Christi als Gastgeschenk – welch große Wirkung diese Reliquie für die Kreuzesverehrung im Reich bald auslösen sollte, werden wir noch sehen. Mit den heiratsfähigen Damen des Kaiserhauses war es dagegen schlechter bestellt, und der Tod des Bischofs Werner von Straßburg brachte wohl ebenfalls Verzögerungen für die Verhandlungen. Als zudem auch der Basileus sein Ende nahen fühlte, befahl er einem byzantinischen Großen, Romanos

Argyros, bei Androhung der Blendung, unverzüglich seine bisherige Frau zu verlassen und eine der kaiserlichen Töchter zu heiraten, um sein Nachfolger zu werden. Konstantin VIII. starb am 12. November 1028, und der neue Kaiser bot der salischen Gesandtschaft nun eine seiner Schwestern an, die aber damals wohl schon verheiratet waren. Der neue Gesandtschaftsleiter, Graf Manegold von Donauwörth, wollte sich darauf aber nicht einlassen, man kehrte in den ersten Monaten des Jahres 1029 nach Deutschland zurück.

Was sollte mit dieser Brautwerbung erreicht werden? Naheliegend ist natürlich, daß der frischgekrönte Salierkaiser seinen geradezu kometenhaften Aufstieg von einer ranggleichen Autorität durch eine Heiratsverbindung anerkennen lassen wollte. Das byzantinische Kaisertum strahlte faszinierenden Glanz aus und war durch seine römische Kontinuität unmittelbar legitimiert. Eben hierin könnte noch ein weiterer Gesichtspunkt für das Bemühen Konrads II. gelegen haben: Die römische Legitimationskraft konnte durch eine Verbindung der beiden Häuser auch auf die salische Kaiserlegitimation einwirken, und zwar im Sinne einer unabhängigeren Begründung eines auf Dauer eingerichteten salischen Kaiserhauses. Daß solche Vorstellungen eine Rolle gespielt haben, zeigen zwei Kaiserbullen Konrads II. Die eine war an einer Urkunde vom 23. August 1028 (D K II. 129) angebracht und zeigt auf der Rückseite die Gestalt des Kaisersohnes Heinrich mit der Umschrift *Heinricus spes imperii* (Heinrich, Hoffnung für das Kaisertum) (Tafel 3). Der kleine, elfjährige Heinrich war wenige Monate zuvor, zu Ostern desselben Jahres, in Aachen zum König und künftigen Nachfolger seines Vaters gekrönt worden. Die Formulierung auf der Kaiserbulle stellte ihn aber schon als künftigen Kaiser dar und folgte darin byzantinischem Brauch! Eine zweite Kaiserbulle Konrads II. stammt aus dem Jahre 1033 (D K II. 195). Sie zeigt auf der Vorderseite die Bilder von ihm und seinem Sohn Heinrich, was wiederum die Idee des Mitkaisertums über die Vater-Sohn-Verbindung andeutet. Auf der Rückseite aber ist eine stilisierte Ansicht von Rom zu sehen mit der Beischrift *Aurea Roma* (Goldene Stadt Rom) und mit der Legende: *Roma caput mundi / regit orbis frena rotundi* (Rom, das Haupt der Welt, führt die Zügel des Erdkreises) (Tafel 3). Dies ist ein deutlicher Hinweis darauf, daß Konrad II. sein Kaisertum ganz römisch verstanden hat, daß es in seinen Augen sozusagen dieselben Wurzeln hatte wie das byzantinische. In diesem Zusammenhang könnte auch der Hinweis von Wipo auf die trojanische Abstammung Konrads (über seine Mutter) Bedeutung haben, denn auch die Römer stammten nach antiker Überlieferung und damaliger Auffassung von den Trojanern ab; salisches und byzantinisches Kaiserhaus hätten demnach den gleichen Ursprung gehabt.

Bei all diesen Unternehmungen, Devisen und programmatischen Äußerungen Konrads II. und seiner Umgebung tritt immer wieder ein Grundgedanke hervor: die feste Verankerung von Königsherrschaft und Kaisertum in seinem Haus. Die Tradition der ungewöhnlich intensiven salischen Hausbildung schon in der vorköniglichen Zeit und die Erwartung, die das »Reich« an den Salier stellte, scheinen mir die Hauptgründe für diese außerordentlich starke dynastiebildende Kraft zu sein, die in der Herrschaftskonzeption des ersten salischen Königs und Kaisers durchschlägt. Ein berühmtes, wohl 1028 in der Apsis der Domkirche von Aquileia angebrachtes Fresko, das heute wieder freigelegt ist, spiegelt dieses Programm wider: Auf der einen Seite der mit einem Kind im Arm thronenden Mutter Gottes ist das kaiserliche »Haus« des Saliers abgebildet worden: Konrad II., Gisela und der kleine Sohn Heinrich III., die »Hoffnung für das Kaisertum« (Tafel 4 u. 5). Nicht der »Einzelherrscher« stellte sich dar, wie uns das aus der davorliegenden Zeit vertraut ist, sondern die in die Zukunft weisende Gruppe, die angehende Dynastie. Nebenbei sei bemerkt, daß auch hier wieder die heilige Maria im Mittelpunkt steht, mit welcher sich das Salierhaus von Anfang an besonders eng verbunden sah.

Diese Beobachtungen werfen die bereits angeklungene Frage auf, inwieweit die Herrschaftskonzeption Konrads II. schon die Vorstellung von einem transpersonalen Königtum entwickelt hat, von einem Königtum also, das unabhängig von der Person des jeweiligen Königs als Institution und »Rechtsperson« fortdauert. Wir erinnern uns: Nach dem Tod Heinrichs II. herrschten Angst und Unruhe, drohte Uneinigkeit, denn die Kraft des Königtums war mit dem König erloschen. Das Königtum war ganz an die Person des Königs gebunden. In diesem Zusammenhang überliefert uns Wipo (cap. 7) eine sehr interessante Episode. Auf dem Hoftag zu Pfingsten 1025 in Konstanz seien Große Italiens vor dem Herrscher erschienen, um ihm den Treueid zu leisten. Auch Bürger von Pavia seien unter ihnen gewesen, die allerdings nicht die Gnade des Königs gefunden hätten. Der Grund dafür sei der gewesen, daß die in Pavia »einst von König Theoderich herrlich erbaute Pfalz«, die Kaiser Otto III. prächtig habe ausschmücken lassen, von den Pavesen nach dem Tod Heinrichs II. niedergerissen und bis auf die Grundmauern zerstört worden sei, damit künftig kein König mehr auf den Gedanken käme, in ihrer Stadt eine Pfalz zu errichten. Nun versuchten sie, ihre Handlungsweise mit den Worten zu verteidigen: »Wen haben wir denn gekränkt? Unserem Kaiser haben wir treu und ergeben bis an sein Lebensende gedient. Wir haben das Haus unseres Königs erst zerstört, als wir nach seinem Tod keinen König mehr hatten. Deshalb haben wir kein Unrecht begangen.« Ihnen aber habe König Konrad II. erwidert: »Ich weiß, daß ihr nicht das Haus eures Königs zerstört habt, denn damals hattet ihr ja keinen. Aber ihr könnt nicht leugnen, daß ihr einen Königspalast zerstört habt. Ist der König tot, so bleibt doch das bestehen, was mit dem Königtum verbunden ist, so wie ein Schiff bleibt, dessen Steuermann gefallen ist.«

Diese etwas spitzfindig klingende Stelle wird zwar in der Forschung nicht einheitlich beurteilt, aber sie ist zumindest so eindeutig, daß sich, jedenfalls in den Augen Wipos, in der Auffassung von der »Dauerhaftigkeit« des Königtums beim ersten Salierherrscher neue Akzente gegenüber bisherigen Vorstellungen erkennen ließen. Das Königtum – denn dies ist mit dem Begriff *regnum* bei Wipo gemeint (Helmut Beumann) – geht in dieser Schiffsmetapher keineswegs mit dem Tod des Königs unter. Es hat transpersonalen Bestand, und deshalb behält das zum Königtum gehörende Reichsgut auch ohne König seinen eigenen Rechtscharakter. Freilich muß man auch hier berücksichtigen, daß diese Sätze erst in der Anfangszeit Heinrichs III. geschrieben wurden und daß damals solche Gedanken schon viel schärfere Konturen angenommen haben als noch unter Konrad II.

Die eher noch tastende Übergangsphase auf diesem Gebiet unter dem ersten Salierherrscher wird auch bei einer Betrachtung der neuen königlichen Grablege im Dom zu Speyer offenkundig. Daß der Speyerer Dom – und nicht zuerst die Klosterkirche von Limburg an der Haardt – von Anfang an von Konrad II. als seine Grablegekirche vorgesehen war und daß auch hier sogleich, wohl 1025, mit dem Bau begonnen wurde, dürfte nach neueren Studien (Anton Doll, Karl Schmid, Stefan Weinfurter) ziemlich sicher sein. Zweifellos ist man von dem außerordentlich eleganten, in der Grundkonzeption »modernen« und auch in den Ausmaßen erstaunlichen Kirchenbau von Limburg noch heute fasziniert, auch wenn nurmehr Ruinen übriggeblieben sind. Auch daß Konrad II. seine von der Lage und der strategischen Bedeutung her so wichtige Burg an dieser Stelle in ein Kloster umwandelte, unterstreicht die Wertschätzung, die er dieser Kirche entgegenbrachte. Aber schon die Dimension seiner so rasch umgesetzten Kaiseridee schließt eine Klosterkirche – noch dazu ohne besondere Tradition – als Ort einer künftigen Grablege weitgehend aus. Ein Herrscher, der »byzantinischen« Rang anstrebte, konnte sich damit nicht begnügt haben, und dies um so mehr, als sein Vorgänger mit Bamberg einen Maßstab gesetzt hatte, hinter dem der Salier keineswegs zurückbleiben durfte. Wie sehr sich Konrad II. und seine Gemahlin Gisela schon frühzeitig auf Speyer ausrichteten, verdeutlicht eine Besitzschenkung der beiden vom 11. September 1024 (D K II. 4). Diese Schenkung, so heißt es in der Urkunde, hätten sie vor der Königswahl durch ein Gelübde versprochen, und nun, nachdem die Königsherrschaft erlangt sei, hätten sie die Besitzungen in Dankbarkeit dem Altar der Bischofskirche von Speyer übertragen. Die Kirche von Speyer mit der Kirchenpatronin Maria hatte nach der Vorstellung dieser Zeit – zweifellos entscheidend – mitgeholfen, daß der Salier König wurde, und dies leitete eine unauflösbare Bindung ein.

Weshalb sich Konrad II. gerade für Speyer entschieden hat, wird in der wohl von Abt Norbert von Iburg um 1090 verfaßten Vita des Bischofs Benno II. von Osnabrück (1068–1088) rückblickend so gesehen: »Damals war die Zeit, da die Stadt Speyer am Rhein durch den frommen Eifer der Kaiser, die nun dort ruhen, zu neuem kraftvollem Leben erblühte, wie man es heute sehen kann. Sie war zuvor zur Bedeutungslosigkeit herabgesunken, alt und baufällig geworden und hatte fast schon aufgehört, Bischofsstadt zu sein. Doch diese frommen Kaiser hatten offensichtlich den löblichen Wunsch, da sie mit ihren Mitteln ein neues Bistum im Reich nicht

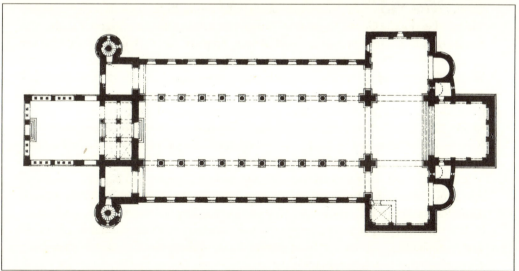

Abb. 5a/b Salische Klosterkirche von Limburg an der Haardt, Rekonstruktion und Grundriß (MANCHOT, Kloster Limburg an der Haardt, 1892, Taf. II u. III)

gründen konnten, dieses Bistum, das schon fast kein Bistum mehr war, mit ihrem Vermögen wieder aufzubauen und zu einer Stätte ihres Andenkens zu machen. Auf Grund ihrer Maßnahmen strömten dort die Kleriker aus allen Teilen des Reiches in Scharen zusammen, denn die rastlose Sorge des Kaisers, die sich auf alle Gebiete erstreckte, hatte hier auch dem Studium der Wissenschaften zur höchsten Blüte verholfen.«

Daß Speyer um die Jahrtausendwende ein eher ärmliches Bistum gewesen sein dürfte, wird auch durch andere Quellen bestätigt. In einem Widmungsschreiben des Dichters Walther von Speyer, der später (1004–1027) Bischof von Speyer wurde, an seinen Lehrer in Speyer, den damaligen Bischof Balderich (970–986), finden wir über diesen Bischofssitz die Zeile: »Oh glückliches Kuhdorf, ausgezeichnet durch einen so bedeutenden Herrn.« Aber man muß doch auch berücksichtigen, daß im Jahre 993 die Speyerer Münze das Vorbild für die Münze in Selz werden sollte (DO III.130), was immerhin auf eine gewisse Bedeutung Speyers als Handels- und Münzprägeort zu diesem Zeitpunkt hinweist. Für den Salier jedenfalls gab es im Bereich seiner Herrschaftsschwerpunkte keine Alternative, denn Mainz war fest in der Hand des dortigen Erzbischofs; und Worms, wo der Bischof das salische Adelshaus gerade herauszudrängen suchte, mußte ebenfalls ausscheiden.

Ein möglicherweise noch viel wichtigerer Grund für die Bevorzugung Speyers ist aber darin zu suchen, daß im 10. Jahrhundert bereits in Byzanz und seit der Jahrtausendwende auch in Ungarn die heilige Maria als Vermittlerin und Schutzherrin des Kaisertums beziehungsweise Königtums deutlich in den Vordergrund getreten war (Péter Váczy). In den byzantinischen Krönungsbildern dieser Zeit ist immer wieder die durch Gottes segnende Hand beauftragte Maria dargestellt, die die Krönung des Kaisers vollzieht. Von König Stephan dem Heiligen von Ungarn (1001–1038) wissen wir, daß er sich und sein Reich unter die himmlische Regierung der Gottesmutter Maria stellte. Und schließlich wird man daran denken müssen, daß Maria, vor allem wenn sie mit dem Kind abgebildet ist, auch als Mutter des himmlischen Königs und als Schutzpatronin eines jeden Königshauses verstanden wurde. Das Petrus-Patrozinium in Worms, so wird man daraus folgern müssen, war für eine solche Abstützung des Königtums gänzlich ungeeignet, das Marien-Patrozinium in Speyer aber bot die beste Voraussetzung für eine königliche Domkirche.

In Speyer stand 1024 immer noch der alte, sicherlich recht bescheidene karolingische Dom, von dem wir heute nicht einmal mehr wissen, an welcher Stelle er sich befunden hat. Hier konnte Konrad II. seine Vorstellungen in einem neuen Kirchenbau verwirklichen, hier konnte er gleichsam ein zweiter Bistumsgründer werden und damit annähernd sich an die Seite Heinrichs II. stellen, der das Bistum Bamberg gegründet hatte. Noch dem Nachklang in der Benno-Vita ist zu entnehmen, wie sehr doch das Vorbild des Vorgängers auf die Herrschaftsrepräsentation des ersten Saliers Wirkung ausgeübt haben muß.

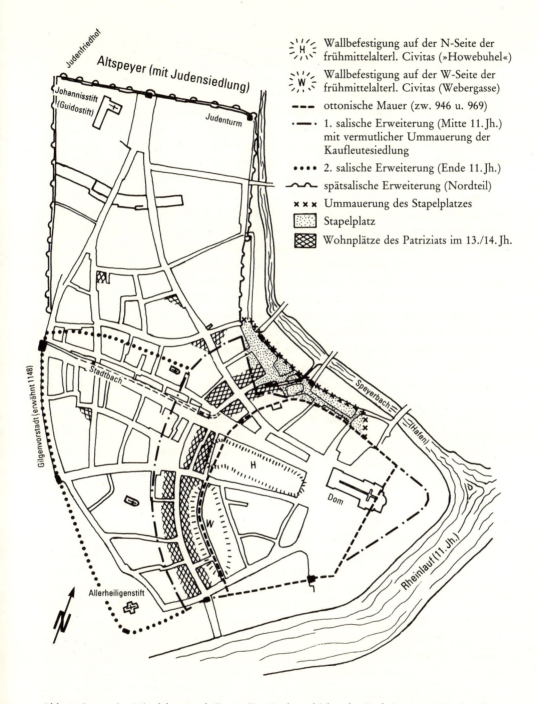

Abb. 6 Speyer im Mittelalter (nach DOLL, Zur Frühgeschichte der Stadt Speyer, 1954, S. 172)

Doch in vielerlei Hinsicht sind auch große Unterschiede zu erkennen. Auffällig ist etwa, daß der Kaiser zwar nach den Worten des 1044/1045 schreibenden Wipo »Speyer sehr ausgezeichnet hat«, daß wir aber nur von ganz wenigen Schenkungen Konrads II. an die Speyerer Kirche wissen – es scheint fast, als hätte er seine Mittel ganz gezielt nur in die Baumaßnahmen »seines« Domes in Speyer investiert, weniger aber in die Ausstattung der geistlichen Institutionen. Daß wir nur einen einzigen Aufenthalt des ersten Salierkaisers in Speyer nachweisen können – gegenüber immerhin vier Aufenthalten in Limburg an der Haardt zum Beispiel –, ist ebenfalls bemerkenswert. Wollte er die Mittel der Kirche schonen? Auch kann man nicht erkennen, daß, wie in Bamberg, eine ganze »Sakrallandschaft« mit einem planmäßig angelegten Kranz von Stiften und Klöstern in Speyer entstehen sollte. Vielmehr steht in der Speyerer Stadtanlage, trotz der Gründung des Johannis-Stifts, die Linienführung auf den Dom hin ganz im Vordergrund. Alles wirkt zielgerichtet.

Was können wir nun aus der Gestaltung des Domes selbst für die Herrschaftskonzeption Konrads II. herauslesen? Durch die jüngeren archäologischen und kunsthistorischen Forschungen (Hans Erich Kubach, Walter Haas, Dethard von Winterfeld) sind wir sehr genau unterrichtet über die verschiedenen Stufen der Baugeschichte. Beim Tod Konrads II. 1039 waren die Kryptaanlagen fertig, Teile des Altarhauses und der Winkeltürme im Bau und die Fundamente für das Langhaus gelegt. Wir wissen auch, daß der Bau unter dem ersten Salierkaiser noch viel bescheidener konzipiert war, als er sich uns heute darstellt, daß er niedriger sein sollte und auch im Langhaus (55 Meter) erheblich kürzer. Von Anfang an lag ihm allerdings schon die Idee des »Richtungsbaus« zugrunde, bei dem die von Westen auf den Ostchor zuführende Achse des Kirchenraumes betont wird. Eine solche Konzeption, die damals als »modern« galt, strahlt erheblich mehr Dynamik aus als die noch in Bamberg verwirklichte Anlage eines von den Seiten her zu betretenden Sakralraums mit West- und Ostchor, der sich gewissermaßen in einem inneren Gleichgewicht befindet. Der Salier bevorzugte demgegenüber die »dynamische« Baukonzeption, wie sie auch bei der Klosterkirche von Limburg an der Haardt zu sehen ist, und man könnte den Eindruck gewinnen, daß sich hierin so etwas wie eine Aufbruchstimmung niedergeschlagen hat.

Noch wichtiger in unserem Zusammenhang ist freilich der Blick auf die Grablege, die Konrad II. in diesem neuen Dom für sich anlegen ließ. Vor der Vorkrypta, zwischen den beiden Treppenabgängen, auf der Mittelachse der Kirche und damit in der auf den Altar zuführenden Linie war ein Platz von etwa 4 × 5 Metern entstanden, in dessen Mitte der Sarkophag des ersten Salierkaisers 1039 abgestellt wurde (an derselben Stelle befindet er sich im Prinzip heute noch, freilich liegt der Platz inzwischen unter dem Fußboden der Kirche). Dieser Ort vor der Vierung, an dem der üblicherweise zu erwartende Kreuzaltar möglicherweise in die Vorkrypta verlegt werden sollte, galt als der vornehmste Begräbnisplatz. Die entscheidende Frage

Kaiserkrone (Wien, Kunsthistorisches Museum)

TAFEL 3

Kaiserbulle Konrads II. vom 23. August 1028 (MGH D K II. 129)
(Posse, Die Siegel der deutschen Kaiser und Könige, 1, 1909, Taf. 13, Nr. 5 u. 6)

Kaiserbulle Konrads II. vom 19. Juli 1033 (MGH D K II. 195)
(Bayerisches Hauptstaatsarchiv München, Kaiserselekt 337)

Apsisfresco im Dom von Aquileia mit der frühesten ▷
Darstellung (wohl 1028) der Salierfamilie in der Personengruppe rechts von der thronenden Maria (kleinere Personen neben und zwischen die Heiligen gestellt: Heinrich III. als Kind, Konrad II., Gisela)
(Foto: E.-D. Hehl)

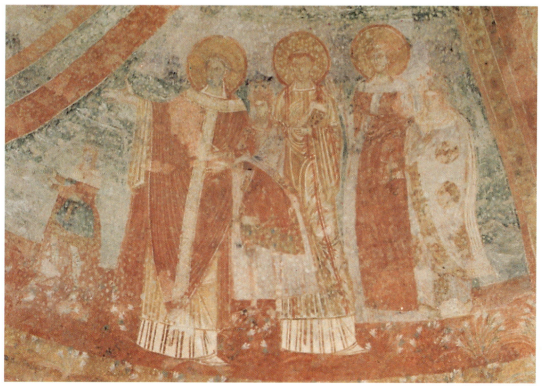

TAFEL 5

Früheste Darstellung Kaiser Konrads II. mit der Kaiserkrone auf dem Apsisfresco von Aquileia (wohl 1028), Ausschnitt aus Tafel 4 (Foto: E.-D. Hehl)

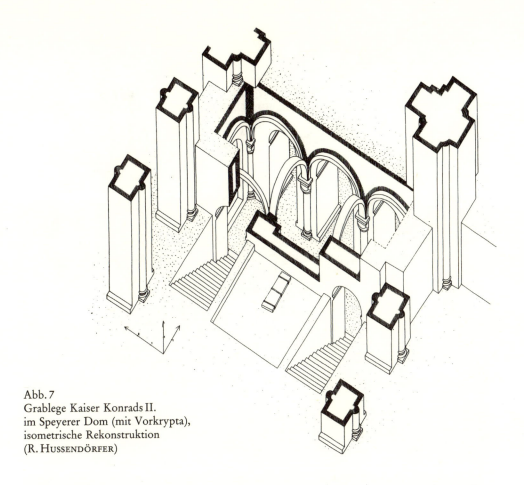

Abb. 7
Grablege Kaiser Konrads II.
im Speyerer Dom (mit Vorkrypta),
isometrische Rekonstruktion
(R. Hussendörfer)

lautet: Hat Konrad II. hier nur sein persönliches »Stiftergrab« vorgesehen, oder waren hier auch schon die Grabstellen für seine Gemahlin Gisela und seinen Sohn Heinrich III. miteinbezogen? Für drei Gräber nämlich hätte die Anlage ausgereicht, und in der Tat haben später Gisela und Heinrich III. hier neben Konrad II. ihre letzte Ruhestätte gefunden, aber: war das schon der Wille des ersten Salierherrschers? Werden also auch hier bereits erste Ansätze zu einem transpersonalen Verständnis von Königtum sichtbar, indem eine Grablege nicht nur für einen Herrscher, sondern für das neue Herrscherhaus entstehen sollte?

Die Frage ist schwer zu beantworten. In unsere bisherigen Beobachtungen wäre eine frühzeitig geplante Gemeinschaftsgrablege von Konrad II., Gisela und Heinrich III. gut einzufügen, besonders wenn man miteinbezieht, daß auch die Herrschaftsführung des ersten Salierkaisers in ganz neuartiger Weise von der Mitbeteiligung seiner Gemahlin und seines Sohnes geprägt ist – ein systematischer Vergleich

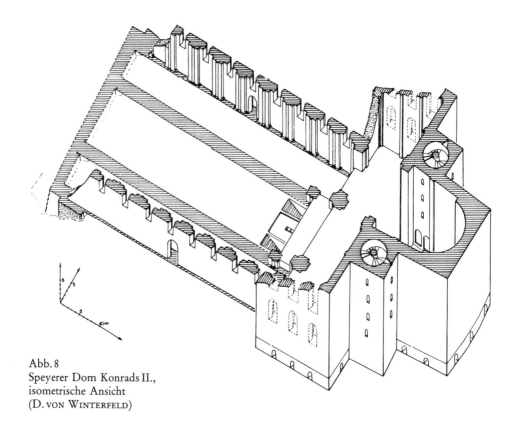

Abb. 8
Speyerer Dom Konrads II.,
isometrische Ansicht
(D. VON WINTERFELD)

der in den Herrscherurkunden mitgenannten wichtigsten Personen aus den Regierungszeiten Heinrichs II. und Konrads II. ergibt das eindeutige Bild einer mitregierenden Königsfamilie beim Salier. Auch könnte man daran denken, daß die bereits hochentwickelte Form der salischen Adelshausgrablege in Worms eine entsprechende Fortsetzung auf der Ebene des Königshauses ausgelöst hat. Die Ausbildung und besondere Formung der Hausgrablege war ja nicht, wie heute, allein eine Sache der pietätvollen Versorgung der Verstorbenen, sondern sie diente insbesondere dazu, Legitimation und Selbstverständnis einer sozialen Gruppe von den Ursprüngen her lebendig zu halten. Die Toten blieben auf diese Weise gegenwärtig, und die »Gegenwart der Toten« (Otto Gerhard Oexle) verschaffte einem Adelshaus das geistig-liturgische und vor allem auch ein rechtliches Element der Dauerhaftigkeit. Daß Konrad II. solche Vorstellungen in stärkerer Weise als seine Vorgänger nun auch in das Königtum eingebracht hat, ist zu erwarten. Dem muß nicht widersprechen, daß die erste Gemahlin Heinrichs III., die dänische Königstochter Gunhild, 1038 in der

Klosterkirche von Limburg an der Haardt – und nicht in Speyer – bestattet wurde: Sie hatte eine Tochter (Beatrix), aber keinen Thronfolger zur Welt gebracht, konnte also nicht mehr dynastieerhaltend wirken und wurde hinsichtlich der Grablege gewissermaßen aus dem engeren Kreis der Königsdynastie ausgeschieden.

Es ist nach alledem denkbar, daß Konrad II. den Platz vor der Vorkrypta im Speyerer Dom nicht nur für sich als Stiftergrab vorgesehen hat, sondern schon für den Personenkreis seines neuen Königshauses, wie er für ihn faßbar und »erlebbar« war. Seine Königsidee reichte dann zwar über seine eigene Person hinaus, ging aber noch nicht auf eine abstrakte Vorstellung von Königtum über. Wie an den anderen Beispielen, die wir betrachtet haben, erkennt man auch hier durchaus neue Impulse, aber sie sind bei Konrad II. alle erst ansatzweise ausgebildet. Der eigentliche Durchbruch erfolgte später unter seinem Sohn, Kaiser Heinrich III.

3. KAPITEL

Reichsrechte und Königsautorität unter Konrad II.

In seinen »Taten Kaiser Konrads II.« vergleicht Wipo in seinem vorangestellten Widmungsschreiben an Kaiser Heinrich III. dessen Leistungen mit denen des Vaters: »Der eine« – also Konrad II. – »hat in heilbringender Weise einen Schnitt getan in das Staatswesen, das Römische Reich; der andere« – gemeint ist der Sohn – »hat es klug geheilt.« Die Regierung des ersten Saliers, die bei der Formulierung dieses Satzes sieben Jahre zurücklag, erschien ihm rückblickend als kraftvoll und energisch, als Einschnitt und Neubeginn. Die eindrucksvolle Gestalt des ersten Salierkaisers mag dieses Bild mitbestimmt haben: Bei der Öffnung seines Sarkophags am 23. August 1900 war der mumienartige Körper noch ganz erhalten, und die Messungen ergaben eine Größe von zwei Metern. Ein langer Bart war erkennbar, vielleicht ganz ähnlich vorzustellen wie auf der besprochenen Darstellung von der Salierdynastie mit dem thronenden Kaiser Konrad II. (Tafel 1).

Entscheidend war aber natürlich die Art seiner Herrschaftsführung, die immer wieder ein bemerkenswertes Durchsetzungsvermögen deutlich macht. Sein Handeln und seine Entscheidungen waren in hohem Maße darauf gerichtet, die Reichsrechte zu wahren, aber auch die mit dem Königtum engstens verbundenen Aufgaben jederzeit voll zu erfüllen. Bezeichnend dafür ist die nach seiner Rückkehr von der Kaiserkrönung 1027 auf einem Hoftag in Regensburg angeordnete »Untersuchung über die königlichen Güter« (Bitterauf 2, Nr. 1422). Die bayerischen Grafen wurden streng und unter Eid angehalten, herauszufinden, welche Besitzungen dem Reich und damit dem Königtum möglicherweise entfremdet worden waren und gegebenenfalls zurückzufordern seien. Die so in die Pflicht genommenen Grafen haben teilweise ihren Auftrag offenbar mit allzu großem Eifer erfüllt, wie Graf Poppo, der, vom Kaiser scharf ermahnt (*ab imperatore admonitus*), auch die dem Freisinger Bischof unterstellte Abtei in Moosburg nannte, zu Unrecht, wie eine Gerichtsverhandlung an den Tag brachte. Zu beachten ist in diesem Zusammenhang, daß die darüber ausgestellte Gerichtsurkunde die Formulierung *ad solium sui imperii iure pertinere* gebrauchte, daß Konrad II. also feststellen will, welche Güter »dem Thron seiner Herrschaft rechtmäßigerweise zugehören«. Auch hier schimmert der Ansatz einer transpersonalen Vorstellung vom Königtum durch, denn der »Thron« überdauert den Wechsel der Herrscher und ist eine Metapher für das Königtum.

Rechte der Herrschaft und des Reiches waren auch in Reichsitalien zu wahren, wie bereits angeklungen ist. Eine bedrohlich ausgreifende Koalition von italischen, lothringischen und südfranzösischen Fürsten, in die auch der französische König,

Robert II. (996–1031), eintrat und in der der mächtige Herzog Wilhelm V. von Aquitanien und der Graf Odo II. von der Champagne eine führende Rolle spielten, brach in der Anfangszeit Konrads II. schon rasch zusammen. Konrad II. konnte im März 1026, als er vom Erzbischof Aribert von Mailand im Mailänder Dom gekrönt wurde, die deutsche Herrschaft über Italien wieder fest etablieren. Bis zum Ende der Staufer war das Königreich Italien seither ständig mit dem »deutschen« Reich verbunden. Daß diese Verbindung in erster Linie über die Person des Königs lief, daß er also in Personalunion König beider Reiche war, zeigt wieder die Bedeutung des Königs als entscheidende Integrationsfigur, zeigt seine einheitsbildende Funktion und unterstreicht auch erneut die Verpflichtung, die ihm damit auferlegt war.

Die Autorität Konrads II. in Italien stützte sich anfangs weitgehend auf ein Interessenbündnis mit den Bischöfen Reichsitaliens – die zum erheblichen Teil aus Deutschland kamen und somit auch ihrerseits eine Verklammerung der Reiche zu leisten hatten. In den dreißiger Jahren haben sich hier freilich gewisse Verschiebungen ergeben, weil sich das Machtgefüge in Oberitalien zu ändern begann. Die bischöfliche Stadtherrschaft, die Gerichtsbarkeit und die Verfügung über die Regalien – Zölle, Steuern, Münzrecht usw. – und die Herrschaft über das dazugehörige Territorium, den *contado*, war von seiten der *capitanei*, der obersten Lehnsträger der Bischöfe, seit der Jahrtausendwende zunehmend unter Druck geraten. Diese militärische Oberschicht konnte sich auf eine Vielzahl von Untervasallen stützen, die Valvassoren, und zusammen mit diesen bildete man auch die militärische Stütze für die Reichsgewalt in Italien. Als sich die Bischöfe gegen den Machtzuwachs dieser Gruppe zu wehren und zunehmend Lehen der Valvassoren wieder einzuziehen suchten, entstanden Unruhen. Vor allem in Mailand, wo sich Erzbischof Aribert durch besonders energische Maßnahmen hervortat, entwickelte sich Ende 1035/ Anfang 1036 ein gewaltiger Aufstand der Mailänder Valvassoren, denen sich weitere anschlossen. Wipo (cap. 34) berichtet darüber: »Damals kam es auch in Italien zu großen, für unsere Zeiten unerhörten Wirren durch den Aufstand des Volkes gegen seine Fürsten. Hatten doch alle Valvassoren Italiens und der niedere Adel gegen ihre Herren sich verschworen, alle diejenigen minderen Ranges gegen diejenigen, die höher gestellt waren. Sie wollten nicht mehr hinnehmen, daß ihre Herren ohne Rücksicht auf ihre Wünsche ungestraft gegen sie vorgehen könnten. Wollte der Kaiser nicht kommen und ihre Interessen schützen, so würden sie sich ihr Recht selbst holen, erklärten sie.«

Konrad II. handelte, wie das immer wieder bei ihm zu sehen ist, ohne zu zögern, und unternahm 1036 seinen zweiten Italienzug. Im Laufe seiner Untersuchungen der Mailänder Vorfälle erkannte er rasch, daß die von den Bischöfen angestrebte Schwächung der Lehnsleute auch eine Schwächung der militärischen Präsenz des Reiches bedeuten würde. Die Sicherung der Reichsrechte war bedroht, und mit der ihm eigenen Entschlußkraft hat Konrad II. sofort die Konsequenzen gezogen.

Erzbischof Aribert wurde verhaftet, konnte sich aber retten, nachdem der für seine Bewachung verantwortliche Patriarch Poppo von Aquileia – der noch 1028 das erwähnte glänzende Apsisfresko mit der kaiserlichen Familie in seinem Dom hatte anbringen lassen – aus verständlichen Gründen auf seine Seite wechselte. Auch gegen die Bischöfe von Vercelli, Cremona und Piacenza ging Konrad II. vor, ließ sie verhaften und verbannen, »ohne Gerichtsverfahren« (*sine iudicio*), wie sogar Wipo mißbilligend vermerkte. Der Salier zeigt sich auch hier als ein Mann der Tat, der sein autoritatives Handeln aus seiner Verantwortung für die Wahrung der Reichsrechte ebenso wie aus der Idee der Stellvertreterschaft Christi (*vicarius Christi*) ableitete.

Die Valvassoren haben also den Schutz ihrer Interessen durch den Kaiser erhalten, und als Konrad II. nun im weiteren Kampf gegen den Mailänder Erzbischof und während der Belagerung Mailands auf ihre Unterstützung angewiesen war, stellte er ihnen am 28. Mai 1037 die berühmte Urkunde über die Regelung ihrer Lehen aus, die *Constitutio de feudis* (DK II. 244). Keinem Vasall, so wird darin festgehalten, er sei *capitan* oder niederer *vasvasor*, dürfe mehr sein Lehen genommen werden ohne Urteilsspruch durch Standesgenossen. Die Valvassoren erhielten zudem das Recht, ihre Lehen im Normalfall erblich an Söhne oder Enkel weiterzugeben. Begründeterweise konnte Wipo (cap. 6) dazu feststellen: »Die Lehnsleute konnte er völlig für sich gewinnen durch sein Verbot, einem Nachfahren die überkommenen Lehen seiner Ahnen zu entziehen.«

Die Reichsrechte hinsichtlich Italiens und die Verbindung der Reiche schienen gesichert. Sein Integrationsbestreben mußte Konrad II. freilich noch auf ein weiteres Reich richten, auf das Königreich Burgund, das im 13. Jahrhundert die Bezeichnung Arelat erhielt. Gerade dieses Beispiel läßt seine Vorstellungen von Königsrecht und Königspflicht besonders gut erkennen.

Zur Vorgeschichte ist zu erwähnen, daß König Rudolf III. von Burgund (993–1032), der keine legitimen Söhne hatte, sein Reich seinem nächsten Verwandten, Kaiser Heinrich II., vermachte. Seine Schwester Gisela war die Mutter Heinrichs II.; die ganze Regelung beruhte also trotz einer zusätzlichen lehnrechtlichen Absicherung in erster Linie auf erbrechtlicher Begründung und hing an der Person des Kaisers. Als Heinrich II. aber 1024 vor seinem Onkel starb, war nach dieser Rechtsauffassung auch die Abmachung hinfällig geworden. Rein erbrechtlich gesehen wäre als Erbe nun eindeutig Graf Odo II. von der Champagne († 1037) an der Reihe gewesen. Ein Grad weiter entfernt war das Erbrecht des Saliers Konrads des Jüngeren, ganz so wie bei Heinrich III., dem Sohn Konrads II. Der erste Salierherrscher selbst aber besaß keinerlei erbliche Rechte auf Burgund, und alle Ansprüche, die er etwa über seine Gemahlin Gisela hätte herleiten wollen, wären jedenfalls schwächer gewesen. Nur an die Lehnsoberhoheit Heinrichs II. konnte er anknüpfen.

Sofort nach seiner Wahl hat Konrad II. ganz offensichtlich versucht, ein Vorrecht für die Übernahme des Königreichs Burgund durch den deutschen König, oder

Das burgundische Erbe

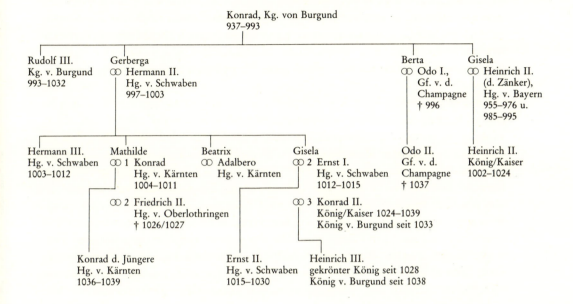

besser: durch das deutsche Königtum einzubringen. Das entscheidende Rechtsargument konnte für ihn nur sein, dieses von seinem Vorgänger angestrebte Erbe nun als eine Art Anwartschaft des Reiches beziehungsweise des Königtums zu deuten, was ihn als neuen König wiederum verpflichten mußte, dieses »Reichsrecht« mit strenger Hand einzufordern. Dies muß von Anfang an für die anderen klar erkennbar gewesen sein, denn bei der hartnäckigen lothringischen Opposition, die Konrad II. zunächst doch einige Mühen bereitete, und beim »aufständischen« Herzog Ernst II. von Schwaben, der sich 1030 sogar mit Graf Odo II. von der Champagne zusammentat, ist gleichsam wie an einem roten Faden zu erkennen, daß das Erbe Burgunds eine zentrale Rolle gespielt haben muß. Das »Erbrecht«, so könnte man diese Vorgänge umschreiben, wehrte sich gegen einen in neuer Art vertretenen »staatsrechtlichen« Anspruch.

Auch dieses »Reichsrecht« hat Konrad II. mit bemerkenswerter Zielstrebigkeit zu sichern gewußt. Nach der ersten Niederwerfung seines Stiefsohnes, Herzog Ernsts II. von Schwaben, traf er unverzüglich im August 1027 mit König Rudolf III. von Burgund in der Nähe von Basel zusammen, um mit ihm den Übergang Burgunds zu regeln. Von Wipo (cap. 21) wird hierzu berichtet, die Kaiserin Gisela hätte schließlich zwischen beiden den entscheidenden Friedensbund (*pax*) vermittelt, was doch ihre ganz herausragende Bedeutung unterstreicht. Für unseren Zusammenhang ist freilich noch wichtiger, daß damit, wie es bei Wipo ebenfalls heißt, »das Königreich Burgund auf den Kaiser übertragen wurde unter den gleichen Bedingungen (*eodem pacto*), zu denen es vorher seinem Vorgänger, Kaiser Heinrich, verliehen worden war.« Eben dies entsprach der Rechtsauffassung des Saliers: Als König standen ihm dieselben Rechte zu wie seinem Vorgänger, und er hatte sie durchzusetzen.

Am 6. September 1032 ist König Rudolf III. von Burgund gestorben, zu einem für Kaiser Konrad II. denkbar ungünstigen Moment, als er sich gerade auf einem Feldzug gegen die Polen befand. Ein burgundischer Adliger überbrachte ihm die Insignien des Königs. Wieder tritt die außerordentliche Entschlußkraft des ersten Salierkaisers hervor, der sofort den Polenfeldzug abbrach und für alle Gegner überraschend noch im Winter 1032/1033 mit seinen Truppen nach Burgund eilte. Es war einer der eisigsten Winter, wie wir von Wipo (cap. 30) erfahren. Als die Pferde im Lager vor der Burg Murten während der Nacht mit den Hufen am Boden festfroren, mußten sie mit Beilen und Hacken von der ringsum tiefgefrorenen Erde losgeschlagen werden. Einer habe sein Pferd sogar töten müssen und ihm gerade noch das Fell abziehen können, bevor der übrige Kadaver durchgefroren war und völlig vereist stehenblieb. »Auch die Menschen nahm solcher Frost schwer mit. Alte und Junge glichen einander, alle sahen bei der furchtbaren Eiseskälte weiß und bärtig aus, obwohl doch die Männer in der Mehrzahl jung und bartlos waren. Das aber war für den Kaiser überhaupt kein Grund, den Feldzug abzubrechen.«

Am 2. Februar 1033 ließ er sich in Peterlingen von seinen dort erschienenen Anhängern zum König von Burgund wählen und krönen und wurde auch in Zürich von einer weiteren Gruppe burgundischer Adliger als König anerkannt. Dieses rasche und zielstrebige Handeln sogar unter widrigsten Umständen irritierte Graf Odo II. von der Champagne, der seinerseits darangegangen war, große Teile Hochburgunds zu besetzen. Aber es bedurfte doch noch zweier großangelegter Kriegszüge im Sommer 1033 und 1034 gegen ihn, bevor der Kaiser den Erwerb Burgunds durch einen demonstrativen Krönungsakt am 1. August 1034 in der Kathedrale von Genf zum Abschluß bringen konnte.

Damit begann die Zeit der »Trias« der Reiche, also der Zusammenfassung der Reiche Deutschland, Italien und Burgund unter der Regierung des deutschen Königs und Kaisers. Aber auch für Burgund gilt wie für Italien, daß die Bindung an das Reich in der Hauptsache über die Person des Herrschers lief, und man muß hinzufügen, daß große Teile Burgunds auch von der Königsgewalt überhaupt nicht erfaßt wurden. Burgund blieb doch nur ein Nebenland, das die Kaiserin Agnes später, 1057, sogar der Aufsicht des Schwabenherzogs Rudolf überließ. Daß sich die Großen Burgunds 1033/1034 offenbar überwiegend gegen Odo von der Champagne gestellt hatten, dürfte gerade damit zusammenhängen, daß man von ihm eine sehr viel stärkere herrschaftliche Unterwerfung befürchtete. In diesem Zusammenhang muß man wohl auch die Übertragung der burgundischen Königswürde von Konrad II. auf seinen Sohn Heinrich III. 1038 sehen, denn ihr gingen Wahl, Huldigung und Akklamation durch die Burgunder voraus. Sie konnten damit, wie die Forschung sicher zu Recht herausgestellt hat (Egon Boshof), zum Ausdruck bringen, daß die Herrschaft in ihren Augen eben doch auf dem Erbweg – und nicht durch einen Gewaltakt – an die Salier gelangt sei, denn Heinrich III. war über seine Mutter ein Großneffe König Rudolfs III. – und der erbrechtlich nächstberechtigte Graf Odo II. von der Champagne war im Jahr zuvor gestorben.

Durchsetzung der Reichsrechte und der Rechte des Königtums: dieser zielgerichtete Zugriff des ersten Saliers zeigt sich auch gegenüber Böhmen und Polen. Die Lehnsabhängigkeit des böhmischen Herzogs wurde konkret eingefordert und sein Besuch der großen Hoftage auf Reichsboden verlangt. Auch die Herrscher Polens sollten offenbar in ein ähnliches Verhältnis zum Reich gebracht werden, und als sich der Herzog Boleslaw Chrobry nach dem Tod Heinrichs II. zum König hatte krönen lassen und ihm sein Sohn Mieszko II. darin kurz darauf folgte, mußte sich Konrad II. im Kern seines Herrschafts- und Rechtsverständnisses angegriffen sehen. Er ruhte nicht eher, als bis nach zahlreichen Feldzügen sich Mieszko im Jahre 1033 schließlich zum Frieden bereitfand, auf die Königswürde verzichtete und sein Vasallenverhältnis zu Kaiser und Reich anerkannte.

Diesem König Mieszko von Polen hatte noch 1026/1027 Mathilde, die Mutter Konrads des Jüngeren, ein kostbares liturgisches Buch übersandt mit einem wirklich bemerkenswerten Widmungsschreiben. Sie, die Schwester der Kaiserin Gisela, preist darin geradezu überschwenglich die Würde des Polenkönigs, seine Verdienste, seine Tugenden, seine Gerechtigkeit und Fürsorge für die Armen, nennt ihn Kämpfer Christi auf Erden und »den unbesiegbaren König, dem die Bestimmung des allmächtigen Gottes das königliche Diadem verliehen habe«, und sie wünscht ihm »glücklichen Triumph über alle Feinde«. Dieser Brief an den Gegner Konrads II. und – vom salischen Herrscher aus gesehen – an den Feind der »Reichsrechte« stellt gut vor Augen, daß sich die Opposition im Inneren des Reiches in einer ähnlichen Lage befand wie der Polenkönig und daß man sich daher zusammenfand. Mieszko erscheint als der »gerechte König«. Die Herrschaftsweise und den Autoritätsstil Konrads II. empfand man demzufolge als »ungerecht«. Mathildes Äußerungen muß man hoch bewerten, denn sie war in diesen Jahren als Mutter des jüngeren Konrad und als Gemahlin Herzog Friedrichs II. von Oberlothringen das Verbindungsglied in der Opposition und spielte zweifellos eine ganz zentrale Rolle, wie ein Gedenkbucheintrag dieser Gruppe im Kloster Reichenau aus dieser Zeit erkennen läßt (Hansmartin Schwarzmaier).

Der Opposition gehörte, wie schon erwähnt, auch der junge Herzog Ernst II. von Schwaben an, der Sohn der Kaiserin Gisela aus ihrer Ehe mit Herzog Ernst I. von

Schwaben († 1015). Er war damals 11 oder 12 Jahre alt, zunächst noch schwankend und 1026 wieder zur Versöhnung mit Konrad II. bereit, von dem er dafür die Abtei Kempten zu Lehen erhielt. Auch mit der Landfriedenswahrung wurde er beauftragt, was freilich nichts anderes bedeutete, als daß er gegen seinen früheren Bundesgenossen, den Grafen Welf II., der mit dem Augsburger Bischof in Fehde lag, vorgehen sollte. Doch kaum war der Salierherrscher zum Italienzug aufgebrochen, schloß sich der junge Ernst den Aufständischen wieder an, fiel ins Elsaß ein und begann damit, im burgundischen Grenzraum Burgen anzulegen – ganz offensichtlich im Hinblick auf das burgundische Erbe.

Nachdem Konrad II. 1027 vom Italienzug zurückgekehrt war, zitierte er die Verschwörer auf einen Hoftag nach Ulm. Über die dortigen Ereignisse hat uns wiederum Wipo einen überaus aufschlußreichen Bericht überliefert (cap. 20): »Hier ist auch Herzog Ernst erschienen, keineswegs in flehender Haltung, sondern voller Vertrauen auf die Menge seiner bedeutenden Vasallen, um sich nach Belieben entweder mit dem Kaiser zu verständigen oder gewaltsam seinen Abzug zu sichern.« Aber als er sie an ihren Treueid gegenüber ihm erinnerte, hätten die Grafen Friedrich und Anselm stellvertretend für die anderen geantwortet: »Wir wollen nicht leugnen, daß wir euch unverbrüchliche Treue gelobt haben gegen alle, ausgenommen aber den einen, der uns an euch gegeben hat. Wären wir Knechte unseres Königs und Kaisers und von ihm eurem Besitz- und Gerichtsrecht überlassen worden, dann dürften wir uns nicht von euch trennen. Da wir aber nun Freie sind und wir als den obersten Schützer unserer Freiheit auf Erden den König und Kaiser haben: wenn wir ihn verlassen, dann verlieren wir unsere Freiheit (*libertatem*), die, wie man sagt, ein rechtschaffener Mann nur mit seinem Leben aufgibt.«

Diese Worte sind in verschiedener Hinsicht aufschlußreich. Sie führen zum Beispiel deutlich vor Augen, daß ein Unfreier (Knecht) im Gegensatz zum Freien zu Gehorsam gegenüber seinem Herrn verpflichtet war; sie betonten aber insbesondere, daß als oberster Schützer der »Freiheit« im Reich der König galt, daß also im Königsschutz ein Hauptmerkmal königlicher Funktion und Autorität gesehen wurde. Im 10. Jahrhundert, unter den ottonischen Herrschern, hatten die Könige die Grafen in den süddeutschen Herzogtümern Schwaben und Bayern den dortigen Herzögen weitgehend überlassen; die Grafen waren in erster Linie zu Vasallen des Herzogs geworden, obwohl das Grafenamt mit dem Vorsitz im »öffentlichen« Gericht ursprünglich vom König vergeben wurde. Herzog Ernst II. von Schwaben hat offensichtlich ganz in diesen bisherigen Kategorien gedacht. Die persönliche Treuebindung, die zwischen ihm als Herzog und den schwäbischen Grafen bestand, besaß für ihn einen viel höheren Rang als die Bindung der Grafen durch ihren Amtsauftrag an den König. Die »Institution« des Königs als Schutzautorität mußte von ihm eher als Bedrohung seiner von ihm beanspruchten Rechte empfunden werden. Daß aber gerade diese Autorität – bereits eingeleitet durch Kaiser Heinrich II. – nun unter Konrad II. im Bewußtsein der Grafen von Schwaben beträchtlich zugenommen hatte, ist der eigentliche Kern von Wipos Bericht. Freilich darf man hinzufügen, daß die Grafen diese Veränderungen gerne zu ihrem eigenen Nutzen aufgegriffen haben, um sich von der »Befehlsgewalt« des Herzogs etwas zu lösen. Der Herzog von Schwaben – und dies gilt für die Institution des Herzogtums im Reich ganz allgemein – lief Gefahr, von nun an von zwei Seiten her eingeengt zu werden: vom König und vom (Grafen-)Adel. Ein Entwicklungsprozeß war in Gang gekommen, der zwar noch mehr als hundert Jahre beanspruchen sollte, der aber von nun an unaufhaltsam den Zerfall der alten Herzogtümer und Herzogsgewalten einleitete.

Herzog Ernst II. von Schwaben wurde durch die Worte seiner Grafen offenbar schwer getroffen und ergab sich dem Kaiser bedingungslos. Der gesteigerte Anspruch des Herrschers auf konsequente Durchsetzung der königlichen Autorität hatte sich behauptet. Durchaus vergleichbar mit seinem Zusammenwirken mit den italienischen Valvassoren hat Konrad II. auch hier die engere unmittelbare Verbindung zu den »Untergewalten« angestrebt, die »Zwischengewalt« des Herzogs dagegen ausgehöhlt. Auch die übrigen »Aufständischen«, die ihr Recht zu verteidigen suchten, gaben nun auf, der mächtige Welf II. etwa und Konrad der Jüngere. Der »gute« König mußte aber auch Gnade walten lassen; 1028 begnadigte Konrad II. den jungen Ernst II. und setzte ihn in sein Herzogtum wieder ein, aber offenbar unter der Bedingung, daß er seinen bisherigen engsten Kampfgenossen und treuesten Vasall, Werner von Kyburg (südlich von Winterthur), fallenlasse und als Landfriedensbrecher bekämpfe. »Staatsraison« – so könnte man modern formulieren – sollte erneut über persönliche Treuebindungen gestellt werden (Gerd Althoff). Ernst sollte zeigen, daß er seine Lektion gelernt hatte. Auf einem Hoftag zu Ingelheim am Rhein zu Ostern 1030 wurde ihm dieses »Angebot« zum letztenmal unterbreitet, aber der 16- oder 17jährige Ernst entschied sich für das in seinen Augen höhere Recht der Treuebindung. »Da wurde über ihn als einen offenkundigen Feind des Kaisers das Urteil ausgesprochen«, so erfahren wir von Wipo (cap. 25), »er verlor sein Herzogtum endgültig und ist mit wenigen Anhängern entkommen... Der Kaiser ließ ihn auf Empfehlung aller Fürsten samt allen anderen Rechts- und Friedensfeinden durch die Bischöfe exkommunizieren und ihre Güter einziehen.« In sicherlich schmerzlichste Seelennot mußte die Kaiserin Gisela geraten, als ihr Gemahl die Jagd auf ihren Sohn freigab, aber auch sie hat sich der höheren Idee der königlichen Rechte und Autorität gebeugt. »Selbst sie«, so Wipo, »ließ löblicherweise ihren schlecht beratenen Sohn gegenüber ihrem weisen Gemahl fallen und gelobte öffentlich, was auch immer ihrem Sohn zugefügt werde, sie wolle an niemandem Vergeltung üben und um dieser Sache willen niemandem feind sein.«

Das Ende des Geächteten kam rasch, als er und sein Freund Werner mit wenigen Begleitern von den Verfolgern eingeschlossen wurden und sie am 17. August 1030 nach verzweifelter Gegenwehr in einem ungleichen Kampf schließlich tödlich getroffen niedersanken. Als er die Nachricht erhielt, soll Konrad II. sarkastisch geäußert haben: »Selten bekommen bissige Hunde Nachwuchs.« Erneut hatte eine Demonstration herrscherlicher Autorität stattgefunden. Daß sie aber keineswegs überall Zustimmung fand, zeigt, daß der Leichnam Ernsts nach Konstanz überführt, vom dortigen Bischof vom Kirchenbann gelöst und ehrenvoll in der Marienkirche bestattet wurde. Im berühmten schwäbischen Reichskloster St. Gallen schrieb man im Nekrolog unter seinen Namen: »Herzog und Zierde der Alemannen«. Aber aufschlußreich ist auch, daß die Sänger und Balladendichter nur noch wenige Elemente dieses tragischen Geschicks, vor allem den Namen in die Sage von »Herzog Ernst« aufgenommen haben. Diese Sage war ursprünglich vom Schicksal des aufständischen Liudolf, des Sohnes Ottos des Großen, her entwickelt worden, und das eigentliche Kernmotiv Ernsts von Schwaben, die Freundestreue, fand nun keine Berücksichtigung mehr.

Veränderungen im Verhältnis von Königtum und Herzogsgewalt zeichnen sich auch bei der Neubesetzung des Herzogtums Bayern ab. Ende Februar 1026 war dort Herzog Heinrich V. gestorben, und erst nach der Rückkehr vom Italienzug, auf dem bereits erwähnten Hoftag in Regensburg Ende Juni 1027, kam Konrad II. zur Regelung der Nachfolge. Er übertrug das Herzogtum an seinen Sohn Heinrich III., nachdem seine Auswahl durch eine »Wahl« des bayerischen Adels bestätigt worden war. In der Forschung wird die Ansicht vertreten, daß mit diesem Besetzungsvorgang so etwas wie eine »Institutionalisierung des königlichen Auswahlrechts« (Hans Constantin Faußner) eingeleitet worden sei. Der Kaiser habe seither zwar immer noch das Prinzip des Erbanspruchs bei der Vergabe der Herzogswürden berücksichtigt, aber in einem so weitgezogenen Rahmen, daß er aus einem größeren Personenkreis frei wählen konnte. Im Falle Bayerns hat er jedenfalls Kandidaten mit weit besseren erbrechtlichen Ansprüchen übergangen, und die »Wahl« der Großen dürfte gerade den Zweck verfolgt haben, deren Ansprüche auszuschalten.

Das eigentliche Prinzip der Besetzungspolitik Konrads II. erkennt man, wenn man hinzufügt, daß sein Sohn Heinrich III. 1038 auch das Herzogtum Schwaben übernahm und ein Jahr später, allerdings schon nach dem Tod Konrads II., auch noch das Herzogtum Kärnten. Die drei süddeutschen Herzogtümer befanden sich damit in der Hand des künftigen Königs, seit 1039 dann in der Hand des regierenden Königs selbst. Dies ist eine höchst bemerkenswerte Entwicklung, denn sie bestätigt auch von dieser Seite die außerordentlich zielstrebige Politik der Zentralisierung der Herrschaftsrechte im Reich durch die ersten Salier. Wie erwähnt, hat Heinrich II. zu Beginn des 11. Jahrhunderts dieses Herrschaftsprogramm schon entwickelt und umzusetzen versucht, aber unter den ersten Salierherrschern ist doch eine weitere Steigerung zu erkennen. Diese Maßnahmen zur Zentralisierung der (Herzogs-)Herrschaftsrechte in der Hand des Königs unterscheiden sich grundsätzlich von der

Regierungspraxis Ottos des Großen. Dieser hatte versucht, Mitglieder seiner Familie – Bruder, Sohn, Schwiegersohn – in die Herzogsämter zu bringen, um ihnen dort, in den »Ersatz«-Reichen (*regna*) der Herzogtümer, Anteil an der Reichsregierung zu bieten. Zwar spielte auch der Gedanke einer familiären Anbindung der Herzogtümer eine Rolle, entscheidend aber war die Idee der »Abfindung«, denn das Königtum wurde nicht mehr, wie bei den Karolingern, unter allen Erbberechtigten aufgeteilt. Die Herzogtümer übernahmen daher die Funktion von Ersatz-Königtümern, die Königsgewalt wurde in diesem Sinne dezentralisiert. Erst bei einem Vergleich damit wird die völlig anders ausgerichtete Politik Konrads II. und Heinrichs III. deutlich, die auf eine Zentralisierung, gewissermaßen auf ein Zurückholen der Herrschaftsrechte in das Königshaus, ja in die Hand des Königs selbst ausgerichtet war.

Noch ein Beispiel sei angeführt, das die Steigerung des königlichen Autoritäts- und Monopolanspruchs beleuchtet. Der Herzog Adalbero von Kärnten wurde, wie wir aus dem Bericht eines Wormser Klerikers erfahren (Bulst, Nr. 27), auf Betreiben des Kaisers 1035 auf einem Hoftag in Mainz unter Anklage gestellt. Als Konrad II. die Fürsten des Hofgerichts aufforderte, den Urteilsspruch zu fällen und Adalbero das Herzogtum abzuerkennen, zögerten sie und verlangten die Anwesenheit des jungen Königs, Heinrichs III. Ihn ließ der Kaiser holen und verlangte von ihm nun den Urteilsspruch. Aber zur größten Überraschung des Vaters erklärte Heinrich, so sehr er ihm in allen Dingen gehorchen wolle, so könne er doch wegen einer persönlichen Abmachung (*pactum*), die er früher mit Adalbero getroffen habe, in diesem Falle seinen Willen nicht erfüllen. Der Kaiser bemühte sich nun mit Ermahnungen, Bitten und Drohungen, aber der Sohn blieb standhaft, bis der Kaiser schließlich durch den Widerstand seines Sohnes so erregt war, daß er die Sprache verlor und ohnmächtig zusammensank. Wieder zu sich gekommen, ließ er die Fürsten erneut kommen und machte vor ihren Augen vor seinem Sohn einen Kniefall. Dabei beschwor er ihn unter heißen Tränen, nicht durch längeres Widerstreben den Feinden seines Vaters Genugtuung und Freude, dem Reich aber und dem König Schmach und Schande zu bereiten. Nach dieser Szene fügte sich der Sohn und bekannte, er habe auf Rat seines Erziehers, des Bischofs Egilbert von Freising (1005–1039), Adalbero einen Eid geschworen. Daß dies ein gegenseitiger Treueid gewesen sein muß, ist aus den Rechtfertigungsversuchen des Freisinger Bischofs zu ersehen, der nun eine Erklärung für sein Verhalten abgeben mußte. Auf Egilberts Entschuldigungen sei der Kaiser aber gar nicht weiter eingegangen, sondern er sei sofort wieder in so rasenden Zorn geraten, daß er den Bischof des Hofes verwies. Dann endlich kehrten Kaiser, Sohn und Fürsten zur Gerichtsverhandlung zurück, und nun wurde der Spruch auf Aberkennung des Herzogtums und der Mark von Kärnten gegen Adalbero ausgesprochen.

Was war das Vergehen Adalberos? Neuere Forschungen (Ingrid Heidrich) haben wahrscheinlich gemacht, daß Adalbero im Kärntner Umfeld eine zu selbständige

53

Politik betrieben hat, daß er vor allem gegenüber den Ungarn, anders als der Kaiser, mit Unterstützung des Bischofs Egilbert von Freising auf Waffenstillstand und Friedensschluß hinwirkte. Dabei ging zwar ein großer Teil der Mark Österreich verloren, aber es schien eine dauerhafte Sicherung der Grenzräume damit möglich. Der besondere Treueid mit Heinrich III. als bayerischem Herzog sollte offenbar die Interessengruppe erweitern und vor allem rigorose Gegenmaßnahmen des Kaisers einengen.

Wie wir die Herrschaftskonzeption und die Herrschaftsführung Konrads II. bisher kennengelernt haben, ist es gar nicht anders zu erwarten, als daß er sich durch diese Handlungsweise in seinen Zielen und in seinem Autoritätsanspruch im Kern angegriffen sehen mußte. Reichsgebiete und damit Reichsrechte waren gegen seinen Willen preisgegeben worden, ein ungeheuerlicher Affront gegen ihn, denn das Reich unversehrt zusammenzuhalten, war sein Auftrag, seine Pflicht und sein ganzes Streben. »Schmach und Schande für Reich und König« waren in den Augen Konrads II. die Folge, wie in diesem Bericht sehr treffend wiedergegeben wird. Hinzu kam die Mißachtung der Autorität des Königs und sogar der Versuch, eine Treuebindung dagegenzusetzen. Man wird an den Gegensatz Königsautorität – Eidesbindung im Falle Herzog Ernsts II. von Schwaben erinnert; allerdings war Adalbero viel weiter gegangen und mit dem Mittel des Eides gleichsam in das Haus des Königs selbst eingebrochen. Für Konrad II. und sein Herrschafts- und Reichsverständnis war mit alledem größte Gefahr verbunden, und dies erklärt auch, weshalb er zur Ausschaltung Adalberos zum äußersten Mittel griff: zum Fußfall vor dem Sohn. Die Selbstdemütigung des Königs zeigte an, daß er bereit war, die Würde seiner Person für den Bestand des Königtums und des Reiches zu opfern. Mehr konnte er nicht mehr einsetzen, um den Sohn für das Prinzip der königlichen Autorität zurückzugewinnen und diese geradezu existenzielle Krise des noch jungen salischen Königtums zu bewältigen. Konrad II. konnte sich erneut durchsetzen, anders als dereinst sein Enkel Heinrich IV., der von seinem Sohn, Heinrich V., zur Abdankung gezwungen wurde und auch durch einen Kniefall keine Gnade mehr fand.

Die wichtigste Stütze für eine so hoch angesetzte Autorität des Königs war die Kirche, die dem König durch die christliche Herrscheridee und die Idee des Gottesgnadentums die Möglichkeit einer einzigartigen Überhöhung und auch die Legitimität für eine angehende »Befehlsherrschaft« verschaffte. Aber sie hat auch die unmittelbare Herrschaftsführung des Königs ganz entscheidend mitgetragen. Reichsabteien und besonders Bischofskirchen erbrachten dem König und seinem Hof in weitem Umfang Leistungen und Abgaben, den »Dienst für den König« (*servitium regis*). Der sakrale Charakter des Königtums ermöglichte die Einsetzung des Bischofs in sein Amt durch den Herrscher, sogar mit den geistlichen Symbolen Bischofsstab und Bischofsring – in dieser Kombination jedenfalls nachweisbar seit

Heinrich III. Die kanonische Wahl durch Klerus und Volk wurde nicht selten auf die Auswahl eines neuen Bischofs am Königshof oder durch den König selbst eingeengt; als Wahl galt dann die Zustimmung des Klerus der betroffenen Bischofskirche. Auf diese Weise versuchte der König, ihm treu ergebene und mit seiner Herrscheridee übereinstimmende Bischöfe zu gewinnen.

Die Forschung ist lange Zeit davon ausgegangen, daß diese Konzeption der Reichskirche schon unter den ottonischen Herrschern im 10. Jahrhundert weit ausgebildet war und daß sie geradezu die bestimmende Struktur des Reiches geworden sei. Man prägte dafür den Begriff »Reichskirchensystem«. Heute ist man zu einem weitaus differenzierteren Bild gelangt (Josef Fleckenstein, Timothy Reuter, Odilo Engels) und hat insbesondere erkannt, daß dieses »System« in der Ottonenzeit noch sehr rudimentär ausgebildet war, ja daß der Idealtypus dieses ottonischen Reichsbischofs, Erzbischof Brun von Köln (953–965), und seine Bischofsidee sich eher in der Defensive befunden haben. Die konsequente Durchsetzung dieses Prinzips ist dagegen erst unter Kaiser Heinrich II. zu beobachten und wurde, wie so vieles, von Konrad II. fortgesetzt. Gleich in seinem ersten Regierungsjahr, 1025, hat er zum Beispiel Azecho zum neuen Bischof von Worms (1025–1044) ernannt, was nach einem Brief des Erzbischofs Aribo von Mainz an die Geistlichen, Vasallen und bischöflichen Dienstmannen von Worms als ziemlich selbstherrlich empfunden wurde (Bulst, Nr. 13). Der Mainzer beschwerte sich über die Übergehung auch seiner Rechte in deutlichen Worten: »Ich hätte kaum oder überhaupt nicht Boten oder Briefen Glauben schenken können, daß unser Herr König unsere Rechte, die mir zustehen und die schon meine Vorgänger ausgeübt haben, in unserer Abwesenheit verletzen wolle und den von uns zu erwählenden und zu weihenden Bischof ohne unseren Rat und unsere Zustimmung eingesetzt hat, wenn wir nicht von euch diese Mitteilung wahrheitsgetreu erhalten hätten.«

Die Bischofskirchen wurden von den Herrschern andererseits reich mit Besitzungen und auch »staatlichen« Hoheitsrechten beschenkt, für die sie die immer weitergehende Befreiung (Immunität) aus der Zuständigkeit des »öffentlichen« Beamten, des Grafen, erhielten. Um die Jahrtausendwende ist zu beobachten, daß die Bischöfe ganze Grafschaften übertragen bekamen, ein Vorgang, der wiederum unter Heinrich II. mit voller Intensität ausgestaltet und von den Saliern weitergeführt wurde. Bis in die Zeit Kaiser Heinrichs IV. sollen insgesamt 54 Grafschaften an die Kirchen verliehen worden sein (Leo Santifaller). Die Bischöfe wurden damit in ganz neuartiger Weise in die Betreuung gräflicher Aufgaben eingespannt – auch wenn sie selbst die Grafenfunktionen als Geistliche nicht ausüben durften; darüber hinaus konnten die damit verbundenen reichen Einkünfte über den »Königsdienst«, wenigstens zum Teil, wieder an den Herrscher zurückfließen. Die Zuständigkeit für die Interessen des Reiches, das »Verantwortungsbewußtsein« für das Reich mußte sich bei den Bischöfen damit kontinuierlich steigern, und man erkennt hier die Quelle einer von der Kirche ausgehenden Integrationskraft für das Reich. Schon die Wahl von 1024 dürfte in viel stärkerem Maße als die früheren Königswahlen von diesem kirchlich-bischöflichen Verantwortungsbewußtsein für das Reich geprägt gewesen sein (Hagen Keller); was aber noch wichtiger ist: Das Reich erhielt damit Impulse für eine innere Festigkeit, die sich auch neben dem König und seiner einheitsbildenden Kraft ausbreiten konnte. Diese Entwicklung ist ein wesentliches Kennzeichen für Herrschaft und Reich der Salier und wird im weiteren Verlauf der Darstellung noch sehr zu berücksichtigen sein.

Das Zusammenwirken von König und Bischöfen wurde in der Forschung lange Zeit als Politik zur Zurückdrängung der weltlichen Fürsten und des Adels gewertet. Dies wird auch weiterhin in vielen Einzelfällen zuallererst zu beachten sein. Aber neuerdings (Rudolf Schieffer) ist auch der Blick dafür geöffnet worden, daß die Bischöfe, die ja selbst aus dem Adel kamen, mit ihren Adelssippen in der Regel in engster Verbindung blieben. Adelsbesitz ging an die Bistümer über, und Mitglieder der bischöflichen oder verwandten Adelssippen übernahmen die Vogtei und den Schutz der Kirchen oder andere Funktionen. Ein recht markantes Beispiel hierfür war der schon erwähnte Bischof Egilbert von Freising, bei dem man deutlich erkennen kann, daß er für einen weiten Adels- und Grafenkreis in Bayern wie eine Integrationsfigur wirkte. Dem König konnte es auf diesem Wege gelingen, über die Bischöfe auch große Teile des mächtigen Adels zu erreichen und auch bei ihnen Bereitschaft für die Anerkennung seiner Autorität zu gewinnen. Ein solcher »Wirkverbund« macht erst deutlich, welche Leistungen die Bischofskirche, besonders seit Heinrich II. und Konrad II., für Reich und Königtum erbracht hat, solange der König als Gesalbter des Herrn (*christus domini*) und Stellvertreter Christi (*vicarius Christi*) unangefochten war.

Beachtet man diese Zusammenhänge, so wird auch der schon erwähnte Erwerb von Partikeln des Kreuzes Christi durch die Gesandten Konrads II. in Byzanz 1028 in seiner Tragweite deutlicher. Galt unter Heinrich II. die Heilige Lanze – auch Mauritius-Lanze oder Longinus-Lanze genannt – als besonders verehrte Insignie des Herrschers, so wurde sie nun rasch abgelöst durch das Reichskreuz, das die neue Reichsreliquie der Kreuzespartikel aufnahm. Man kann gut beobachten (Berent Schwineköper), wie in der Familie der Salier und bei den mit ihnen besonders verbundenen Kirchen und Adelshäusern die Verehrung des heiligen Kreuzes sich in kürzester Zeit verbreitete und wie Stifte und Klöster mit kleinsten Teilchen dieser Reliquie ausgestattet wurden und das Heilig-Kreuz-Patrozinium annahmen, wie zum Beispiel das salische Familienkloster Limburg an der Haardt. Die mit den Saliern eng verbundenen Grafen von Egisheim oder die »Manegolde« von Donauwörth förderten den Kreuzeskult nun ebenso wie die Grafen von Metz, die Familie, aus der Adelheid, die Mutter Konrads II., stammte. Der aus dem Egisheimer Grafenhaus kommende Papst Leo IX. (1048/49–1054), seit 1026 unter dem Namen

Bruno Bischof von Toul, hat die besondere Kreuzesverehrung dann zu einem Programm des angehenden Reformpapsttums weitergeführt.

Diese liturgische Seite ist für das Verständnis des Wirkverbunds von Kirche, Adel und Herrscher sehr wichtig, denn sie zeigt uns, mit welcher religiösen Kraft diese Verbindungen ausgestattet waren. Die Kreuzesreliquie war aber darüber hinaus auch ein besonderer liturgischer Kraftquell für das Königtum, denn sie symbolisierte die *imitatio Christi* des Herrschers in einzigartiger Weise. Die Verehrung des Kreuzes und damit des leidenden Christus war Ausdruck dessen, daß der König als Stellvertreter Christi auch die Autorität des herrschenden Christus für sich in Anspruch nehmen darf. Die von Konrad II., von seinem Hof und seiner Gefolgschaft so kraftvoll aufgenommene und über das Reich verbreitete Kreuzesverehrung, zu der von Bischof Heribert von Eichstätt (1022–1042) ein weithin wirkender liturgischer Kreuzhymnus (*Salve crux sancta*) für den Hof gedichtet wurde, steigerte also auch die Autorität des Herrschers überaus; sie legitimierte nicht nur die Erhöhung zum Königtum – wie die Idee des Gottesgnadentums –, sondern auch die herrscherlichen Handlungen und Entscheidungen, seine Herrschaftsführung insgesamt mit besonderem Nachdruck. Wie bestimmend dieser religiös-liturgische Ansatz zur Autoritätssteigerung für Konrad II. und sein Herrschaftsbewußtsein war, zeigt, daß er das Reichskreuz, das als Behälter für die neue Reichsreliquie diente, anfertigen ließ, das sogleich den Platz der vornehmsten Herrscherinsignie einnahm. An der goldenen Kaiserkrone (Tafel 2), die möglicherweise vollständig in seiner Zeit entstanden ist (Berent Schwineköper, Mechthild Schulze-Dörrlamm), ließ er ein kostbares Aufsteckkreuz anbringen. Er stellte sich und sein Königtum noch mehr als alle seine Vorgänger unter das Zeichen Christi, um daraus Kraft und Anspruch für seine außerordentlich energische und durchaus schon befehlsorientierte Herrschaftsführung zu gewinnen.

4. KAPITEL

Verfassung und Gesellschaft im Wandel

Aufbruch und Aufschwung waren keineswegs nur Kennzeichen einer neuen Königsdynastie, vielmehr wird, je weiter man in der Salierzeit voranschreitet, zuerst nur konturenhaft und dann immer deutlicher ein dynamischer Prozeß erkennbar, der sich auf allen Ebenen der Verfassung und der gesellschaftlichen Ordnung immer stärker ausbildete. Manches kündigt sich schon um die Jahrtausendwende an, anderes erst um die Mitte des 11. Jahrhunderts, und insgesamt haben sich bis zum Ende der Salierzeit auch im Bewußtsein der Menschen in vielerlei Hinsicht tiefgreifende Veränderungen vollzogen.

Nach der Überwindung der vielen Gefahren für das neuentstehende Reich im 10. Jahrhundert, unter denen die Ungarneinfälle sicherlich als zutiefst existenzbedrohend empfunden worden waren, und nach dem Ausbleiben des in weiten Kreisen erwarteten Weltenendes um die Jahrtausendwende (Johannes Fried) wurden die Kräfte gesammelt und in neue Bahnen gelenkt. Ein zwar nicht sprunghaftes, aber durchaus stetiges Wachstum der Bevölkerung (Gisela Grupe) und ganz erhebliche Förderungsmaßnahmen im wirtschaftlichen Bereich sind für diese Vorgänge ohne Zweifel zu beachten. Aber auch die geistige und religiöse Entwicklung zeigt außerordentlich folgenreiche Wandlungen. Diese Aufbruchstimmung wird recht gut eingefangen von dem burgundischen Mönch Rodulfus Glaber (Rudolf der Kahlkopf), der kurz vor der Jahrhundertmitte in seinem Werk »Fünf Bücher der Geschichte« dazu geschrieben hat (III, 4): »Fast im ganzen Erdkreis erneuerte man die Gotteshäuser. Obwohl die meisten gut und schön gebaut waren und es gar nicht erforderlich gewesen wäre, versuchte doch jede christliche Gemeinschaft, die anderen dadurch zu übertreffen, daß sie ein noch schöneres besaß. Es war gleichsam so, als würde die Welt selbst, nachdem sie, sich schüttelnd, das Alter abgeworfen hatte, allerorten ein hell leuchtendes Kleid aus Kirchen anlegen. Damals bauten die Gläubigen fast alle Kirchen der Bischofssitze prachtvoll aus und ebenso viele andere Klöster und auch die kleineren Kirchen in den Dörfern.«

In Deutschland war das salische Jahrhundert eine Zeit regster und großartigster Bautätigkeit. Schon im ausgehenden 10. Jahrhundert sind die Vorboten dieser Entwicklung zu erkennen, aber mit dem Beginn des 11. Jahrhunderts setzte diese Entwicklung in vollem Umfang ein (Wolfgang Giese, Gerhard Streich). Nur wenig Karolingisches hat die Mitte des 11. Jahrhunderts überlebt. Erzbischöfe und Bischöfe ließen in einer bis dahin ungekannten Intensität ihre Amtsmittelpunkte zu glanzvollen Repräsentationszentren ausbauen, ließen Domkirchen von geradezu atemberaubenden Ausmaßen anlegen und großartige Bischofspfalzen errichten. Ob in Mainz oder Worms, in Straßburg, Würzburg, Eichstätt, Hildesheim oder Hamburg, um nur einige zu nennen: überall entstanden diese Bauten einer neuen Zeit. Um die Dome und (Bischofs-)Pfalzen herum wurden noch Stifte und Klöster nach bestimmten theologischen Programmen, etwa in der Form eines Kreuzes – wie in Hildesheim, Utrecht, Minden, Trier – oder in Nachahmung der Stadt Rom, angelegt, so daß die Bischofsstädte den Charakter von »Sakrallandschaften« (Erich Herzog) erhielten.

Ein sehr treffendes Beispiel eines bischöflichen Bauherren bietet Meinwerk von Paderborn (1009–1036) (Manfred Balzer). Stolz auf seinen Adel und den Reichtum seiner Familie war er gleichermaßen unermüdlich für die Mehrung von Besitz und Rechten seiner Kirche tätig und leistete auch im Königsdienst mehr, als der Herrscher fordern durfte. In seiner Vita wird gescherzt (cap. 186), daß er offenbar über diesem Engagement bisweilen die Sicherheit im Latein verloren habe: Kaiser Heinrich II. soll, als er das Weihnachtsfest 1022 in Paderborn feierte, heimlich in der Nacht zuvor im Meßbuch bei den Bittgebeten die Worte *pro defunctis famulis et famulabus* (für die verstorbenen Diener und Dienerinnen) verändert haben lassen. Das *fa-* wurde jeweils wegradiert, so daß es jetzt hieß: *pro defunctis mulis et mulabus* (für die verstorbenen Maulesel und Mauleselinnen). So sei es vom Bischof dann auch vorgelesen worden. Diese Episode, ob wahr oder erfunden, sollte aber eher das vertraute Verhältnis von Herrscher und Bischof illustrieren, denn in Wirklichkeit war Meinwerk überaus darum bemüht, das liturgische Leben zu fördern und die kirchliche Disziplin zu steigern.

Als er sein Bistum übernahm, war ihm der gerade im Aufbau begriffene Dom nicht prächtig genug, und er ließ unverzüglich, nur drei Tage nach seiner Ankunft in Paderborn, alles wieder abreißen und ein noch viel prächtigeres Werk beginnen. Als er 1036 starb, war der großartigste Bau vollendet, den Paderborn jemals vorzuzeigen hatte. Dazu kam eine neue große Kaiserpfalz nördlich des Domes mit einer kunstvollen Bartholomäus-Kapelle, die von griechischen Bauleuten errichtet wurde. Auf der Südseite entstand ein neuer Bischofspalast mit steinernen Mauern und besonders hohen Türmen. Westlich der Pfalz wurde das große Abdinghof-Kloster angelegt, im Osten das Busdorf-Stift. Für den Bau der Kirche des zuletztgenannten Stiftes hatte der Bischof seinen Abt Wino von Helmarshausen eigens nach Jerusalem geschickt, damit dieser dort die Maße der Grabeskirche genau aufnehme und diese nach seinen Angaben in der Kirche des Busdorf-Stiftes nachgebildet werden konnte. Da die Kirche von Abdinghof nach römischem Muster (*more Romano*) gebaut und die Gesamtanlage all dieser Bauwerke nach der Gestalt eines Kreuzes komponiert wurde, wird deutlich, daß die Bischofsstadt den Charakter eines weltumspannenden Mittelpunktes erhalten sollte: Jerusalem und Rom finden sich wieder, und die vier Enden des Kreuzes weisen auf die vier Himmelsrichtungen, die die Welt umfassen.

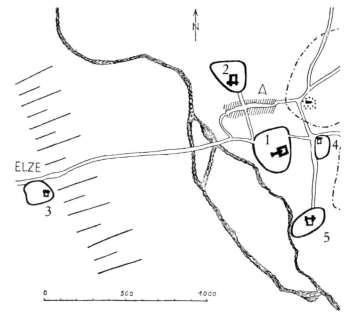

Abb. 9
Hildesheim im 11. Jh.
(HERZOG, Die ottonische Stadt, 1964, S. 241)

1 Dom
2 St. Michael
3 St. Mauritius
4 Hl. Kreuz
5 St. Godehard

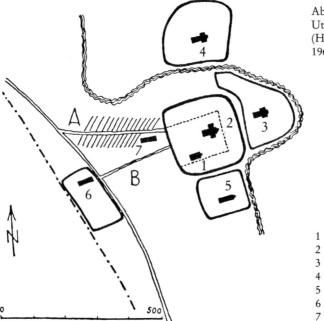

Abb. 10
Utrecht im 11. Jh.
(HERZOG, Die ottonische Stadt, 1964, S. 253)

1 St. Salvator
2 Dom
3 St. Peter
4 St. Jan
5 St. Paul
6 St. Marien
7 Buurkerk

Daß außerdem die Marktsiedlung vor der Domburg ausgebaut wurde und Handwerkerviertel zur Versorgung der Klöster und Stifte entstanden, wäre noch hinzuzufügen. Zweifellos stellt sich damit ein gewaltiges Bauprogramm dar, durch das Bischofssitz und Bischofsstadt ein ganz neues Gesicht erhielten. Aus der alten Domburg wurde nun eine durch Klöster und Stiftskirchen ausgedehnte und nach einer weit ausgreifenden Idee prachtvoll gestaltete Bischofsstadt, geradezu eine »Bischofsresidenz«.

Paderborn ist ein Beispiel unter vielen. Ähnliche Bauprogramme finden sich in vielen anderen Bischofsstädten, und gerade die Ausrichtung auf eine Imitation der Stadt Rom trifft man vielfach, auch schon im 10. Jahrhundert, an, etwa in Konstanz (Helmut Maurer), Köln (Günther Binding) oder Eichstätt (Stefan Weinfurter). Man übernahm Patrozinien der stadtrömischen Patriarchalkirchen und gestaltete auch die Topographie nach dem Vorbild von Rom. In Mainz schlug sich diese Idee – verbunden mit dem Anspruch auf Vorrang in der Reichskirche – sogar in der Benennung nieder: *Aurea Moguntia*, die »goldene Stadt Mainz«, so wie es eine »goldene Stadt Rom« gab (Franz Staab).

Die wie eine riesige Welle hereinbrechende Bautätigkeit hat die Kräfte der damaligen Gesellschaft bis zum äußersten beansprucht. Die Arbeitskräfte kamen in der Hauptsache aus den Grundherrschaften der Bauherren, und die Leistungen mußten diese Grundholden offenbar zusätzlich zu ihren sonstigen Abgaben erbringen. Von einem Eichstätter Geschichtsschreiber (Anonymus Haserensis) erfahren wir 1075/1078 über die Folgen der ungewöhnlichen »Bauwut« des Bischofs Heribert von Eichstätt (1022–1042) und seiner Nachfolger (cap. 29): »Unter diesem Bischof wurde erstmals bei uns mit dem Abbruch der alten und der Errichtung neuer Gebäude begonnen. Seine Vorgänger hatten sich mit sehr bescheidenen und einfachen Bauwerken begnügt und sich darum bemüht, deren Innenräume reich auszustatten. Jener Bischof aber und alle seine Nachfolger erstellten entweder neue Kirchen oder neue Pfalzbauten oder auch Befestigungen und trieben, indem sie fortdauernd daran bauen ließen, die Bevölkerung, die ihnen dienen mußte, durch äußerste Verarmung zur Erschöpfung. Indem nämlich beinahe die ganze Zeit, die für das Düngen, Pflügen und den gesamten Ackerbau benötigt worden wäre, immer nur für das Zusammensetzen von Steinen aufgewandt wurde und gleichwohl die schuldigen Abgaben mit größter Härte eingefordert wurden, verkümmerten der frühere Wohlstand zur Not und der höchste Frohsinn, der unter den früheren Bischöfen geherrscht hatte, zur bittersten Betrübnis.« Ähnliches hören wir aus der zur selben Zeit entstandenen Hamburgischen Kirchengeschichte des Adam von Bremen oder aus der schon erwähnten Vita des Bischofs Benno II. von Osnabrück. Erzbischof Adalbert von Hamburg-Bremen (1043–1072) habe für den Riesenbau seines Domes, für den Mauerbau und für den Burgenbau sein Volk unerbittlich angetrieben und ständig belastet »mit neuen drückenden Forderungen für Land und Leute«. Überhaupt, so lesen wir, behandelte er »seine Pfarrkinder mit großer Härte, obwohl er sie doch hätte lieben und umsorgen müssen, wie der Hirte seine Schafe«. Bischof Benno II. von Osnabrück (1068 1088), den wir als Bauleiter am Speyerer Dom in den achtziger Jahren noch kennenlernen werden, habe »seine Bauern durch Prügel getrieben, ihre Schuldigkeit zu tun« und für seine Baumaßnahmen große Mengen von Leuten zur Arbeit zusammengezogen.

Diese und ähnliche Beispiele bezeugen hinreichend, daß die Bischöfe in dieser Zeit ein neuartiges Selbstverständnis zu entwickeln begannen. Sie gestalteten nicht nur ein kirchliches Zentrum, sondern den Sitz eines geistlichen Fürsten, der an Macht und Einfluß zunehmend den Großteil des Adels überragte. Sie begannen auch damit, in ihren Urkunden, Münzen und Siegeln sowie in ihrer ganzen Hofhaltung mehr und mehr die bisher dem König vorbehaltenen Formen der Herrschaftsrepräsentation nachzuahmen. Sehr kennzeichnend dafür ist das Programm des thronenden Bischofs (Tafel 6), vor allem die Übernahme des Thronsiegels durch die Bischöfe im ausgehenden 11. Jahrhundert (Manfred Groten), das heißt die Darstellung eines auf dem Thron sitzenden Bischofs. 100 Jahre vorher, unter Kaiser Otto III. (983–1002), war dieses Thronmotiv als Siegelbild des Herrschers (Majestätssiegel) eingeführt worden. Ohne Frage sind mit diesen Vorgängen die ersten Wurzeln zu greifen, aus denen die Entwicklung zum geistlichen Fürstentum erwuchs. Aber man muß auch berücksichtigen, daß diese neuen Formen des Amtsverständnisses und der Darstellung bischöflicher Amtsherrschaft zunächst keineswegs gegen den König gerichtet waren, ganz im Gegenteil: Stärke und Glanz der eigenen Kirche wurden auch als Vorteil für Reich und König gesehen, und eine kraftvoll herrscherliche Amtsführung ermöglichte dem Bischof, seine Funktionen und Pflichten auch im Reichsverbund möglichst gut zu erfüllen. In der späten Salierzeit ist dann allerdings eine immer stärkere Hinwendung zur zielstrebigen bischöflichen Territorialpolitik, die sich auch gegen den König wenden konnte, nicht zu übersehen.

Es könnte der Eindruck entstehen, als wäre die herrschaftliche Umprägung des Bischofsamtes, die sich damit abzeichnet, vorwiegend aus weltlichem Machthunger oder nur aus einer immer stärkeren Beteiligung an den Reichsgeschäften entstanden. Natürlich besteht hier ein Zusammenhang, aber dem Anliegen der Bischöfe würde ein so vordergründiges Urteil nicht gerecht. Ihnen kam es zunächst viel mehr darauf an, die Voraussetzungen zu schaffen, um die bischöflichen Amtsrechte und Amtspflichten besser und konsequenter als jemals zuvor umzusetzen. Aus diesem Grund wurden die Bistümer in neuartiger Weise durchgegliedert mit der Einrichtung und der Abgrenzung von Archidiakonaten und Dekanaten. Früher hatte es sogenannte Chorbischöfe gegeben, geweihte Hilfsbischöfe, die in einer bestimmten Region des Bistums sämtliche bischöflichen Funktionen in weitgehend eigener Verantwortung ausübten. Sie wurden jetzt im Laufe des 11. Jahrhunderts abgelöst von Archidiakonen, die nur einfache Hilfsbeamte des Bischofs waren, die keine Bischofsweihe mehr besaßen und der Amtsgewalt des Diözesanbischofs straff untergeordnet sein sollten. Auch dies gehörte zu einer konsequenten Umsetzung einer hierarchischen Gliederung in der Kirche, bei der der Bischof die Spitzenstellung einnahm. Häufig besaßen Klöster vorher das Recht, den Kirchenzehnten in einem bestimmten Sprengel für sich einzuziehen. Auch dieses Recht wurde ihnen nun im 11. Jahrhundert in vielen Fällen von den Bischöfen heftig bestritten. Bei all dem ging es keineswegs nur um reine Machtpolitik, sondern dieses Vorgehen war das Resultat einer zielstrebigen bischöflichen Amtsführung, die wiederum die Amtsherrschaft steigerte.

In der späteren Salierzeit verstärkten manche Bischöfe ihre Autorität noch mit der Legitimation durch die *auctoritas sancti Petri*, also durch einen Auftrag des Papstes – aber dies ist eine Entwicklungsstufe, bei der wir weit vorauseilen, denn dazwischen liegt die Anerkennung der obersten päpstlichen Autorität in der Kirche, die uns noch beschäftigen wird. Ein anderer Weg für die Bischöfe war die Mönchs- und vor allem die Klerusreform im späteren 11. und beginnenden 12. Jahrhundert. Dahinter stand das Anliegen, die Sakramentenspendung nur durch makellose Priester vornehmen zu lassen, um das Seelenheil der anvertrauten Gläubigen nicht zu gefährden (Johannes Laudage). Aus dieser Idee heraus wurden in manchen Bistümern wie in Halberstadt, Passau oder Salzburg geistliche Elitegruppen ausgebildet, die als »Regularkanoniker« in strenger Lebensweise, in Eigentumsverzicht und nach mönchischen Tugenden die Seelsorgeaufgaben in den Pfarreien ausübten oder von einem reformierten Stift aus wahrnahmen. Sie standen in engster spiritueller und rechtlicher Zuordnung zum Diözesanbischof und stützten seine Amtshoheit im gesamten Bistum.

Die salische Epoche, so ist zu erkennen, bringt eine intensive amtsherrschaftliche Durchdringung der Bistümer durch ihre Bischöfe. Dabei fällt auf, daß der Gedanke des Amtes besonders hervortritt, daß die Bischöfe stärker als vorher Traditionen der eigenen Kirche aufnehmen und damit Ansprüche abstützen. Ein bezeichnendes Beispiel dafür liefert Mainz, wo verschiedene Vorrechte und auch der gesamte Vorrang in der deutschen Kirche nun mit neuem Nachdruck aus der Bonifatius-Tradition abgeleitet wurden. Auch sonst waren die Bischöfe weit davon entfernt, ihre zunehmende Machtstellung als persönliche Amtsherrschaft zu verstehen. Sie sahen sich ganz eingebunden in die Sukzessionsreihe ihrer Vorgänger und die daraus entstehenden Verpflichtungen ihrer Kirche gegenüber. In dem 1071/1072 entstandenen, kunstvoll gestalteten »Bischofsbuch« von Eichstätt (*Pontifikale Gundekarianum*) wird die gesamte Bischofsreihe vom Bistumsbegründer Willibald an sogar in einer Bildfolge dargestellt und damit eine bildhafte Vergegenwärtigung der rechtlichen und geistlichen Fundamente dieser Kirche vor Augen geführt (Tafel 7). Diese Vorgänge in der Bischofskirche lassen eine stärkere Betonung des Institutionendenkens hervortreten – ein Prozeß, den wir für die Herrscheridee Heinrichs III. noch zu beachten haben werden.

Selbstdarstellung und Amtsherrschaft der Bischöfe, so wird man diesen Beobachtungen entnehmen können, entwickelten sich auf eine Betonung ihrer hierarchischen Stellung zu. Was sich beim Königtum bereits ablesen ließ, zeigt sich also auch hier. Die mit dem Bischofsamt verbundenen Funktionen, Pflichten und Aufgaben wurden »zentralisiert« und gleichzeitig in einer intensiveren Bischofsherrschaft umgesetzt.

Vieles von dem, was wir für die Bischöfe greifen können, gilt ebenso auch für die weltlichen Großen. Man wird sogar davon ausgehen müssen, daß eine noch größere, offenbar die treibende Kraft für den Wandel in Verfassung und Gesellschaft vom Adel ausgegangen ist. Die Veränderungen setzten in der Salierzeit mit großer Dynamik auf der unteren Ebene der Führungsschichten ein, als der Adel damit begann, neuartige Formen der Herrschaftsbildung anzuwenden. Was wir bei den Saliern schon frühzeitig antreffen, breitete sich im Laufe des 11. und dann noch mehr im 12. Jahrhundert in immer weiteren Adelskreisen aus: In einer Kombination von Eigenbesitz, Vogteikumulation, Grafschaften, Rodungsmaßnahmen, Burgenbau und einer sogenannten »Sitzkonzentration« – der Ausbildung also eines Zentrums – entstanden Adelsherrschaften neuer Qualität. Sichtbarer Ausdruck dessen war die Errichtung von Höhenburgen: Die Herrschaft löste sich aus dem grundherrschaftlichen Verbund, der adlige Herr verließ den Herrenhof (Salhof, Fronhof) und zog auf die Höhenburg, die zum Mittelpunkt einer neuartigen Herrschaft wurde.

Die Herrschaftsbildung der weltlichen Großen verlief trotz großer Intensität nicht so geradlinig wie bei den Bischöfen und weist große regionale Unterschiede auf (Karl Schmid, Wilhelm Störmer). Die Kontinuität war hier ohnehin immer vom Aussterben eines Geschlechts in der männlichen Linie bedroht – ein erheblicher Nachteil gegenüber der festgefügten und durch das Amt dauerhaft eingerichteten bischöflichen Herrschaft. Der Untergang mehrerer mächtiger Adelsfamilien um die Mitte des 11. Jahrhunderts, wie der Ebersberger in Bayern, der Konradiner in der Wetterau oder der Ezzonen am Niederrhein, führte zu gewaltigen Umwälzungen in der Herrschaftsverteilung und förderte die Entstehung neuer Adelsherrschaften. Im späten 11. und beginnenden 12. Jahrhundert wurde dieser Prozeß auch von der Verbindung von Adel und Klosterreform begünstigt, insbesondere in Schwaben. Daß der sogenannte Reformadel die Unabhängigkeit und Dauerhaftigkeit seiner Herrschaftsgebilde mit Hilfe der Klosterreform von Hirsau und St. Blasien zu steigern vermochte, ist von der jüngeren Forschung sehr deutlich herausgearbeitet worden (Hermann Jakobs, Karl Schmid). Dieser Adel verzichtete zwar auf seine Besitzrechte an den Reformklöstern, erhielt aber dafür die Herrschaftsrechte in Form der Vogtei zurück. Da die Vogtei mit ihrer Gerichts- und Schutzfunktion meist erblich an die Adelsfamilie gebunden und nicht der sonst üblichen Erbteilung unterworfen war, konnte auf diese Weise – gleichsam mit Hilfe der Reformklöster – Herrschaft in einer Linie gebündelt und für die Zukunft gesichert werden. Gelangte man überdies noch in den Besitz der Vogtei anderer Klöster, so konnte man die Herrschaft in ganz erheblichem Umfang ausdehnen. Viele künftige mächtige Adelshäuser sind in dieser Zeit entstanden und aufgestiegen, wie beispielsweise die Scheyern-Wittelsbacher, die auf dieser Grundlage in der ausgehenden Salierzeit zu ihrem großen Aufschwung ansetzten (Stefan Weinfurter).

Das 11. Jahrhundert bringt – so ist auf jeder Seite, die man aufschlägt, zu beobachten – den ersten, mächtig vorandrängenden Schritt zu einer Intensivierung von Herrschaft, die sich zunehmend hierarchisch zu verankern suchte. Dieser stetig voranschreitende Umbau in den Strukturen von Kirche und Adel spiegelt sich in den Quellen häufig als Hinweis auf eine neuartige Strenge und einen damit verbundenen Rückgang an Barmherzigkeit, vor allem in der zweiten Hälfte des 11. Jahrhunderts. Erzbischof Adalbert von Hamburg-Bremen, so erfahren wir aus der Hamburgischen Kirchengeschichte, wollte seinem Volk am liebsten jeden Tag eine Tracht Prügel zukommen lassen. Sein Amtsbruder Anno II. von Köln (1056–1075), von dessen Auseinandersetzungen mit den Bürgern von Köln wir noch hören werden, war diesen zu streng. Sie wehrten sich gegen seine Anmaßung und Strenge (*insolentia* und *austeritas*, Lampert von Hersfeld, Annalen zu 1074). Die Kanoniker der Alten Kapelle von Regensburg hielten um 1080 dem Bamberger Bischof, der einen ihrer Mitbrüder allzu hart zu bestrafen drohte, das Wort der Heiligen Schrift entgegen: »Demjenigen ein Urteil ohne Mitleid, der selbst kein Mitleid kennt!« (Erdmann, Ausgewählte Briefe, Nr. 10) In der Eichstätter Bischofsgeschichte von 1075/1078 wird den Kirchenreformern, die eine strenge Bestrafung von Übeltätern forderten, von Papst Leo IX. (1048/49–1054) zu Bedenken gegeben: »Es sollte euch, Brüder, nicht mißfallen, wenn ich Sünder mit Sündern nachsichtig bin. Viel eher sollte euch mißfallen, daß ich die Sünder gewiß schwerer bestrafe als jener, der niemals gesündigt hat und über dessen Lippen kein böses Wort kam. Nirgendwo nämlich werdet ihr im gesamten Evangelium finden, daß unser Herr Jesus jemanden mit Fasten oder Schlägen gemaßregelt hat, sondern er sprach zum Reuigen: ›Gehe hin in Frieden und sündige nicht mehr!‹« (Anonymus Haserensis, cap. 37)

Solche Beispiele wären beliebig zu vermehren. Sie fangen sehr anschaulich den langsamen Umschwung ein, der sich auch im Rechtsdenken ganz allgemein in einer ersten Hinwendung von der Bußengerichtsbarkeit zu einer Strafengerichtsbarkeit niederschlägt. Der Gedanke, dem Geschädigten einen angemessenen Ersatz zu verschaffen, trat hinter der Forderung nach gerechter Bestrafung des Übeltäters mehr und mehr zurück. Die ins deutsche Reich um 1080 eindringende Gottesfriedensbewegung und Landfriedensidee förderten diese Entwicklung, denn sie zielten auf Zentralisierung und Vereinheitlichung »strafrechtlicher« Maßnahmen. Vor allem die Fehdeführung des Adels als rechtmäßiges Mittel, Recht zu verteidigen oder wiederherzustellen, sollte eingeschränkt werden – natürlich anfangs mit wenig Erfolg. Daß ganz am Ende der Salierzeit auch erste Formen des Inquisitionsverfahrens einzudringen beginnen, sollte wenigstens erwähnt werden, weil sie das starke Bestreben nach Wahrheitsfindung widerspiegeln. Nur der sichere Nachweis der

Schuld ließ die volle Bestrafung zu. Die »Geburt der Strafe« (Viktor Achter) ist eine nicht unzutreffende Kennzeichnung dieser Vorgänge.

Die Herren und Amtsträger ihrerseits erhoben die Gehorsamspflicht zur Rechtsgrundlage ihrer Handlungen. König Heinrich IV., um erneut vorauszugreifen, setzte 1065 den Abt Udalrich von Lorsch »wegen Gehorsamsverletzung« (*propter inobedientiam*, Erdmann, Briefe Heinrichs IV., Nr. 4) ab. Im selben Jahr zitierte der Erzbischof Anno II. von Köln die vier Vertreter der Mönche von Malmedy, die sich der bischöflichen Amtsgewalt unterwerfen sollten, zu sich mit den Worten: »Dies befehle ich euch durch den heiligen Gehorsam, zu dem ihr verpflichtet seid« (*per sanctam obedientiam precipio*, Bresslau, Brief). Gehorsamspflicht wurde zum »geheiligten Gesetz«! Obersten Gehorsam in allen Dingen und von allen Sterblichen sollte dann schließlich der große Reformpapst Gregor VII. (1073–1085) fordern, der schon 1075 an König Heinrich IV. schrieb, er grüße ihn nur, »wenn er dem Papst gehorche, wie es sich einem christlichen König ziemt« (*si tamen apostolicę sedi, ut christianum decet regem, oboedierit*, Register III, 10).

Die neue Art der Herrschaftsbildung und Hierarchisierung verlangte auch nach neuen Formen der Absicherung. Als zuverlässige Helfer, denen man Weisungen erteilen konnte, boten sich die besonders vertrauten Mitarbeiter aus den Kreisen der unfreien Grundholden an. Schon immer hatte es Knechte gegeben, die auf Grund ihrer Fähigkeiten und Eigenschaften vom Herrn zu besonderen Diensten eingesetzt wurden. Meist waren das nicht diejenigen, die eine Hofstelle zu bewirtschaften hatten (Hufenbauern), auch nicht immer diejenigen, die eine bessere Rechtsstellung im Verbund der Grundherrschaft erlangt hatten (Wachszinser und andere), sondern am ehesten die, die dem Herrenhof und dem Herrn unmittelbar zugeordnet waren. Im Verlauf der Salierherrschaft griffen die Herren nun verstärkt zum Einsatz dieser »Eigenknechte« (*servi proprii*), um sie in Verwaltung und ganz besonders zum Schutz der neuen Herrschaftsgebilde als Krieger einzusetzen. Die Bezeichnung »Ministeriale« für diese Gruppe war offenbar zuerst im Bereich der Bischofskirche entstanden, während am Königshof für die »Dienstleute« des Reiches noch bis zur ausgehenden Salierzeit die Benennung *servientes* vorherrschend war (Thomas Zotz).

Diese Entwicklung ging natürlich über einen längeren Zeitraum, aber um die Mitte des 11. Jahrhunderts treffen wir bereits das Bamberger Ministerialenrecht an (*iusticia ministerialium Babenbergensium* von 1061/62, Jaffé, Bibliotheca 5, S. 50–52), das uns deutlich vor Augen führt, daß sich hier bereits eine eigene Rechtsgruppe herausgebildet und von den übrigen Grundholden abgehoben hatte. Hier finden sich schon die bemerkenswerten Sätze: »Der Sohn eines Ministerialen soll das Lehen des Vaters bekommen. Ist kein Sohn vorhanden, so soll der nächste Schwertmage des Verstorbenen seinen Panzer oder ein Pferd – und zwar das beste, das er besessen hatte – seinem Herrn übergeben, das Lehen seines Verwandten aber behalten. – Geht der Ministeriale auf Heerfahrt, so soll er sich auf eigene Kosten bei seinem Herrn einfinden. Danach soll er auf dessen Kosten unterhalten werden. – Wenn die Heerfahrt nach Italien führt, soll der Herr für jeden seiner Panzerreiter ein Pferd und drei Pfund geben. Geht die Heerfahrt woanders hin, sollen zwei der Ministerialen für den dritten die Kosten aufbringen.« Die Bamberger Ministerialen, so wird hier zum Ausdruck gebracht, haben damals für ihren besonderen Dienst schon eine besondere Ausstattung erhalten, nämlich Dienstlehen, die nach diesen Rechtssätzen erblich sein sollten. Die persönliche Bevorzugung des Ministerialen durch den Herrn ging nun als fester Rechtstitel auf die Familie über. Daß sich diese »Dienstleute« im übrigen längst nicht mehr als »Eigenknechte« in der engsten Umgebung des Herrn, sondern auf ihren »Ministerialensitzen« aufhielten, zeigt die Formulierung, sie müßten sich »auf eigene Kosten beim Herrn einfinden«.

Noch eine Bestimmung dieses Ministerialenrechtes ist besonders erwähnenswert: Vom Gericht des Vogtes sollten sie befreit sein. Die Grundholden, die Hörigen einer Kirche, eines Bistums, eines Klosters, unterstanden in der Regel dem Vogt, der für diese Gerichtshoheit Abgaben einforderte. Die Bamberger Ministerialen hatten es aber – offenbar früher als in anderen Bischofskirchen – erreicht, als Sondergruppe einen eigenen Gerichtsstand vor dem Hofgericht des bischöflichen Herrn zu erlangen. Diese Frage des Gerichtsstandes konnte mit der Zeit zu scharfen Auseinandersetzungen zwischen Vögten und Ministerialen oder auch zwischen Vögten und Bischöfen führen. Die Hochstiftsvögte versuchten dabei, über ihre Gerichtshoheit auch die Ministerialen eines Bischofs ihrer Vogteiherrschaft unterzuordnen und sie damit in ihre eigene Ministerialität zu ziehen. Alle diese Vorgänge bezeugen, wie rasch dieser neue Stand der Ministerialen aufgestiegen ist und wie rasch er die militärische und rechtliche Sonderrolle ausbaute und abzusichern suchte.

Wie groß diese aufsteigende Kriegergruppe war, ist schwer zu sagen. Sicher ist nur, daß sie im Verlauf der Salierzeit ständig zunahm und um 1100 schon so mächtig geworden war, daß sie sogar für den alten Adel in bestimmten Situationen ausgesprochen bedrohlich gewirkt haben muß, wie die Ermordung des Grafen Sighard von Burghausen, eines energischen Widersachers ansteigender ministerialischer Ansprüche, 1104 in Regensburg nahelegt. Von archäologischer Seite werden die Belege immer dichter für die Annahme, daß in der zweiten Hälfte des 11. Jahrhunderts in den meisten Bistümern, Grafschaften und Adelsherrschaften schon so etwas wie ein Netz von Ministerialensitzen im Entstehen war. Dort begannen sich auch erste Formen eines ministerialisch-höfischen Lebensstils auszubilden. Neben dem Waffentraining hat man sich die Zeit offenbar gerne mit Brettspielen vertrieben, denn aus dem 11. Jahrhundert setzt schlagartig die Überlieferung von Schach-, Mühle- und Trictrac-Brettern ein, die heute von den Archäologen auf den Burgsitzen wiedergefunden werden. Daß in der ausgehenden Salierzeit diese Herausbildung der neuen Kriegergruppe der Ministerialen schon weit vorangeschritten sein muß, zeigt der Ausruf des Verfassers der »Lebensgeschichte Kaiser Heinrichs IV.« von

1106, mit dem er forderte: »Gebt den Äckern die Menschen wieder, die ihr ihnen für den Kriegsdienst entzogen habt, und ihr werdet eure Scheunen wieder gefüllt haben!« Der Ruf verhallte ungehört, die Entwicklung war nicht mehr aufzuhalten.

Die sich auf diese Weise formierende Gruppe der Ministerialen erlangte schrittweise ein besseres Recht als die anderen Unfreien, und der Grund dafür war ihre Funktion im Rahmen der neuen Herrschaftsbildung ihrer adligen und bischöflichen Herren. Aufstieg durch besondere Funktion ist also ein Gesichtspunkt, der uns dabei vor allem interessieren muß, und zum anderen: Aufstieg zu einem »Kriegerstand« im Dienst dieser Herrschaftbildung. Diese Feststellungen sind deshalb wichtig, weil die wachsende Bedeutung des »Funktionswertes« – etwa im Unterschied zum »Heilswert« – in der Salierzeit auch sonst in den Vordergrund tritt. Sehr typisch dafür ist der zunehmende Anspruch der Kleriker, den Vorrang vor den Mönchen einzunehmen, weil sie sich nicht nur, wie diese, für ihr eigenes Seelenheil, sondern vor allem für dasjenige der Mitmenschen sorgten. Ihre Funktion machte sie »wichtiger in der Kirche« als die Mönche, deren Lebensweise »nur« einen persönlichen Heilswert besitze (Horst Fuhrmann). Der andere Aspekt »Aufstieg im Herrendienst« muß ebenfalls betont werden, weil in der Forschung lange Zeit und auch heute noch vielfach der Eindruck erweckt wird, als würde sich in der Salierzeit ein allgemeiner »Aufbruch der Gesellschaft« und eine »vertikale und horizontale Mobilität« beobachten lassen, die den Menschen neue Chancen des Aufstiegs und des Ausbrechens aus bisherigen Bindungen ermöglicht hätte. Natürlich ist diese Tendenz vorhanden, vor allem in der rheinisch-lothringischen Städtelandschaft, aber es bestand dabei für die Menschen überhaupt keine Freizügigkeit im modernen Sinn für diesen Aufstieg. Außerdem war mit den Ministerialen und den Bürgern, denen wir uns gleich zuwenden, nur ein verhältnismäßig kleiner Ausschnitt der unfreien Bevölkerung davon erfaßt worden. Die große »Masse« der abhängigen Grundholden und Unfreien geriet dagegen, wie im Zusammenhang mit den Baumaßnahmen und der neuartigen Strenge der neuen Herrschaften schon zu sehen war, eher unter einen zunehmenden herrschaftlichen Druck.

Wie sich diese höhere Belastung der bäuerlichen Gruppen im einzelnen ausgewirkt hat und wie sie abgelaufen ist, kann man nur schwer aufdecken. Es ist ohnehin dabei zu fragen, ob nicht parallel dazu eine Intensivierung der agrarischen und handwerklichen Produktion in hohem Maße zu berücksichtigen ist, die gesteigerte Leistungen überhaupt erst ermöglichte. Die gewaltigen Bauleistungen im 11. Jahrhundert (Tafel 9), ob in den Städten, Kirchen oder Burganlagen, können nur bei entsprechenden Veränderungen der allgemeinen Leistungskraft erklärt werden. Der Handel und Wirtschaftsverkehr, wie er im 11. Jahrhundert über den Ausbau der Städte eine immer größere Rolle entwickelte, hat ohne Zweifel neue Absatzmöglichkeiten geboten und ökonomische Initiativen und Innovationen hervorgerufen. Man weiß außerdem, daß damals auch ein gewisser Zug zur Auflösung der Fronhofsverbände einsetzte und daß Frondienste in gewissem Umfang in regelmäßige Zinsleistungen umgewandelt werden konnten. Dies führte zu einer größeren Verfügbarkeit der eigenen Arbeitskraft zum eigenen Vorteil und bot ebenfalls Anreize für einen höheren Arbeitseinsatz. In diesem Rahmen, der damit nur ganz pauschal umschrieben ist und regional erhebliche Unterschiede aufweisen kann, war somit auch in die unteren Schichten des damaligen Gesellschaftsaufbaus Bewegung geraten. Der von den Herrschaften ausgeübte höhere Druck, wie er in der Eichstätter Bischofsgeschichte so drastisch festgehalten ist, könnte also auch als schärferer Zugriff auf diese Leistungssteigerung zu deuten sein.

Grundsätzlich waren daher sowohl die Herren wie die Hörigen an diesen Veränderungen beteiligt und auch daran interessiert. Dabei mußte sich das Verhältnis zwischen Forderung durch den Herrn und Leistung durch die Grundholden ständig neu einpendeln. Die Grundholden hatten durchaus die Möglichkeit, einer als neuartig empfundenen Forderung, der willkürlichen Anordnung des Herrn also, ihr »Gewohnheitsrecht« entgegenzustellen (Hanna Vollrath). Für alle Leistungen und Dienstleistungen galt ein gewohnheitsrechtlich zu begründender Ablauf und Umfang. Das schloß aber niemals aus, daß Hörige ihren Leistungsumfang, gleichsam stillschweigend, zu verringern trachteten oder daß Herren ihre Leistungsansprüche zu steigern suchten. Von den Ministerialen Heinrichs IV., die er als Burgbesatzungen in die Befestigungen um den Harz legte, wissen wir, daß sie es für selbstverständlich und offenbar als ihr Recht erachteten, Ausstattung und Verpflegung nach Bedarf von den Bauern der Region einzutreiben. Die »Helfer« der neuen Herrschaft fühlten sich keineswegs an das Gewohnheitsrecht der Betroffenen gebunden, und doch galt ihnen ihr Handeln nicht als rechtswidrig. Daß man diese ambivalente Situation durchaus klar erkannt hat, zeigt eine Urkunde Konrads II. vom 17. Januar 1035 für das Kloster Limburg an der Haardt (DK II. 216). Als Begründung für die Ausstellung heißt es dort: »Damit aber keiner der künftigen Äbte mehr, als er darf, von den Hörigen dieses Klosters fordert noch die Hörigen selbst im Verlauf der Zeit ihre Rechtsobliegenheiten vergessen, hochmütig gegen den Abt werden und es versäumen, ihre Pflichten gegenüber dem Kloster zu erfüllen, schien es uns geboten, all das aufzuschreiben, was der Abt – wenn nötig – fordern kann und was die Hörigen leisten müssen.«

Das Zuordnungs- und Verbundsystem von Herr und Hörigen, das sich zu einem Verhältnis von Herrschaft und Beherrschten umzubilden begann, geriet zusätzlich in Bewegung, als im 11. Jahrhundert auch der große Aufschwung der Stadtentwicklung einsetzte. Wie der Aufstieg der Ministerialität war diese Entwicklung zuallererst das Werk der Stadtherren, vor allem der Bischöfe, die ihre Städte schon im 10. Jahrhundert, mit besonderer Energie dann aber im 11. Jahrhundert zu fördern suchten. Man erlangte von den Königen Handelsprivilegien, Markt- und Münzrechte und steigerte die wirtschaftliche Bedeutung dieser Zentren außerordentlich. Daß sich die Stadtherrschaft der Bischöfe immer mehr auch als wirtschaftsbezogene Hoheit verstand, ist gut an den Münzen abzulesen. Schon im 10. Jahrhundert besaßen die meisten Bischöfe das Recht, Münzen zu prägen, aber sie ließen nach wie vor Münzen mit dem Bild des Herrschers herstellen. Um die Mitte des 11. Jahrhunderts änderte sich das: nun begannen sie damit, wirkliche Bischofsmünzen prägen zu lassen, sich also selbst als die Münz- und Wirtschaftsherren auf den Münzen abbilden zu lassen.

Die Städte wuchsen in der Salierzeit in vorher nicht gekanntem Tempo, zum Teil bis zum zehnfachen ihrer bisherigen Fläche wie in Speyer (Anton Doll); ganze Stadtviertel entstanden und neue Zimmermannstechniken (Schwellenbauweise statt Erdpfosten) erlaubten nun auch eine mehrgeschossige Bauweise. Neue Befestigungsanlagen, vielfach erstmals aus Stein, umschlossen die neuen Händler- und Kaufleutesiedlungen.

Für den Ausbau der Städte und des Handels benötigten die Stadtherrn Leute, denen man als Anreiz eine günstigere Rechtsstellung in Aussicht stellte. Bezeichnend dafür ist die Urkunde Konrads II. von 1025 für Speyer (D K II. 41). Bischof Walther von Speyer hatte 11 Kindern von Unfreien aus der Ehe mit freien Frauen die Möglichkeit angeboten, in die Zensualität, also die günstigste Unfreienstufe, einzutreten, und der König bestätigte diesen Übertritt. Sie waren damit vom persönlichen Frondienst befreit und eher in der Lage, ihre Arbeitskraft bei der Übernahme bestimmter Dienste in der Stadt oder auch einer Handelstätigkeit freier einzusetzen. Die enge Verbindung von Zensualenrecht und der frühen bürgerlichen Rechtsstellung (*urbana lex*) ist besonders gut im Fall von Regensburg zu erkennen (Karl Bosl). Daneben hat die jüngere Forschung klar herausgestellt, daß in manchen der aufstrebenden Städte wie etwa in Worms die tragende Bürgerschicht vor allem aus Ministerialen der Stadtherren bestanden hat (Knut Schulz). Wichtige Ämter wurden von ihnen ausgeübt, wie das des Münzers oder des Zöllners. Diese Leute hatten Besitz in der Stadt, besaßen Häuser und häuften rasch Reichtum an.

Auch für die in der Salierzeit so heftig einsetzende Stadtentwicklung gilt, daß sich in den verschiedenen Gebieten und Städten große Unterschiede auftun. Führend dabei waren sicher Regensburg, Worms, auch Mainz, aber am weitesten voraus war Köln, wo sich schon in der ausgehenden Salierzeit die »Richerzeche« als einflußreiches Führungsgremium der Stadt etablierte (Manfred Groten, Hugo Stehkämper). Gerade am Beispiel Köln, dessen Stadtsiegel aus der späten Salierzeit überliefert ist (Tafel 8), zeichnete sich frühzeitig ab, daß ein reich und selbstbewußt gewordenes »Bürgertum« dem herrscherlichen Verfügungsanspruch bald Widerstand entgegensetzte. Der Erzbischof Anno II. von Köln ließ im Jahre 1074 für den Transport eines Besuchers kurzerhand ein Kölner Kaufmannsschiff beschlagnahmen. Dies betrachtete er als sein selbstverständliches Recht, gleichsam als »kanonisches« Recht, wie im anschließenden Strafverfahren gegen die Aufständischen deutlich wird. Die Kaufleute und Bürger von Köln sahen in diesem Zugriff dagegen eine Anmaßung und eine

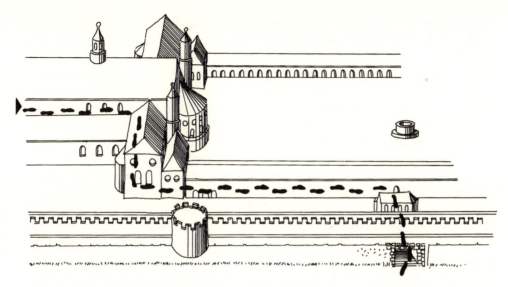

Abb. 11 Fluchtweg Erzbischof Annos II. von Köln 1074 (DIEDERICH, Ausstellungskatalog ›Monumenta Annonis‹, 1975, S. 31)

tyrannische Strenge, gegen die man sich wehren müsse. Es entstand daraufhin ein für den Erzbischof höchst bedrohlicher Bürgeraufstand, aus dem er sich nur durch den Zufall retten konnte, daß wenige Tage zuvor ein Domherr einen privaten Durchgang von seinem Haus durch die angrenzende Stadtmauer hatte anlegen lassen. So konnte er nun aus dem Dom, der von der aufgebrachten Menge gestürmt zu werden drohte, durch den Schlafsaal des Domstifts, das Atrium und das Haus des Kanonikers zu dieser kleinen Hintertür gelangen und im Schutz der Dunkelheit auf bereitgestellten Pferden entkommen. Nachdem Anno II. nach wenigen Tagen mit seinen Leuten die Oberhand in der Stadt wiedergewonnen hatte, folgte freilich ein hartes Strafgericht, um die »Mißachtung« der Herrschaft niederzudrücken. Haus und Habe der Handelsherren wurden geplündert, Entgegentretende von den erzbischöflichen Leuten niedergestreckt oder in Ketten geworfen, die »Rädelsführer« geblendet, andere gestäupt und geschoren, alle mit schweren Vermögenseinbußen belegt, wie wir von dem Geschichtsschreiber Lampert von Hersfeld, einem Zeitgenossen, erfahren. Dieser fügte hinzu: »So wurde die Stadt, noch vor kurzem die volkreichste und nächst Mainz der Haupt- und Vorort aller rheinischen Städte, plötzlich fast völlig verödet. Wo bisher die Straßen die dichten Scharen von Fußgängern kaum fassen konnten, zeigt sich jetzt nur selten ein Mensch, und schauriges Schweigen herrscht an all den Stätten der Lust und der Genüsse.«

Die Herrschaft hatte sich durchgesetzt und die rechte Ordnung wiederhergestellt. Nochmals sei aber betont, daß hinter dem Anspruch und der Handlungsweise des Erzbischofs auch die Überzeugung von der Rechtmäßigkeit gestanden hat, wie seine Forderung nach Bußleistungen gemäß den kanonischen Vorschriften unterstreicht. Dem mittelalterlichen Rechtsverständnis wäre ein rein machtmäßig begründetes Handeln ganz fremd gewesen; schon das Prinzip der Rechtsfindung durch die Gerichtsgenossenschaft verlangte für jede Handlungsweise ein hohes Maß an allgemeiner Anerkennung. Wir müssen also davon ausgehen, daß in der salischen Epoche auch ganz allgemein Vorstellungen und Denkmodelle von der gesellschaftlichen Ordnung entwickelt wurden, die dieser neuen herrschaftsorientierten Organisation und dem herrschaftsbetonten Anspruch entsprochen und ihn gestützt haben.

Im frühen Mittelalter war der Gedanke vorherrschend, daß es drei Stände der Menschen (*tria genera hominum*) gibt, die Laien, die Kleriker und die Mönche. Durch Auslegung biblischer Texte wurde diese Gliederung begründet, etwa von Augustinus, der auf die Rede Jesu über die Endzeit (Matthäus 24, Lukas 17) Bezug nahm: Am Ende der Welt wird es sein wie in den Tagen Noahs, und es werden »zwei« auf dem Feld angetroffen werden, »zwei« aber an der Mühle arbeitend und »zwei« auf dem Lager. Augustinus deutete die Feldarbeiter als die Leiter der Kirche (Arbeiter im Weinberg), die beiden an der Mühle als die Laien (Mühle als die Welt), die beiden letzten schließlich als die still in sich Gekehrten, die auf dem Lager ihrer Gebrechlichkeit dem Gebet obliegen, keine Häuser und Familien haben, aber auch nicht in der Kirche tätig sind: die Mönche. Bei solchen und ähnlichen Deutungen ging es immer darum, die Welt in ihrer Gesamtheit auf der Grundlage einer spirituellen Deutung der Bibel zu durchdringen und zu erklären. Die Lebensweise der einzelnen Gruppen wurde nach ihrem biblischen »Heilswert« eingestuft.

Neben dieses Gesellschaftsbild trat nun aber im ausgehenden 10. und vor allem im 11. Jahrhundert zunehmend ein neues Deutungsschema, das man von seiner Begründung her geradezu umstürzend nennen könnte. Es war das Schema von der funktionalen Dreiteilung der Gesellschaft. Es gliederte die Gesellschaft nicht mehr nach biblischen und heilsgeschichtlichen Gesichtspunkten, sondern nach den irdischen Funktionen. Demnach gab es eine Gruppe derer, die beten, eine Gruppe derer, die kämpfen, und eine Gruppe derer, die arbeiten: Betende, Krieger und Arbeiter (*oratores, bellatores, laboratores/agricultores*). Klerus und Mönche wurden nach diesem Modell in einer Gruppe zusammengefaßt, die Laien dagegen in zwei neue Gruppen aufgeteilt (Tafel 10). Das Entscheidende daran aber ist, daß diese neue Gliederung keine biblischen Grundlagen mehr hatte.

Im *Carmen ad Rotbertum regem* (Lied an König Robert) hat der Bischof Adalbero von Laon (977–1033) in den zwanziger Jahren des 11. Jahrhunderts diese Vorstellungen, die von früheren Autoren in ersten Umrissen vorgezeichnet worden waren, weiter ausgeführt. Dort finden wir folgende Erläuterung: »Dreigeteilt ist das

Erzbischof Bruno von Trier (1101–1124) auf dem Thron (Initiale, Anfang des 12. Jhs.)
(Gotha, Forschungsbibliothek, Hs. Memb. I 70, fol. 100ʳ)

Eichstätter Bischofsbuch (Pontifikale Gundekarianum) von 1071/72
mit dem Bistumsbegründer Willibald (obere Reihe Mitte) und seinen Nachfolgern
(Diözesanarchiv Eichstätt, Cod. B 4, fol. 17ʳ)

TAFEL 8

Siegel Herzog Heinrichs VII. von Bayern (1045) (Bayerisches Hauptstaatsarchiv München, U 111)

Ältestes Stadtsiegel von Köln (1114/1119) (Historisches Archiv der Stadt Köln, HUA 1/269b)

TAFEL 9

TAFEL 10

Ritterstand und Bauernstand (Tympanon der nicht mehr erhaltenen Stiftskirche Saint-Ursin in Bourges, Ende 11. Jh.) (Le Goff, Kultur des europäischen Mittelalters, 1970, S. 454, Abb. 114)

◁ Turmbau von Babel als Ausdruck der intensiven Bautätigkeit (2. Viertel 11. Jh.) (London, Brit. Museum, Cotton Ms. Claudius B IV, fol. 19^r)

TAFEL 11

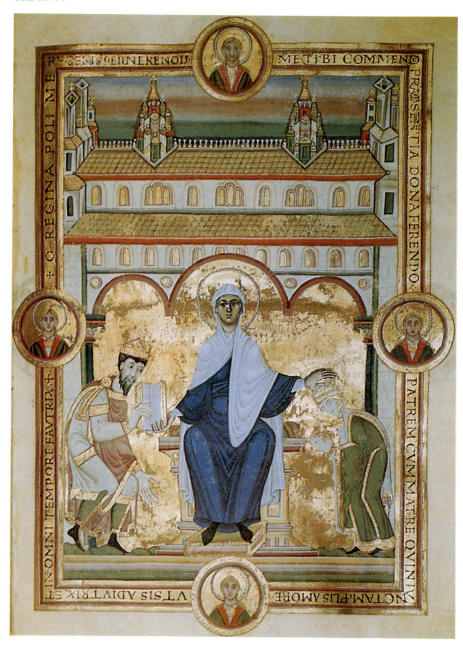

Widmungsbild im Goldenen Evangeliar Heinrichs III. von Ende 1045/1. Hälfte 1046 (angefertigt im Kloster Echternach; heute im Escorial in Madrid, Cod. Vitrinas 17), fol. 3ʳ: Heinrich III. überreicht der thronenden hl. Maria, der Patronin des Speyerer Domes (Architekturandeutung im Hintergrund) das kostbare Evangelienbuch. Rechts verbeugt sich Agnes. In den vier Medaillons die vier Kardinaltugenden

TAFEL 12

Krönungsbild im Codex Caesareus von 1050 oder wenig später (entstanden im Kloster Echternach; heute Uppsala, Universitetsbiblioteket, Ms. C 93), fol. 3ᵛ: Christus, auf der Erdkugel thronend, krönt Heinrich III. und Agnes

Urkunde Kaiser Heinrichs III., ausgestellt in Goslar am 5. August 1053 für das Kloster St. Eucharius in Trier (MGH D H III. 309; Landeshauptarchiv Koblenz, Bestand 210, Nr. 20)

Haus Gottes: die einen beten, die anderen kämpfen, die dritten arbeiten. Es gibt nur diese drei Gruppen, und eine weitere Teilung gibt es nicht. Durch die Pflicht des einen Teils können die anderen sich ihren Aufgaben widmen, und durch die jeweiligen Pflichten ist allen gedient.« Jede der Gruppen habe also ihre Pflichten zu tragen, damit die anderen ihre Funktionen erfüllen können. Sie bedingten sich gleichsam gegenseitig und seien daher verpflichtet, ihre Rolle klaglos zu ertragen.

Den Klerikern verbiete die *lex divina* (das göttliche Recht) jede Art von weltlicher Tätigkeit. Ihre Aufgabe bestehe im Gebet, in der Verkündigung des Wortes Gottes und in der Spendung der Sakramente. Das Leben der Laien regle die *lex humana* (das menschliche Recht), die die zwei Gruppen der Adligen (*nobiles*) und Knechte (*servi*) unterscheide. Kaiser, Könige und Adlige hätten als Mitglieder der ersten Gruppe im Grund dieselbe Aufgabe, nämlich Kämpfer und Schützer der Kirchen zu sein und auch die Waffenlosen zu schützen. Sie seien also die *bellatores* oder *pugnatores*. Der König habe insbesondere für den Frieden zu sorgen und die Adligen in diesem Sinne zu beeinflussen.

Mit dem Begriff *servi* umschreibt Adalbero schließlich die ganze Gruppe derer, deren Los im »Funktionsverbund« die Arbeit ist. Dieses Los erscheint ihm durchaus als beklagenswert: »Dieses gebeugte Geschlecht von Menschen hat nichts als seine Arbeit. Wer kann ihre Pflichten beschreiben, ihre Mühsal, ihren Einsatz, ihre überaus schweren Arbeiten? Für alle schaffen sie die Kleidung und die Verpflegung, und kein Adliger kann ohne die Arbeiter leben... Vom Arbeiter wird also der Herr genährt, den er zu nähren vermeint. Aber die Tränen und Klagen der Arbeiter sind grenzenlos.« Ihre Unfreiheit erscheint als unbedingte Voraussetzung für das Funktionieren der Gesellschaft, und die alte christliche Auffassung, daß die Freiheit aller Menschen das Ursprüngliche und die Unfreiheit nur eine Folge der Sünde sei, wird damit in den Hintergrund gedrängt.

In der Forschung geht seit langem die Diskussion darüber, ob das Aufkommen dieses Gesellschaftsmodells durch eine Rezeption griechischer Philosophen oder aber durch eine bestimmte Entwicklungsstufe und Formation der Gesellschaft ausgelöst worden ist (Edmond Ortigues, Otto Gerhard Oexle). Man wird möglicherweise beide Impulse berücksichtigen müssen, aber entscheidend für die Ausbreitung war sicherlich der »Bedarf« dieser Zeit an einem Deutungsmodell für die gesellschaftlichen Veränderungen. Über Lothringen und Burgund drangen solche Ideen auch in das Reich ein und vereinigten sich mit dem herrschaftsorientierten »Aufbruch« der adligen und geistlichen Oberschicht. Die funktionale Bindung, das irdische Los der Arbeitenden, die man nun zunehmend als »Bauernstand« zusammenfaßte, verpflichtete sie zu den Leistungen, die von den beiden anderen Ständen benötigt und gefordert wurden. Damit offenbart sich gleichsam eine ideelle Begründung und Rechtfertigung des strengeren Zugriffs der »Herrschenden« auf ihre Grundholden.

Bemerkenswert an diesem Modell ist auch, daß es im Grunde gar keinen Platz mehr für einen weit herausgehobenen und sich über die anderen unerreichbar erhebenden Herrscher als Stellvertreter Gottes auf Erden vorsah. Von ihrer Funktion her wird König und Adel weitgehend derselbe Aufgabenbereich zugeordnet, und von daher war der gedankliche Ansatz gebildet, daß zum einen der Abstand zwischen ihnen keineswegs besonders groß sein könne und daß zum anderen dem Adel in gleicher Weise Anteil und Verantwortung in Reichsgeschäften und Friedenssicherung zukäme. Ob solche theoretischen Folgerungen das Denken und Handeln der Großen im Reich beeinflußt haben, ist nicht näher zu klären, aber es ist doch beachtenswert, daß sich auch hier Parallelen auftun zwischen dem gedanklichen Modell und der verfassungspolitischen Entwicklung. Die Herrschaft Heinrichs III. sah sich jedenfalls bereits einer immer stärker werdenden Kritik an einer autokratischen Regierungsweise, die man als unangemessen und überzogen empfand, gegenübergestellt.

5. KAPITEL

Friedenskaiser und Herrscherkritik um die Jahrhundertmitte

Kaiser Konrad II. starb 1039. Schon am Pfingsttag, den er am 3. Juni in Utrecht feierte, hatte ihm die Gicht, unter der er litt, übergroße Schmerzen verursacht, und am folgenden Tag fühlte er sein Ende nahen. »Er ließ seine Bischöfe rufen, Leib und Blut des Herrn, ein heiliges Kreuz und Heiligenreliquien herbeiholen. Unter inbrünstigen Tränen richtete er sich empor, empfing nach aufrichtiger Beichte und innigem Gebet in tiefer Demut Gemeinschaft mit den Heiligen und Sündennachlaß, nahm nach herzlichen Ermahnungen Abschied von der Kaiserin und seinem Sohn, König Heinrich [III.], und schied am Montag, dem 4. Juni, in der 7. Indiktion, aus diesem Leben« (Wipo, cap. 39). Des Kaisers Eingeweide wurden im Dom zu Utrecht beigesetzt. Den prächtig umhüllten und eingesargten Leichnam aber geleiteten Gisela und ihr Sohn mit dem Hofgefolge und den Großen nach Köln und von dort über Mainz und Worms und die dazwischenliegenden Orte bis nach Speyer. Dreißig Tage nach seinem Tod setzte man ihn dort unter hohen Ehren in »seinem« Dom bei (3. Juli 1039).

Sein Tod kam wohl, trotz der schon länger wirkenden Krankheit, überraschend, dennoch bedeutete dies für Königtum und Reich keinerlei Gefahr, denn die Nachfolge war so gut wie kaum jemals zuvor vorbereitet gewesen. Seit 1028 war Heinrich III. gekrönter König und befand sich gleichsam im Wartestand. Sein Vater hatte dafür Sorge getragen, daß er am Hof des Bischofs Bruno von Augsburg (1006–1029) eine gute Bildung erlangte – wobei zu bemerken ist, daß Bruno der Bruder Kaiser Heinrichs II. war und daher herrscherliche Tradition und imperiales Gedankengut besonders gut vermitteln konnte. Daß sich der Herrschaftsstil Heinrichs III. in mancherlei Hinsicht demjenigen Heinrichs II. sehr annäherte, könnte auch an der Hinführung durch seinen Erzieher gelegen haben. In die Regierungsgeschäfte selbst wurde der junge Salier frühzeitig durch seinen Vater eingeübt, und die Sammlung der süddeutschen Herzogsgewalten in seiner Hand hatte ihm eine Machtstellung verschafft, die ihn über einen üblichen Herzog weit erhob. Wieder wird man festhalten müssen, daß Konrad II. die Erwartungen, die mit seiner Wahl 1024 verbunden gewesen waren, voll erfüllt hat, denn für die Kontinuität im Königtum, für den bruchlosen Weiterbestand der Königsgewalt und damit auch für die Sicherung von Frieden und Einheit hatte er bestens gesorgt.

Heinrich III., am 28. Oktober 1017 geboren, hat die Königsherrschaft nicht nur übernommen und in den vorgezeichneten Bahnen weitergeführt, sondern auch mit neuen Elementen ergänzt und zu einer bis dahin ungekannten Überhöhung des

Königtums gesteigert. An der Speyerer Königskirche ist dieser Vorgang gleichsam wie in einem Spiegel ablesbar. 1043 ließ er seine Mutter Gisela dort bestatten, und ungefähr zur selben Zeit begann eine intensive Förderung der Speyerer Bischofskirche durch den Herrscher. Fast in jedem Jahr hat er sich dort, an seinem »geliebten Ort«, aufgehalten. Frühestens Ende 1045, wahrscheinlich aber kurz vor dem Aufbruch zur Kaiserkrönung nach Italien im Sommer 1046 hat er der Kirche der hl. Maria ein prachtvoll ausgeschmücktes Evangeliar geschenkt, den *Codex Aureus*, der heute im Escorial in Madrid aufbewahrt wird. Dort findet sich der Satz: »Speyer wird im Glanz erstrahlen durch König Heinrichs Gunst und Gabe« (*Spira fit insignis Heinrici munere regis*) (Tafel 11). Glanzvoll sollten Speyer und sein Dom weiter ausgebaut und der Ruhm der Domschule verbreitet werden. Vor allem aber wurde jetzt der Dom erheblich vergrößert und um ein Drittel verlängert und damit in seinen Ausmaßen gleichsam ins Gigantische gesteigert. Mit der Gesamtlänge von fast 134 Metern stieg er zum größten Gotteshaus der abendländischen Christenheit auf. Der Speyerer Königsdom, die königliche Kirche der hl. Maria, überragte damit alle anderen Kirchen.

Besonders bemerkenswert sind freilich die Veränderungen der salischen Grablege. Die beiden Zugänge zur Vorkrypta neben den Gräbern Konrads II. und Giselas wurden zugefüllt und neue Stiegen zur Krypta in die Seitenschiffe gelegt. Die gesamte Breite des Mittelschiffs war damit für die Grabanlage gewonnen worden. Aber noch mehr: Etwa ein Drittel des Langhauses wurde abgegrenzt, so daß eine Fläche von etwa 9 × 21 Metern zustande kam, ein riesiges Gräberfeld, auf dem die Könige noch in Jahrhunderten hätten begraben werden können. Diese Umgestaltung wirft ein helles Licht auf das Königsverständnis des zweiten Saliers: Das Königtum richtete sich gleichsam für alle Zeiten ein, sollte für immer mit dem Speyerer Königsdom verbunden sein und gewann damit einen salisch-dynastischen Anspruch, der nicht nur aus dem Erbrecht, sondern auch aus der »Institution«, der transpersonalen Verankerung also, gespeist wurde. Da das Königtum niemals untergehen konnte, war auch die Königsdynastie ohne Ende. Was sich unter Konrad II. erst ansatzweise erkennen ließ, nahm nun unter seinem Sohn deutlichere Gestalt an.

Man wird sich fragen müssen, was diese weitere Steigerung der transpersonalen Vorstellung vom Königtum ausgelöst hat, und man wird hier zuallererst die kirchlich-religiösen Impulse zu berücksichtigen haben. In der Bischofskirche, so haben wir gesehen, trat im Verlauf des 11. Jahrhunderts eine stärkere Betonung der »Institution« in den Vordergrund. Der Sukzessionsgedanke, das heißt das Bewußtsein, als Bischof sich der Reihe der Vorgänger anzuschließen und von ihnen Ausrichtung und Auftrag zu übernehmen, verstärkte sich. Bestimmte Traditionskerne einer Kirche wurden in neuartiger Intensität vertreten, wie in Mainz (Franz Staab), Hamburg (Peter Johanek) oder Köln (Rudolf Schieffer), in Paderborn (Manfred Balzer) oder Eichstätt (Stefan Weinfurter), um nur einige zu nennen. Auch

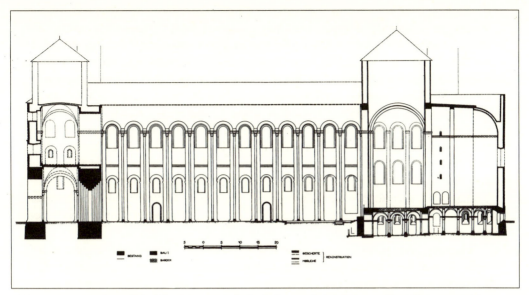

Abb. 12 Speyerer Dom Heinrichs III., Längsschnitt-Rekonstruktion (FENNER/VON WINTERFELD)

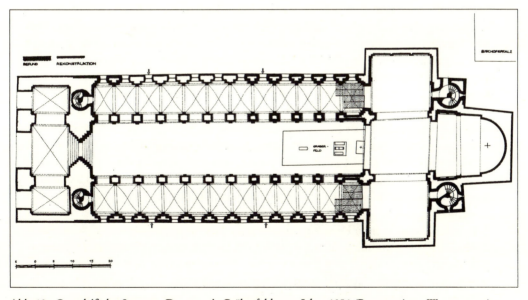

Abb. 13 Grundriß des Speyerer Domes mit Gräberfeld zum Jahre 1056 (RICHTER/VON WINTERFELD)

die Idee vom König als dem Stellvertreter Christi wurde nun offenbar von solchen Veränderungen in der Kirche beeinflußt und zunehmend ergänzt von einem sich verdichtenden Institutionsdenken. Die ausgeprägte Frömmigkeitshaltung des zweiten Salierherrschers, die durch seine aus Burgund stammende und überaus fromme Gemahlin Agnes von Poitou, die er 1043 heiratete, sicherlich noch verstärkt wurde, hat das Einfließen dieser kirchlichen Strömungen und Auffassungen in die Konzeption vom Königtum zweifellos gefördert. Diese Überlegungen machen deutlich, daß wir den Blick nicht nur darauf richten dürfen, daß die Bischöfe durch die Übernahme von Reichsrechten, Reichsgütern und königlichen Repräsentationsformen ihre Stellung erhöhten, sondern auch darauf, daß ebenso der König die Kräfte, die von der Kirche ausgingen, für eine weitergehende Festigung der transpersonalen Königsidee einsetzte. Wieder könnte man von einem Wirkverbund sprechen, der sich in der neuen Gestaltung von Dom und Grablege in Speyer sehr eindrucksvoll und anschaulich niederschlug.

Wie sehr auch sonst christlich-kirchliche Ideen die Herrscherauffassung Heinrichs III. bestimmt haben, wird in den Quellen seiner Zeit vielfach angedeutet. Von Abt Bern von Reichenau etwa (Brief Nr. 27) und von anderen Autoren wird er mit dem biblischen König David verglichen. Dieser Vergleich ist natürlich nicht neu und findet sich schon in der Merowinger- und Karolingerzeit, wurde auch schon auf Heinrich II. und Konrad II. bezogen, aber es ist auffällig, daß er nun unter Heinrich III. wesentlich häufiger begegnet (Paul Gerhard Schmidt). Im Herrscherlob erfüllte der Davidname verschiedene Funktionen, etwa die Kennzeichnung des begehrenswerten und dennoch mit starker Hand regierenden Königs (*desiderabilis et manufortis*). Besonders wichtig ist freilich die damit verbundene Vorstellung, daß mit David gleichsam das Goldene Zeitalter anbricht, daß es also auch jetzt mit Heinrich III. erneuert werde. Das Davidkönigtum stellte den Herrscher in das Königshaus Christi, und ebenso wie David einst in seiner Person Christus vorausgedeutet hatte, erschien nun Heinrich als Postfiguration, als »Nachbildung« Christi.

Solche Verbindungen konnten sich noch mehr aufdrängen, als der Salier 1046 bei seinem Romzug das Papst-Schisma beendete und als Reiniger und Retter der Kirche erschien – ebenso wie Christus den Tempel Gottes gereinigt hatte. In Rom war im Herbst 1044 Papst Benedikt IX. (1032–1045) aus dem Geschlecht der Tuskulaner infolge der römischen Adelskämpfe vertrieben worden. Aus dem Haus der Crescentier wurde an seine Stelle der Bischof Johannes von Sabina zu Beginn des Jahres 1045 gewählt, der sich Silvester III. nannte. Aber Benedikt IX. konnte im März desselben Jahres den Papstthron in Rom zurückerlangen. Aus für uns schwer durchschaubaren Gründen hat er anschließend, am 1. Mai 1045, dem Erzpriester Johannes Gratianus von St. Johann an der Porta Latina seine Würde gegen eine hohe Geldzahlung abgetreten. Der neue Papst führte den Namen Gregor VI., und offenbar war man im Salierreich zunächst durchaus der Auffassung, daß er ordnungsgemäß und regulär zur Papstwürde gelangt sei. Sogar Petrus Damiani, der Prior der Eremitenkongregation Fonte Avellana und spätere Kardinalbischof von Ostia (1057–1072), einer der großen Kirchenreformer dieser Epoche, hatte den neuen Papst begeistert begrüßt und ihn zum Kampf gegen Simonie – gegen den Kauf geistlicher Ämter also – aufgefordert. Aber es gibt doch auch andere Nachrichten, wie ein Gedicht aus dieser Zeit, in dem der Herrscher dazu aufgerufen wird, die skandalöse Situation in der Kirche mit drei Päpsten zu beenden und einen würdigen Papst für den apostolischen Stuhl zu finden.

Nach den Darstellungen der jüngeren Forschung (Karl Schmid, Franz-Josef Schmale, Heinz Wolter) zog Heinrich III. im Sommer 1046 dennoch nicht wegen des Papstschismas nach Italien, sondern allein um die Kaiserkrönung zu erlangen. Wie sein Vater sah er mit seiner Königswürde das Recht auf die Kaiserkrone verknüpft. Bezeichnenderweise wurde er von Wipo, der dem Hof nahestand, schon zu Weihnachten 1041 als *pius rex caesarque futurus* (frommer König und künftiger Kaiser) angesprochen. Die Verhandlungen und Vorgespräche mit Gregor VI. verliefen offenbar zur beiderseitigen Zufriedenheit, und in Piacenza haben sich die beiden noch in eine gemeinsame Gebetsverbrüderung in der dortigen Kirche eintragen lassen. Aber bald, sicher nicht erst unmittelbar vor der Kaiserkrönung, die zu Weihnachten 1046 stattfinden sollte, sind Heinrich III. Meinungen zu Ohren gekommen, Gregor VI. habe sich die Papstwürde erkauft. Eilig wurde daraufhin vom König für den 20. Dezember eine Synode in Sutri einberufen, denn nun war es für ihn von entscheidender Bedeutung geworden, daß die Legitimität des Papstes, der ihn zum Kaiser krönen sollte, eingehend überprüft werde und absolut keinem Zweifel unterliege. Es ging also zunächst keineswegs um eine großartige Umgestaltung der römischen Verhältnisse oder gar um eine Reform der Gesamtkirche. Lediglich die Unanfechtbarkeit seiner bevorstehenden Kaiserkrönung wollte Heinrich III. sicherstellen.

Freilich zeigt sich in diesen Vorgängen dennoch der gewaltige Anspruch des Herrschers auf das Recht, die Kirche auch in ihrer höchsten Repräsentanz zu überprüfen und Maßnahmen der Korrektur einzuleiten. Auch wenn Heinrich III. den Vorsitz der Synode nicht geführt hat, wie man heute annimmt, und, was in der Forschung umstritten ist, auch wenn Papst Gregor VI. nach vergeblichen Rechtfertigungsversuchen die päpstlichen Gewänder schließlich ohne förmliche Absetzung abgelegt haben soll, so war doch die gesamte Situation in erster Linie beherrscht und bestimmt von der Autorität des Königs.

Die zwingende Kraft dieser Autorität wurde von dem Bewußtsein des Königs und seiner Umgebung genährt, daß sich seine Herrschaftsführung völlig in den Bahnen der kirchlichen Normen und kanonischen Vorschriften befinde, ja daß sich der König selbst als erster Garant für die Beachtung und Befolgung dieser Vorschriften in der Kirche sehen konnte. Simonie wurde von ihm heftigst verfolgt, und auch ein

Priestersohn hatte – entgegen der Auffassung wohl der meisten Reichsbischöfe dieser Zeit – keine Chance, von ihm ein Bischofsamt übertragen zu bekommen, wie wir aus der Eichstätter Bischofsgeschichte zum Jahre 1042 erfahren. Daß auch die Vorgänge in Sutri 1046 und die Resignation Gregors VI. – der von Heinrich III. als Gefangener nach Köln verwiesen und unter Bewachung gestellt wurde! – in den Augen der Zeitgenossen auf autoritatives königliches Handeln zurückgingen, zeigen die Reaktionen des Bischofs Wazo von Lüttich (1042–1048) und des Verfassers der Ende 1047 entstandenen Schrift *De ordinando pontifice* (»Über die Papsterhebung«). Sie warfen Heinrich III. vor, er maße sich ein Recht an, das ihm nicht zustünde, denn Priester, Bischof und Papst seien über alle Laien gestellt. Sie würden geweiht, um den Menschen zum ewigen Leben zu verhelfen, der König aber erhalte seine Weihe für den Krieg und damit für den Tod der Menschen. »So hoch wie das Leben über dem Tod steht« – soll Wazo geäußert haben –, »so weit steht der Priester über dem König!« (Lütticher Bischofsgeschichte, cap. 66). Und der anonyme Autor der Schrift »Über die Papsterhebung« kommt sogar zu der Frage: »Wo steht denn geschrieben, daß die Kaiser die Stellvertretung Christi haben? (...) Dieser gottverhaßte Kaiser zögerte nicht, den abzusetzen, den er noch nicht einmal wählen durfte.« Solche kritischen Stimmen hatten sicherlich noch keine große Wirkung, aber sie blieben auch nicht allein, wie wir noch sehen werden.

Zum 24. Dezember 1046 wurde erneut eine Synode einberufen, um einen neuen Papst zu erheben. Wer diese Synode leitete, ist nicht bekannt, aber ohne Zweifel war auch hier die Autorität des Königs vorherrschend. Sein Wunsch ging – wie uns Adam von Bremen in seiner Hamburgischen Kirchengeschichte mitteilt – dahin, daß der Erzbischof von Hamburg-Bremen, Adalbert, neuer Papst werde, aber dieser habe abgelehnt und seinen Freund, den Bischof Suidger von Bamberg, vorgeschlagen. Mangels anderer Kandidaten hat man sich schließlich auf diesen geeinigt und ihn am 25. Dezember 1046 als Clemens II. inthronisiert. Unmittelbar im Anschluß daran hat der neue Papst dann Heinrich III. und dessen Gemahlin Agnes zu Kaiser und Kaiserin gekrönt. Daß der Papst dabei aber nur als »Werkzeug« des göttlichen Willens verstanden wurde, ist im Kaiserkrönungsbild des *Codex Caesareus* (entstanden im Kloster Echternach, heute in Uppsala aufbewahrt), den der Kaiser der 1050 neugeweihten Stiftskirche St. Simon und Judas in Goslar schenkte, deutlich zum Ausdruck gebracht worden: »Durch mich regieren Heinrich und Agnes, sie sollen leben« (*Per me regnantes, vivant Henricus et Agnes*), so lautet die Inschrift über dem in der Mandorla dargestellten, auf der Erdkugel thronenden Christus. Nach beiden Seiten streckt er dabei die Hände aus und vollzieht an Kaiser und Kaiserin die Krönung (Tafel 12).

Mit diesem »Reinigungsakt« an der Spitze der Kirche in Sutri und Rom hat Heinrich III. – wie wir jetzt sehen, eher aus der konkreten Situation heraus – eine Entwicklung eingeleitet, die auf eine neue Stufe der Verklammerung der Reiche durch die Kirche zulief. Nicht nur die Tatsache, daß mit Clemens II. die Reihe der »deutschen« Päpste einsetzte, ist hier bemerkenswert, sondern noch mehr der Umstand, daß er und seine Nachfolger alle Reichsbischöfe waren und daß sie auch nach ihrer Erhebung auf den Papstthron ihr deutsches Bistum beibehielten. Es mag sein, daß diese Kombination des *papa qui et episcopus,* des »Papstes, der auch Bischof blieb«, der Forderung Rechnung tragen sollte, daß ein Bischof sein ihm einmal anvertrautes Bistum, kirchenrechtlich gesehen, niemals mehr verlassen dürfe – und es wurde schon darauf hingewiesen, daß Heinrich III. sehr streng auf die kanonischen Vorschriften achtete. Aber gleichzeitig hatte sich damit doch auch die neue Möglichkeit ergeben, die römische Kirche in das Geflecht der deutschen Reichskirche einzubeziehen (Helmut Beumann). Dieses Prinzip wurde bei den folgenden Papsterhebungen nun konsequent eingehalten: auf Clemens II. folgte 1047/48 Bischof Poppo von Brixen als Papst Damasus II., auf diesen wiederum 1048/49 Bischof Bruno von Toul als Papst Leo IX. und nach dessen Tod Bischof Gebhard von Eichstätt 1054/55 als Papst Viktor II. Durch diese stetige Personalunion von Papst und deutschem Reichsbischof konnte auch der oberste Amtsträger der Kirche eng an die Herrschergewalt gebunden und ihr verpflichtet werden. Dieses Prinzip ließ die Universalität des apostolischen Amtes, auf die der Kaiser zur Abstützung seines herrscherlichen Anspruchs nicht verzichten konnte, einerseits unangetastet, beließ jedoch andererseits die Person des Amtsträgers in dem System der Reichskirche, das auf den König als Spitze ausgerichtet war.

Ganz im Sinne des Kaisers haben diese Päpste mit großer Energie die Reinigung der Kirche weitergeführt. Der Kampf gegen die Mißstände im Klerus erreichte mit dem Pontifikat Leos IX. (1048/49–1054) einen ersten Höhepunkt. Während seiner fünfjährigen Regierungszeit tagten in Deutschland, Frankreich und Italien zwölf von ihm persönlich geleitete Synoden, die die Reform des Klerus zum Gegenstand hatten. Bei all diesen Versammlungen standen die Fragen der Simonie und der Priesterehe (Nikolaitismus) im Mittelpunkt. Über seine Vorgänger hinausgehend, trat Leo IX. für die Ungültigkeit aller von Simonisten vorgenommenen Weihen ein, konnte allerdings seine Forderung auf der Synode von Vercelli 1050 dann doch nicht durchsetzen. Auch zur Priesterehe bezog er eine unnachgiebige Position: Alle Priesterfrauen sollten sogleich in den Besitz der Laterankirche überführt werden, hieß es bereits auf der ersten römischen Synode im April 1049. Sein Ziel war eine radikale Erneuerung und Reinigung der Kirche, die sich an den Normen des kanonischen Rechts orientieren sollte.

In unserem Zusammenhang ist außerdem bemerkenswert, daß mit den deutschen Päpsten, vornehmlich seit Leo IX., das Papsttum einen gewaltigen Schub zu einer institutional verankerten Primatsgewalt erhielt. Die neuartige Synodalpolitik führte den Papst aus der regionalen Gebundenheit an den römisch-mittelitalienischen Raum heraus. Wie die Könige seit Heinrich II. und Konrad II. ihr Reich vollständi-

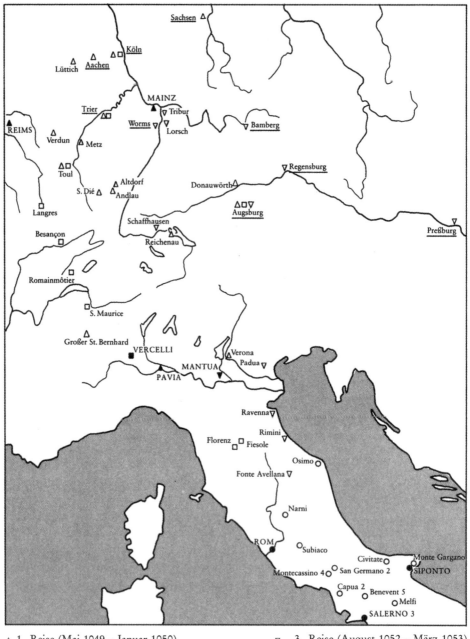

△ 1. Reise (Mai 1049 – Januar 1050) ▽ 3. Reise (August 1052 – März 1053)
□ 2. Reise (Juli 1050 – Februar 1051) ● ▲ ■ ▼ Synoden

— Orte, an welchen der Papst gemeinsam mit Kaiser Heinrich III. bezeugt ist
○ Aufenthaltsorte in Mittel- und Unteritalien (7 Reisen, 1049 – 1054), Zahlen geben die Anzahl der Besuche an

Abb. 14 »Reisepapst« Leo IX. (1048/49–1054) (KELLER, Zwischen regionaler Begrenzung und universalem Horizont, 1986, S. 108)

ger zu erfassen suchten, gingen die Päpste mehr und mehr daran, die gesamte Kirche zu »bereisen« und an Ort und Stelle ihre höchste Autorität zur Geltung zu bringen. Die vom Papst geleitete Synode beanspruchte jetzt die alleinige Vertretung der gesamten Christenheit. Umwandlungen in der personellen Zusammensetzung von Kurie und Kardinalskollegium schufen außerdem die Voraussetzungen dafür, daß die vom Papst aus zentral gesteuerte Reform des priesterlichen Lebens weitgehend unabhängig wurde vom Einfluß des stadtrömischen Adels. Zentralisierung und hierarchische Zuordnung der gesamten Kirche auf das Papsttum erhielten seit der Amtszeit Leos IX. deutlichere Konturen. Auch wenn die Entwicklung bis zum großen Reformpapst Gregor VII. noch einiger Schritte bedurfte, so waren doch die Keime für seinen Universalitätsanspruch schon gelegt. Überzeugt von seiner höchsten Stellung in der christlichen Kirche, konnte bereits Leo IX. 1054 dem Patriarchen von Konstantinopel, Michael Kerullarios (1043–1058), die Unterordnung unter die Weisungsgewalt des römischen Papstes befehlen und, als sich dieser weigerte, ihn und seine Anhänger als hartnäckige Ketzer verfluchen. »Wer mit der römischen Kirche nicht übereinstimmt, den brandmarken die heiligen Kanones als Häretiker«, so hat Petrus Damiani diese neue Ketzerdefinition präzisiert, die auf den geistig-theologischen Hintergrund der Kirchenspaltung hinweist (Reindel, Brief Nr. 88).

Erst dieser Ausblick auf die Frühreform in der Kirche und die Anfänge ihrer hierarchischen Umstrukturierung läßt die weite Dimension hervortreten, in der sich das Zusammenwirken von Kirche und Herrscher bewegte. Der Kaiser hatte seinen entscheidenden Einfluß auf die Papstwahl durchgesetzt und mit der Selbstkrönung zum Patricius, zum römischen Stadtherrn, 1046 gegen jeden erdenklichen Einspruch abgesichert, und er hatte den Papst, der zugleich Reichsbischof war, in das System der vom König geleiteten Reichskirche einbezogen. So gesehen, wurde die königliche Autorität durch den reformpäpstlichen Zentralismus noch gesteigert, denn dieser war in der Herrschaftskonzeption Heinrichs III. gleichsam bis zur höchsten irdischen Gewalt, dem Kaisertum, hin verlängert.

Diese Ausrichtung der Kirche auf die Autorität der »Zentralgewalt« ist auch im engeren Mitarbeiterkreis der Geistlichen am Königshof, also im Rahmen der Hofkapelle, zu beobachten. Seit 965 war der Erzbischof von Mainz alleiniger und ständiger Inhaber des Amtes des Erzkapellans gewesen, des höchsten geistlichen Hofamtes. Als Erzkapellan war er gleichzeitig Erzkanzler für Deutschland, führte aber in der Bestätigungszeile der königlichen Urkunden (Rekognitionszeile) nur den vornehmeren Titel des *archicapellanus*. Unter Heinrich III. trat darin aber nun eine entscheidende Veränderung ein, denn seit 1040 wurde der damalige Erzbischof von Mainz, Bardo (1031–1051), in den Urkunden immer häufiger Erzkanzler genannt. Gleichzeitig ist zu sehen, daß die Funktion des obersten Kapellans in der Hofkapelle ein führender Hofgeistlicher übernahm, als erster der Kanzler und Propst des Aachener Marienstifts, Theoderich (1044–1046), der spätere Bischof von Konstanz (1047–1051).

Schließlich verschwand der Titel *archicapellanus* ganz und wurde durch den neuen Titel *capellarius* ersetzt.

Was war mit dieser einschneidenden Neuregelung der Spitzenämter in der Hofkapelle bezweckt? Ein wichtiger Grund dürfte das Bestreben nach Ablösung der Hofgeistlichen von der Jurisdiktionsgewalt des Mainzer Erzbischofs gewesen sein (Josef Fleckenstein). Der Hofgeistliche als neuer Leiter war der Weisungsautorität des Herrschers in viel höherem Maße unterworfen, und außerdem weilte er ständig am Hof, was die Effizienz dieses Amtes steigerte. Aus dem alten Ehrenamt des Mainzer Erzbischofs wurde also eine funktionsgerechte Einrichtung in strafferer Zuordnung zur Königsgewalt.

Noch ein zweiter Gesichtspunkt ist zu beachten: Mit dem Erlöschen des Erzkapellanats rückte das Amt des Erzkanzlers an die Spitze der geistlichen Hofämter. Der Erzkanzler besaß zum Beispiel das Vorrecht, neben dem Kaiser sitzen zu dürfen (*primatus sedendi*) und konnte damit seinen Vorrang vor den übrigen Großen am Hof dokumentieren. Erzkanzler für Deutschland war, wie erwähnt, der Mainzer Erzbischof. Für Italien hatte Kaiser Konrad II. bereits die Erzkanzlerwürde dem Kölner Erzbischof Pilgrim (1021–1036) übertragen, und unter Heinrich III. übte dessen Nachfolger, Hermann II. (1036–1056), dieses Amt aus. Er stammte aus dem Geschlecht der Ezzonen, des mächtigen rheinischen Pfalzgrafenhauses mit königlichem Geblüt, und erlangte unter dem zweiten Salierherrscher eine überragende Bedeutung am Hof. Neben Bischof Gebhard von Eichstätt (1042–1057), dem späteren Papst Viktor II. (1054/55–1057), war er der engste Vertraute des Kaisers, ein Helfer, der ihm stets mit Rat und Tat zur Verfügung stand. Er war auf dem Romzug wie beim Feldzug Heinrichs III. gegen die Ungarn zur Stelle und hat ihn im Kampf gegen den Herzog Gottfried den Bärtigen von Oberlothringen unterstützt, auf den wir noch zu sprechen kommen. Bezeichnend für seinen Rang ist, daß ihm Papst Leo IX. 1052 das Kanzleramt der römischen Kirche verlieh. Damit trat der Kölner Erzbischof auch zum Papststuhl in engste Beziehung – wieder ein ausgezeichnetes Beispiel eines Reichsbischofs, der im Dienst von Kirche und Herrscher als Stabilisator von Reich und Herrschaft wirkte. Heinrich III. führte neben diesen beiden Erzkanzlerämtern für Deutschland und Italien schließlich 1042/43 noch ein drittes für Burgund ein, das er dem Erzbischof Hugo von Besançon (1031–1066) übertrug. Damit berücksichtigte er die Machtkonstellation Burgunds und schuf sich einen idealen Verbindungsmann zu diesem Reich. Gerade dieser Fall zeigt sehr gut, wie Heinrich III. mit diesem neuen Typus des Erzkanzleramtes politisch orientierte Verknüpfungen zu hohen geistlichen Würdenträgern herstellen konnte, wie auch hier die geistlichen Amtsträger die Autorität des Herrschers vertreten und über ihr Amt institutionell verankern sollten.

Werfen wir noch einen Blick auf die Hofkapelle insgesamt, so ist zu sehen, daß unter Heinrich III. mehr als die Hälfte der neuen Bischöfe aus den Reihen der

Kapelläne kam, daß die Hofkapelle also geradezu den Charakter einer Eliteschule für das Bischofsamt annahm. Die Pfalz Goslar mit dem Pfalzstift St. Simon und Judas, das im Rahmen der Hofkapelle nun eine herausragende Rolle spielte, wurde zu einem wichtigen Ausbildungszentrum. Diese »Kapellan-Bischöfe« stellten natürlich eine außerordentlich enge Bindung zwischen den Bischofskirchen und dem Herrscherhof her und verstärkten einerseits den Zug zur Zentralisierung der Königsherrschaft und andererseits die königliche Interessenwahrung im Reich. Die Kapelläne, denen am Hof die Sorge für die Reichsreliquien anvertraut war und die in der Verwaltung und in der Rechtspflege tätig waren, haben überdies unter Heinrich III. auf dem Gebiet des Urkundenwesens geradezu Musterleistungen vollbracht; die mittelalterliche Königsurkunde hat in dieser Zeit unbestritten ihren Höhepunkt erreicht (Tafel 13). Mit seinen Hofgeistlichen, so erfahren wir ferner, hat der Herrscher gemeinsame Schriftlesungen und gelehrte Diskussionen abgehalten. Insgesamt erkennt man also einen Zug zur Intensivierung und Steigerung der Effizienz der Hofkapelle wie niemals zuvor. Der vom Herrscher angefachte Eifer und die von ihm ausgehenden Anstöße in den Künsten und Wissenschaften haben nach dem Bericht der Augsburger Annalen reiche Frucht getragen. Auf seine Anregung hin hat der Wormser *magister* Ebbo, ein Kapellan der Hofkapelle, eine Sammlung von Liedern angelegt – den Grundstock der berühmten *Carmina Cantabrigiensia* (Lieder von Cambridge), wie man heute weiß –, die offenbar zum Vortrag am Hof bestimmt waren. Das Interesse am geistigen Leben, das den Herrscher mit seinen Kapellänen und den anderen Männern seiner Umgebung verband, zog weite Kreise und ließ den Hof stärker als zuvor auch als geistiges Zentrum des Reiches in Erscheinung treten. Der Hofkapellan Wipo schlug dem Herrscher 1041 sogar vor, er solle für ganz Deutschland ein *edictum* erlassen, daß alle Adligen ihre Kinder in der Schule unterrichten lassen, damit sie die Gesetzesbücher kennen und verstehen lernen (*Tetralogus*, v. 185ff.). Bedeutende Dichtungen dieser Zeit – der höfische Ruodlieb-Roman dürfte allerdings etwas später entstanden sein – setzen enge Beziehungen zum Königshof voraus und stehen in Zusammenhang mit Hof und Herrschaft, mit Theologie und Kirchenreform und insbesondere mit dem Friedensgedanken.

Alle diese ideell-religiösen, politischen und organisatorischen Verknüpfungen zwischen Herrscher und Kirche unter Heinrich III. haben eine einzigartige Stellung von König und Kaiser hervorgebracht. Erst wenn wir alle diese Linien seines Herrscherprogramms und seiner Herrschaftsführung zusammenfügen, wird das Verständnis geöffnet für den Kerngedanken seines Königtums: die Friedensidee (Johannes Spörl, Karl Schnith). Den besten Zugang zu diesem Programm bietet ein von Wipo verfaßter »Kaiserspiegel«, der *Tetralogus*, in dem *lex* (Gesetz) und *gratia* (Gnade) zusammen mit dem Dichter und den Musen ein »Viergespräch« zum Lob und Ansporn König Heinrichs führen. Wipo war zeitweise einer der Erzieher dieses Herrschers gewesen und hatte schon 1028 eine kleine Schrift mit Lehrsätzen (*Prover-*

bia) für seinen Zögling verfaßt. Mit der Ideenwelt des Hofes war er ohne Zweifel bestens vertraut, und sein *Tetralogus* ist daher nicht nur als Anleitungsschrift zu verstehen, sondern auch als Bild des gedanklichen Rahmens, in dem sich das Selbstverständnis Heinrichs III. selbst bewegt hat. Der Autor überreichte das »Viergespräch« dem 24jährigen König zu Weihnachten 1041.

In dieser Schrift wird Heinrich III. aufgefordert, die kaiserliche Ordnungsaufgabe tatkräftig anzugehen – fünf Jahre vor der Kaiserkrönung! Den gesamten Erdkreis (*totus orbis*) solle er dem gottgefälligen und gottgewollten umfassenden Frieden (*pax*) zuführen. Die Musen bestätigen, daß die Friedensliebe Heinrichs sein Andenken durch alle Zeiten der Welt tragen werde, er müsse ihn nur »gewähren«, also anordnen. Aber die Friedensherrschaft könne nur erreicht werden, wenn auch Gesetz und Gnade beachtet würden. Die höhere Gerechtigkeit, also die königliche Gerechtigkeit, müsse aus der Gnade gespeist sein: so wie Gott im Himmel neben der Strenge auch Barmherzigkeit und Gnade übe und so wie auf das Gesetz des Alten Bundes mit Christus die Gnade des Neuen Bundes gefolgt sei. Mit diesem Programm wurde im Herrscher die höchstmögliche Annäherung an Christus selbst vorgestellt, und diese Idee des Friedenskaisers lieferte Kraft und Berechtigung, als alleiniges Haupt der Welt die Herrschaft Christi zu vertreten. Dementsprechend fehlt auch jedes Wort über die universale Kirche mit dem Papst; nur die streng eingipfelige, auf den Herrscher bezogene Theokratie bestimmt diese Umsetzung der Friedensidee.

Daß solche Vorstellungen nicht nur von Wipo vertreten wurden, zeigt der Brief des Abtes Bern von Reichenau an Heinrich III. von Ende 1044/Anfang 1045 (Schmale, Brief Nr. 27). Die von Gott in die Welt gesandten *apostoli*, also die Bischöfe, sollten dem König den Weg zeigen, auf dem er, erfüllt von der göttlichen Barmherzigkeit und der Rechtstreue, im Reich den Frieden erreiche. Und nochmals treffen wir im Widmungsschreiben Wipos, das er seinen »Taten Kaiser Konrads II.« 1046 vorangestellt hat, auf diesen Gedanken: Durch sein Programm der »neuen Gnade« (*nova gratia*) bringe Heinrich III. dem Reich die Heilung. Wie Christus durch seinen Erlösungstod der Welt die Barmherzigkeit (*misericordia*) Gottes vermittelt hat, so bestehe für Heinrich die Aufgabe darin, auch seinerseits diese *misericordia* zu gewinnen, um dadurch der Welt den Frieden zu bereiten.

Daß dieses Programm durchaus dem Selbstverständnis des Saliers entsprach, zeigen seine Buß- und Begnadigungsakte. Beim Begräbnis seiner Mutter Gisela, so berichtet wiederum Abt Bern von Reichenau (Schmale, Brief Nr. 24), habe er die königlichen Prachtgewänder abgelegt, ein Büßergewand übergezogen und sich mit nackten Füßen und mit ausgestreckten Armen in Form eines Kreuzes vor dem ganzen Volk auf den Boden geworfen, den Boden mit Tränen begossen und öffentlich Buße getan. Auf der Konstanzer Synode im Oktober 1043, wenige Wochen nach dem siegreichen Ungarnfeldzug, so erfahren wir aus den Annalen des

Klosters Sankt Gallen, sei er an den Altar getreten, um das Volk in einer Predigt zum Frieden zu ermahnen. Am Ende der Synode aber habe er, so der Bericht des Hermann von Reichenau, noch ein königliches Edikt erlassen, mit dem er »einen seit vielen Jahrhunderten nicht bekannten Frieden« anordnete. Seinen Gegnern in Schwaben gewährte er allgemeine Amnestie und forderte sie auf, seinem Beispiel zu folgen. Solche Szenen wiederholten sich in diesen Jahren noch mehrmals, und immer ist zu sehen, daß neben dem religiösen Motiv auch die Vorstellung des königlichen Gebots stand: die königliche Gewalt, die den Frieden gleichsam befahl. Seine Gebote besaßen verpflichtenden Charakter, und in einer Welt, in der Rechts- und Friedensordnung vornehmlich eine Sache der genossenschaftlich organisierten Gerichtsversammlung war, wurden diese Friedensgebote als neuartig empfunden, »seit vielen Jahrhunderten nicht bekannt«.

Es ist schwer zu sagen, wo die unmittelbare Triebkraft für diese Friedensidee zu suchen ist. War es die innere Dynamik des verstärkten christlichen Herrschergedankens, die zu diesen Höhen führte, oder müssen wir von Anregungen aus dem südfranzösisch-burgundischen Raum ausgehen, wo sich die Gottesfriedensbewegung weit ausgebreitet hatte, die im Zusammenschluß von Bischöfen und Fürsten bestimmte Personengruppen und bestimmte kirchliche Tage und Zeitabschnitte unter besonderen Schutz zu stellen suchte (*pax Dei* und *treuga Dei*)? Heinrichs Aufmerksamkeit, die er Burgund widmete, und seine Ehe mit Agnes, der frommen Tochter Herzog Wilhelms V. von Aquitanien, scheinen für Einflüsse von dieser Seite zu sprechen (Monika Minninger). Dennoch möchte ich die größere Bedeutung der weiteren Ausgestaltung der Idee der Stellvertreterschaft Christi und der Postfiguration Christi oder der *imitatio Christi* beimessen. Dies waren religiös-ideologische Prozesse, die unter Konrad II. bereits durch die herausragende Kreuzesverehrung einen gewaltigen Schub erhalten hatten und die auch schon in der Herrschaftskonzeption Heinrichs II. – dem sich der zweite Salier in vielem konzeptionell annäherte – eine große Rolle gespielt hatten. Gerade im Unterschied zur Gottesfriedensbewegung sollte der Friede unter Heinrich III. keineswegs im Zusammenschluß der Großen des Reiches errichtet werden, sondern allein durch herrscherliche Anordnung aus einsamer Höhe herab. Eine Bestätigung dieses Anspruchs könnte die zunehmende funktionsbezogene Deutung der Gesellschaftsordnung ausgelöst haben. Diesen Vorstellungen entsprechend, hatte der König als Vorbild und Ansporn für den Adel und Kriegerstand in der irdischen Welt Gesetz und Frieden zu garantieren: Es war die ihn verpflichtende Funktion.

Wenn wir uns an die um die Jahrhundertmitte sich schon deutlich abzeichnende Intensivierung der bischöflichen Amtsherrschaft erinnern, an die zunehmende Einbindung der Bischöfe als Mitträger und Integrationsfaktoren des Reiches und an ihr steigendes Verantwortungsbewußtsein für die Geschicke des Reiches – an so tiefgreifende Vorgänge also, die sich parallel zur Idee des Christus-Königs und Friedenskaisers Heinrich III. auszuprägen begannen: dann ist zu erwarten, daß im Wirkverbund der Reichsverfassung auch gefährliche Spannungen entstanden sein müssen. Schon in dem zuletzt angeführten Brief des Abtes Bern von Reichenau, in dem er dem Herrscher die Bischöfe als »Wegweiser« zur Friedenspolitik ans Herz legte, wird die Kritik am allzu autokratischen Herrschaftsstil kaum verdeckt. Schon viel direkter sind allerdings die Vorwürfe, die sich im Brief des Abtes Siegfried von Gorze (1031–1055) an Abt Poppo von Stablo (1020–1048) vom Spätsommer 1043 finden. Ziel dieses Briefes war vor allem der Nachweis, daß der König mit Agnes von Poitou zu nahe verwandt und die geplante Ehe kanonisch unzulässig sei. Daneben gab der Abt auch seiner Sorge Ausdruck, daß in diesen Zeiten allerorten und gerade auch am Königshof eine neuartige Prunksucht ausgebrochen sei, daß man sich in Kleidung, Haartracht, Rüstung und Reiterei nun herausputze und sich dabei am Vorbild der Bewohner des Westfrankenreiches (*Francisci*) orientiere. Besonders schwerwiegend aber sind seine Äußerungen zum Friedensprogramm am Hof Heinrichs III., denn sie treffen dessen Herrscheridee im Kern. Die Berater des Königs, so Siegfried, gaukelten diesem vor, die Ehe mit Agnes würde zu einem »großartigen Frieden« (*magna pax*) im Zusammenschluß der Reiche führen. Doch dies sei ein falscher, ein verderblicher Frieden (*pax perniciosa*), weil er in Ungehorsam vor den kanonischen, und das bedeutet: den göttlichen Gesetzen, die diese Ehe verbieten, zustande käme. Hinter solchen Bestrebungen am Hof stünde ein allzu irdisches Verständnis von Frieden, der mit dem wahren Frieden Gottes gar nichts gemein habe. Den wahren Frieden (*vera pax*) könne diese Welt gar nicht hervorbringen, aber die Guten und Frommen könnten ihn erlangen, wenn sie die göttlichen Vorschriften beachteten, ihnen gehorchten und mit Hilfe der Engel zum ewigen Frieden (*pax aeterna*) des Himmelreiches eilten. Auch wenn es Siegfried vermeidet, die Kritik unmittelbar auf die Person des Herrschers zu richten, so werden diesem dennoch deutlich und frühzeitig die Grenzen einer überzogenen und allzusehr auf das irdische Reich bezogenen Friedensidee vor Augen geführt (Heinz Thomas).

Daß die Herrscherauffassung Heinrichs III. nicht nur ein theologisches Problem aufwerfen konnte, führt uns recht anschaulich ein Bericht des Mönches Otloh von St. Emmeram († kurz nach 1067) in seinem *Liber Visionum* (Buch der Visionen) vor Augen, der ungefähr 1063/65 entstanden ist. Im Jahre 1056 habe ein Fürst aus Rom den Kaiser Heinrich III. aufsuchen wollen und kurz vor Erreichen des Ortes, an dem dieser sich aufhielt, sich zu Mittag zum Schlaf niedergelegt. Schlafend habe er den Kaiser auf dem Thron sitzen sehen mit einer großen Schar von Vornehmen, die ihn umgaben. Da kam plötzlich ein Armer herein, der den Kaiser anrief und bat, er möge so gnädig sein und seine Sache anhören. Jener aber habe ungehalten reagiert: »Warte, du Dummkopf, bis ich Zeit finde, dich anzuhören!« Darauf der Arme: »Wie soll ich, oh Kaiser, hier noch länger warten, da ich mich doch ohnehin schon so lange aufgehalten habe und alles, was ich besitze, dafür aufgebraucht habe?« Dennoch sei er weggeschickt worden und ebenso ein zweiter Armer und schließlich ein dritter. Als auch dieser traurig wegging, habe er zu Gott seine Klage geschickt. Da sei eine Stimme vom Himmel zu hören gewesen, die sagte: »Entfernt diesen Leiter und gebt ihm unter langen Strafen die Lehre, wie die Armen ihre Urteile erwarten können. Was er gibt, soll er selbst erhalten, und er soll lernen, was ein ständiges Aufschieben bedeutet« (*Auferte istum rectorem et facite eum inter penarum moras discere, quomodo pauperes valeant iudicia sua expectare. Que dedit, accipiat, que sit dilatio, discat.* Vision Nr. 15). Kaum war dies gesagt, so sei der Kaiser wie von Geisterhand aus dieser Versammlung hinweggenommen worden, und als der Edelmann aufwachte, habe man ihm gemeldet, soeben sei der Kaiser gestorben. Gott selbst, so war damit erwiesen, hatte den Kaiser mit dem Tod bestraft, weil dieser die so wichtige Herrschertugend, den Armen zu helfen und ihre Sorgen anzuhören, mißachtet hatte. Diese Geschichte macht deutlich, daß sich im Volk ganz offenbar Unwillen breit gemacht hatte, daß zumindest bestimmte Kreise vom herrischen Gehabe Heinrichs III. abgestoßen wurden. Die Kluft zwischen ihm und seinem Volk wurde größer, der Friedenskaiser mit seinem hochragenden Programm der Gnade und Barmherzigkeit hatte den Blick für die konkreten Nöte und Anliegen der Menschen verloren. Statt dessen steigerte er die Unantastbarkeit seiner »kaiserlichen Hoheit«, indem er im ganzen Reich bekanntmachte, daß den Majestätsverbrecher (*contemptor imperatoris*) die Todesstrafe treffe (MGH Constitutiones 1, Nr. 54), die erste Bestimmung dieser Art im deutschen Mittelalter.

Auch die Großen des Reiches, die selbst ein stärkeres herrscherliches Bewußtsein zu entwickeln begannen, zeigten sich mit dem Herrschaftsstil Heinrichs III. zunehmend unzufrieden. Der als sehr zuverlässig geltende Chronist Hermann von Reichenau († 1054) schrieb zum Jahre 1053: »Zu dieser Zeit murrten sowohl die Großen des Reiches wie auch die weniger Mächtigen immer häufiger gegen den Kaiser und klagten, er falle schon seit langem von der anfänglichen Haltung der Gerechtigkeit, Friedensliebe, Frömmigkeit, Gottesfurcht und vielfältigen Tugenden, worin er doch täglich hätte Fortschritte machen sollen, mehr und mehr ab zu Eigennutz und Vernachlässigung seiner Pflichten und werde bald viel schlechter sein als er war.« Und als der Kaiser seinen dreijährigen Sohn Heinrich IV. im gleichen Jahr 1053 in der Königspfalz Trebur (südlich von Mainz auf der rechten Seite des Rheins) zum Nachfolger im Königsamt wählen lassen wollte, da brachten die Wähler den noch nie dagewesenen Vorbehalt ein, diesem nur dann zu folgen, wenn er ein Herrscher würde, der das Recht achtet (*si rector iustus futurus esset*). Dies schien ihnen offenbar nicht mehr gewährleistet, wenn er wie sein Vater herrschen würde.

Konkrete Erfahrungen hatte man genug gemacht. Vor allem die Nachfolgeregelung im Herzogtum Lothringen hatte zu schwersten Auseinandersetzungen geführt (Egon Boshof). Herzog Gozelo I. aus dem Haus Ardenne-Verdun, der am 19. April 1044 starb, hatte die Herzogsgewalt seit 1033 sowohl in Niederlothringen wie auch in Oberlothringen ausgeübt. Sein Sohn Gottfried der Bärtige, der schon zu Lebzeiten seines Vaters an der Regierung beteiligt und mit dem Herzogtum Oberlothringen beauftragt worden war, erwartete die Belehnung mit beiden Herzogtümern. Heinrich III. nutzte jedoch die Gelegenheit und übertrug Niederlothringen an den zweiten Sohn des verstorbenen Herzogs, an Gozelo II., der nach dem allgemeinen damaligen Urteil freilich als feige (*ignavus*) und unfähig galt, so daß für den Machtkomplex des Herzogshauses Ardenne-Verdun weitere Einbußen drohten. Für Gottfried bedeutete diese Maßnahme eine eklatante Minderung seines Rechts, einen Willkürakt des Königs, auch eine Fehleinschätzung der Sonderstellung Lothringens im Verfassungsgefüge des Reiches (Matthias Werner). Durch die frühe Bildung mächtiger Adelshäuser konnte eine Herzogsgewalt in diesem Raum nur dann bestehen, wenn sie über eine außergewöhnliche Machtposition verfügte. Gottfried sah alle seine Rechte und auch die durch seine Aufgaben bedingten Erfordernisse mißachtet. Als Heinrich III. sogar durch jede erdenkliche Ergebenheitserklärung Gottfrieds nicht zum Einlenken zu bewegen war, da griff der Lothringer zu dem von seinem Standpunkt aus einzigen möglichen Mittel, sich sein Recht zu verschaffen: zur Fehde. Man muß sogar hinzufügen, daß Gottfried zu diesem Schritt gezwungen war, denn nach damaliger Rechtsauffassung war es seine Pflicht, seinem Haus und seinen Nachkommen die Machtgrundlagen ungeschmälert zu erhalten: sie waren die Voraussetzung für Stand, Ansehen und Ehre. In der Sicht des Königs, insbesondere wenn wir an den hohen Anspruch auf Befehlsherrschaft des Saliers denken, war das Vorgehen Gottfrieds aber Rebellion. Das Herzogtum galt dem Herrscher als Amt, das er innerhalb eines weitgezogenen, erbrechtlich bestimmten Kreises frei vergeben konnte, wie wir schon bei Konrad II. gesehen haben.

Die Empörung Gottfrieds des Bärtigen wurde 1044–1045 und 1047–1049 niedergeschlagen, und als er auch noch 1049 von Papst Leo IX. exkommuniziert wurde, mußte er sich im selben Jahr in Aachen der Gnade des Kaisers unterwerfen. Daß sich die Fürsten (*principes*) für ihn einsetzten, deutet an, daß auch sie durchaus das Recht des Lothringers in Erwägung zogen. Auf sein Herzogtum aber mußte er nun verzichten, doch als kleiner Ausgleich sollte sein Bruder Friedrich zum Kanzler Papst Leos IX. erhoben werden. Gottfried suchte freilich bald nach Wegen, um eine neue Machtstellung aufzubauen und heiratete um die Mitte des Jahres 1054 die Witwe des ermordeten Markgrafen Bonifaz von Tuszien (1030–1052), Beatrix von Tuszien. Heimlich habe er sich nach Italien geschlichen und den Kaiser vor vollendete Tatsachen gestellt, vermerkte Hermann von Reichenau mißbilligend.

Heinrich III. war außer sich und wild entschlossen, diese neue Machtbildung des Lothringers im Keim zu ersticken, und zog mit einem Heer nach Italien. Gottfried konnte entkommen, aber Beatrix und ihre Tochter Mathilde wurden 1055 vom Kaiser als Gefangene über die Alpen geführt. Auch Gottfrieds Bruder, Kardinalpresbyter Friedrich, der sich an den Aktionen niemals offen beteiligt hatte, bekam den

Zorn des Saliers zu spüren. Heinrich verlangte vom neuen Papst, Viktor II., dem Nachfolger Leos IX. seit 1054/55, seine Auslieferung, der sich Friedrich aber durch den Eintritt in das Kloster Montecassino entziehen konnte. Eine Demonstration herrscherlicher Härte und Konsequenz war durchgeführt worden, aber daß sie kaum mehr tragfähig war, zeigt schon ein kurzer Blick in die folgenden Jahre: Friedrich von Lothringen wurde Abt von Montecassino und stieg in der Nachfolge Viktors II. 1057 als Stephan IX. sogar zur Papstwürde auf. Und die 1055 gefangene Mathilde sollte 22 Jahre später auf ihrer Burg Canossa gemeinsam mit Papst Gregor VII. miterleben, wie sich Heinrich IV. dem Papst unterwerfen mußte.

Vordergründig hatte Heinrich III. sein Ziel, die Zerschlagung eines übermächtigen Herzogtums, erreicht, aber auf längere Sicht waren die Auswirkungen für den Herrscher eher nachteilig. Die Schwächung der lothringischen Herzogsgewalt führte dazu, daß der herrschaftsbildende Adel immer weniger kontrolliert werden konnte, was eine fortschreitende Zersplitterung des westlichen Grenzraums zur Folge hatte. Einer der mächtigen Nutznießer war Graf Balduin V. von Flandern, der die Gebiete an der Ostgrenze seiner Grafschaft okkupierte. Auf dem Hoftag Anfang Dezember 1056 in Köln, wo er mit seinem Sohn dem kleinen, sechsjährigen Heinrich IV. huldigte, ließ er sich als Bedingung die Herrschaft über diese Reichsgebiete und dem Sohn Balduin VI. die durch Heirat gewonnene Grafschaft Hennegau bestätigen. Eine offenbar nicht unerhebliche Gefahr ging auch vom französischen König Heinrich I. (1031–1060) aus, der das durch die Absetzung Gottfrieds des Bärtigen entstandene Machtvakuum zu nutzen suchte und – was jedoch nicht unumstritten ist (Carlrichard Brühl) – sogar auf einen Erwerb Lothringens gezielt haben soll. Daß er seine Unternehmungen schließlich aufgab, wird in der Lütticher Bischofsgeschichte vornehmlich den Gegenaktionen Bischof Wazos von Lüttich zugeschrieben. Aber die Beziehungen zwischen den Reichen verschlechterten sich trotz eines Freundschaftsvertrags von 1048 immer mehr und verschärften sich insbesondere, als Graf Theobald III. von Blois 1054 dem Kaiser huldigte. Als man nach Pfingsten 1056 in Ivois durch ein Treffen der beiden Monarchen eine Klärung herbeiführen wollte, kam es zum Eklat. Der französische König warf Heinrich III. Vertragsbruch vor und verließ den Ort vorzeitig. Daß er damit einem vom Salier vorgeschlagenen Zweikampf ausgewichen sei, darf allerdings als Legendenbildung gelten.

Dieser Bruch mit Frankreich und die innerlothringischen Entwicklungen haben den Kaiser dazu gezwungen, mit Gottfried dem Bärtigen nun seinerseits die Aussöhnung zu suchen, und er hat ihm kurz vor seinem Tod sogar eine künftige Wiedereinsetzung in eines der lothringischen Herzogtümer in Aussicht gestellt. Nach dem Tod Heinrichs III. am 5. Oktober 1056 sehen wir dann in der Tat Gottfried als besonnenen und klugen Ordner der lothringischen Verhältnisse, indem er mit den führenden Großen des lothringischen Raumes, mit Erzbischof Anno II. von Köln (1056–1075), Erzbischof Eberhard von Trier (1047–1066), dem rheinischen Pfalzgrafen Heinrich

(1045–1061) und anderen, in Andernach Verhandlungen führte und die Reichsinteressen im Westen zu wahren suchte – eine geradezu paradoxe Situation, wenn man an seine über ein Jahrzehnt laufende Verfolgung durch den salischen Herrscher denkt. Sie zeigt, daß eine Beurteilung Gottfrieds des Bärtigen als Rebell völlig unangemessen wäre, daß sein Rechtsstandpunkt in seinen Augen keineswegs gegen die Interessen des Reiches gerichtet war, daß ganz im Gegenteil das Bewußtsein der Mitverantwortung für die Geschicke des Reiches bei ihm stark ausgebildet war. Aber dieses Selbstverständnis war von Heinrich III. im Vollgefühl seiner Herrscheridee immer weniger beachtet worden. Neben dem Bild des Friedenskaisers wuchs daher langsam dasjenige des ungerechten Königs, des *rex iniquus*, empor, wie uns Hermann von Reichenau bestätigt.

Nicht nur im Westen, sondern auch im Osten des Reiches verschärfte sich die Lage. Daß sich unter einer scheinbar ruhigen Oberfläche hier eine latente Opposition formierte, zeigt der Vorfall von Lesum im Jahre 1047. Der Kaiser, der sich im Herbst auf diesem Königshof aufhielt, konnte gerade noch rechtzeitig vor einem Anschlag bewahrt werden, für den man den Grafen Thietmar, den Bruder Herzog Bernhards II. von Sachsen (1011–1059), aus dem mächtigen sächsischen Adelshaus der Billunger verantwortlich machte. Der Prozeß gegen den verhinderten Attentäter im folgenden Jahr und sein Tod im gerichtlichen Zweikampf verschlechterten das Verhältnis zwischen den Billungern und dem Königshaus (Gerd Althoff).

Abb. 15 Die Pfalz Heinrichs III. in Goslar, Rekonstruktion (U. Hoelscher)

Die sächsische Opposition, die nicht allein vom Herzogshaus getragen wurde, war vielschichtig und hatte verschiedene Ursachen. Die straffe Verwaltung und der energische Ausbau des Reichsguts, vor allem um den Harz, unter den beiden ersten Saliern lösten Kritik aus, weil die Sachsen zu der Ansicht kommen mußten, den Großteil der Lasten für den Unterhalt des königlichen Hofes aufzubringen. *Coquina imperatoris,* Küche des Kaisers, hat ein süddeutscher Chronist das Land recht treffend genannt (Chronik des Klosters Petershausen, Buch 2, cap. 31). Heinrich III. hat jedenfalls das aufblühende Goslar mit der Errichtung einer glänzenden Pfalz – des prachtvollsten Profanbaus dieser Zeit – und des Pfalzstifts St. Simon und Judas zu einem zentralen Ort der Reichsverwaltung ausgestaltet und die dortigen Silbergruben intensiv genutzt. Der von dem Salier 1043 als Erzbischof von Hamburg-Bremen eingesetzte Adalbert entwickelte sich zum erbitterten Gegner der Billunger und vertiefte die Kluft zum Herzogshaus. Als dann kurz vor Heinrichs Tod im September 1056 das auf sich gestellte sächsische Heer bei der Havelmündung eine vernichtende Niederlage gegen die Slawen hinnehmen mußte, war das Verhältnis des Stammes zur Reichsgewalt aufs schärfste gespannt. Geradezu folgerichtig schmiedete man Pläne zum Sturz und zur Ermordung des jungen Königs Heinrich IV., wie Lampert von Hersfeld in seinen Annalen zum Jahre 1057 berichtet: »Die sächsischen Fürsten verhandelten in häufigen Zusammenkünften über die Ungerechtigkeiten, die ihnen unter dem Kaiser zugefügt worden waren, und sie glaubten, sich dafür keine bessere Genugtuung verschaffen zu können, als seinem Sohn die Reichsregierung zu entreißen, solange noch seine Jugend günstige Gelegenheit zu solcher Gewalttat böte. Die Annahme war ja naheliegend, daß der Sohn in Charakter und Lebensart, wie man so zu sagen pflegt, in die Fußstapfen seines Vaters treten werde. (…) Sie beschlossen, den König zu töten, wo immer sich eine Gelegenheit eröffnete.«

In den süddeutschen Herzogtümern Bayern, Schwaben und Kärnten hatte Heinrich III. die Herzogsgewalt in der eigenen Hand behalten und lange keine eigenen Herzöge zugelassen. Erst 1045 übertrug er Schwaben an den Ezzonen Otto II. (1045–1047), dem der Schweinfurter Otto III. folgte (1048–1057), und 1047 erhielt Welf III. das Herzogtum Kärnten († 1055). Bayern war schon 1042 an den Luxemburger Heinrich VII. gegeben worden; als er 1047 starb, wurde der Ezzone Konrad I. sein Nachfolger. Alle diese Besetzungen waren aus Gründen äußerer Gefahr, wie in Bayern und Kärnten, oder der Einbindung unwilliger Großer erfolgt, aber dennoch war nicht zu verhindern, daß sich seit Ende 1052 eine Opposition formierte, die 1055 zu einer umfassenden Verschwörung anwuchs (Wilhelm Störmer). Sie wurde vermutlich durch die Ungarnpolitik Heinrichs III. ausgelöst, der trotz des erfolglosen Ungarnfeldzuges von 1052 jeden tragfähigen Ausgleich ablehnte, anders als die in erster Linie betroffenen Adelsgruppen um die Herzöge Konrad I. von Bayern und Welf III. von Kärnten. Kompromißlos ging der Kaiser daher auch gegen diese Opposition vor, ließ den Ezzonen auf einem Merseburger Hoftag 1053 absetzen und

Abb. 16 Das Reich und seine Nachbarn um 1050 (nach KELLER, Zwischen regionaler Begrenzung und universalem Horizont, 1986, S. 19)

beauftragte den Eichstätter Bischof Gebhard (1042–1057), den späteren Papst Viktor II. (1054/55–1057), mit der faktischen Leitung des Herzogtums Bayern. Nun planten die Anführer der Opposition sogar die Ermordung des Kaisers, als dessen Nachfolger der abgesetzte Konrad I. selbst vorgesehen war. Daß es im Jahre 1055 nicht zum Umsturz kam, war nur dem Zufall zu verdanken, daß damals Welf III. und Konrad I. ganz plötzlich starben. Wie wenig der Kaiser aber weiterhin bereit war, auf die Veränderungen angemessen zu reagieren, zeigt seine Übertragung des bayerischen Herzogtums 1055 an seine Gemahlin Agnes. »Das Herzogtum verlieh der Kaiser der Kaiserin nach Privatrecht (*privato iure*) auf beliebige Zeit«, so äußerte sich Lampert von Hersfeld in seinen Annalen dazu (Jahresbericht 1056), eine deutliche Kritik an diesem unerhörten Vorgang. Ein Herzogsamt wurde wie ein privates Recht des Herrscherhauses behandelt, gleichsam als Ausstattung für die Kaiserin.

Die überspannte Herrschaftskonzeption und Herrschaftsführung Heinrichs III. hatte also, wie an all diesen Ereignissen und Entwicklungen abzulesen ist, gerade in den Grenzräumen des Reiches zu höchst gefährlichen Situationen geführt und unnötige und verschärfte Feindschaften hervorgerufen. Dieses Ergebnis der jüngsten Forschung (Friedrich Prinz) steht in scharfem Widerspruch zur älteren Auffassung, nach der sich Heinrich III. gerade als zukunftsweisender und grenzsichernder Markengründer ausgezeichnet haben soll: Die Marken Cham, Nabburg, eine böhmische Mark und eine sogenannte Neumark nach Ungarn hin wurden seiner »staatsschöpferischen« Initiative zugeschrieben. Davon ist nach dem heutigen Stand der Forschung nicht viel übriggeblieben, Heinrichs Markengründungen scheinen eine Konstruktion der Gelehrten gewesen zu sein. Als Träger der Grenzsicherung nach Osten hin haben vielmehr die mächtigen Adligen zu gelten, die Diepoldinger, Babenberger und andere angehende Adelshäuser, die hier organisatorisch und herrschaftlich strukturierte Räume herausbildeten. Gerade diese neue Sicht macht verständlicher, weshalb sich dieser Adel so vehement gegen die starre Haltung des Kaisers in der Ungarnpolitik zur Wehr setzte, denn dieser adlige Herrschaftsaufbau erforderte eine flexiblere Haltung und eine auf Ausgleich bedachte Politik gegenüber den Nachbarn im Osten.

Die Kritik am Herrscher, so ist deutlich geworden, war seit der Jahrhundertmitte in immer schärferen Gegensatz umgeschlagen, das Reich und die Großen sahen sich immer weniger vom Kaiser vertreten und berücksichtigt. Er hatte sich in einer Weise von ihnen abgehoben, daß die Spannungen ständig anwuchsen. Sein früher und plötzlicher Tod mit 39 Jahren am 5. Oktober 1056 in der Königspfalz Bodfeld am Harz, wo er sich zur Jagd aufgehalten hatte, wurde in der Geschichtsforschung lange als »Katastrophe« für das Reich bewertet. Abgesehen davon, daß er immerhin länger als sein Vater regiert hat, scheint aber sein Tod eher eine weitere Verschärfung dieser Krisenentwicklung verhindert und möglicherweise eine daraus entstehende Katastrophe abgewendet zu haben. Dadurch, daß in der anschließenden Vormundschaftsregierung die Großen des Reiches ausgiebig Berücksichtigung und Beteiligung fanden, hat sich der Spannungszustand rasch gelöst, auch wenn nun die Auseinandersetzungen um die einflußreichsten Positionen wieder neue Probleme aufwerfen sollten. Heinrich III. hat seinem Sohn und Nachfolger wahrlich ein schweres Erbe hinterlassen.

Wie rasch der Tod des Kaisers aufgestaute Widerstände freigesetzt hat, zeigt sich an der Saliergrablege im Speyerer Dom. Anläßlich des Osterfestes 1052 hören wir von Zerwürfnissen zwischen dem Kaiser und dem Bischof Sigebod von Speyer (1039–1054), die sich offenbar daraus ergaben, daß Heinrich III. damals, wie erwähnt, etwa ein Drittel des gesamten Langhauses für das Königsgräberfeld in Beschlag nehmen ließ und damit den Dom als Bischofskirche noch weiter entwertete. Die neue Anlage war beim Tod Heinrichs III. 1056 fertiggestellt, und eben dorthin wurde in einer groß inszenierten Leichenprozession sein Leichnam überführt, nachdem das Herz und die Eingeweide seinem eigenen Wunsch gemäß im Stift zu Goslar bestattet worden waren. Am 28. Oktober, mehr als drei Wochen nach seinem Tod, am Tag der Heiligen Simon und Judas, der auch sein Geburtstag war, wurde er im Speyerer Dom neben seinem Vater beigesetzt, in Anwesenheit Papst Viktors II., der Kaiserin Agnes, des kleinen Königs Heinrich IV. und der Großen des Reiches. Aber schon kurz darauf ist man darangegangen, das riesige Königsgräberfeld radikal zu verkürzen bis hin zu den Saliergräbern, die 80 cm hoch übermauert und nach Westen hin mit einem Sockel abgeschirmt wurden. Mit diesen raschen und rigorosen Eingriffen wurden die so kühnen und hochfliegenden Pläne einer für alle künftigen Zeiten bestehenden Grablege des »Königtums« auf ein Maß reduziert, das für den Bischof Konrad von Speyer (1056–1060) erträglich war, und es kann kein Zweifel bestehen, daß diese Veränderungen auf sein Betreiben hin erfolgt sind. Alle diese Maßnahmen waren jedenfalls bereits abgeschlossen, als der neue Speyerer Dom, die gewaltigste Kirche in der abendländischen Christenheit, endlich weitgehend vollendet war und am 4. Oktober 1061 vom Bischof Gundekar II. von Eichstätt (1057–1075) geweiht wurde.

6. KAPITEL

»Staatsstreich« der Fürsten aus Sorge um das Reich

Als Heinrich III. starb, war sein am 11. November 1050 geborener Sohn, Heinrich IV., der anfangs den Namen Konrad nach seinem Großvater trug (Gertrud Thoma), noch keine sechs Jahre alt. Zwar hatte er am 17. Juli 1054 die Weihe des künftigen Königs erhalten, aber am Hof konnte man keineswegs sicher sein, daß nach den großen Spannungen zwischen Fürsten und Kaiser das Königtum des Salierkindes im Reich Anerkennung finden würde. Sächsische Oppositionsgruppen waren in der Tat zum Widerstand bereit, ja sogar zur Ermordung des kleinen Königs, wie wir bereits gesehen haben. Aber das Grundanliegen der Fürsten war doch ganz anders ausgerichtet: »Alle die, denen das Schicksal des Reiches auch nur einigermaßen am Herzen lag, waren eifrig darum bemüht, solchen Umtrieben sofort Einhalt zu gebieten«, erfahren wir von dem Geschichtsschreiber Lampert von Hersfeld. Noch schien es geboten, im Interesse des Reiches die salische Königsnachfolge zu stützen.

So ist es auch zu erklären, weshalb es Papst Viktor II., der nach dem Tod Heinrichs III. die Zügel in die Hand nahm, so rasch gelingen konnte, die Anerkennung Heinrichs IV. zu sichern. Noch in Bodfeld versuchte er, die Zustimmung bislang noch fehlender oder opponierender Personen und Stämme einzuholen (Wilhelm Berges). Gleich nach der Bestattung des Kaisers in Speyer eilte er mit dem Kind nach Aachen, um es auf den Thron Karls des Großen zu setzen und damit den Beginn der neuen Königsherrschaft zu dokumentieren. Mit den lothringischen Fürsten erreichte er auf dem Hoftag zu Köln Anfang Dezember 1056 in geschickter Verhandlung und offenbar mit vorangegangener Unterstützung Gottfrieds des Bärtigen die Aussöhnung, und wenige Wochen später konnte er zu Weihnachten auf dem Hoftag zu Regensburg auch den Ausgleich mit den Aufständischen in Bayern erzielen. Die Witwe Heinrichs III., Kaiserin Agnes, hatte mit dem Papst einen mächtigen, klugen und anerkannten Mentor, und die Fürsten brachten ganz offensichtlich ihrerseits die Bereitschaft zum Mitwirken hinzu. Als Viktor II. im Februar 1057 die Reise nach Italien antrat, mußte er den Eindruck haben, Reich und Königsnachfolge wohlgeordnet zurückzulassen.

Die Leitung des Reiches für ihren unmündigen Sohn besorgte nun die Kaiserin Agnes. Wie sehr die Fürsten gewillt waren, in dieser Ausnahmesituation des Reiches dem Hof entgegenzukommen, zeigt, daß ihr das Herzogtum Bayern – offenbar als Ausstattung für ihr Regentschaftsamt – weiterhin unmittelbar unterstellt blieb. Den Schutz nach Südosten übernahm der Ezzone Konrad III. mit dem Herzogtum

Kärnten (1056–1061). Ganz ungewöhnlich sind auch die weiteren Zugeständnisse, die man Agnes damals machte. Im Falle einer Thronvakanz, also für den Fall, daß der junge Heinrich – wie 1055 schon sein jüngerer Bruder Konrad – frühzeitig sterben würde, sei sie berechtigt, so räumte man ihr unter Eid ein, eine Designation vorzunehmen. Sie könne demnach einen »bindenden« Wahlvorschlag unterbreiten, und die Fürsten würden nicht ohne ihre Zustimmung einen neuen König erheben. Diese Eidesverpflichtung (*iuramentum*) bereitete später den Fürsten erhebliche Skrupel, als sie 1076 einen Gegenkönig gegen den gebannten Salierherrscher stellen wollten. Papst Gregor VII. mußte sie damals in seinem Manifest vom 3. September 1076 (Register IV, 3) erst davon überzeugen, daß die apostolische Autorität darüberstehe und diesen Eid außer Kraft setzen könne. Aus dieser Diskussion wird aber ersichtlich, wie ernsthaft man sich 20 Jahre vorher verpflichtet hatte, zu Lebzeiten der Kaiserin nichts gegen den Weiterbestand der salischen Dynastie zu unternehmen – eine in der Tat höchst bemerkenswerte Übereinkunft, die das Wahlrecht der Fürsten zugunsten einer vom Königtum ausgehenden Einheit des Reiches zum letzten Mal zurückstufte.

Agnes war damit von den Fürsten als »Haupt« des salischen Hauses und Königtums und als voll regierungsfähig anerkannt worden. Der Beginn der Zeit der Vormundschaft war durchaus erfolgversprechend, auch wenn Papst Viktor II. schon 1057 starb und damit der wichtigste Helfer der Regentin ausfiel. Mit König Andreas I. von Ungarn konnte im September 1058 ein Frieden geschlossen werden, der durch das Verlöbnis des ungarischen Thronfolgers, Salomon, mit Judith, der Schwester Heinrichs IV., bestärkt wurde. Die Ruhe war aber bald dahin, als Bela, der Onkel Salomons, 1060 die Herrschaft in Ungarn an sich zu reißen suchte, Salomon ins Reich vertrieben wurde und ein Kriegszug gegen Ungarn angesagt werden mußte. Die Ostgrenze wurde wieder zur Krisenzone, und Agnes mußte 1061 die Führung des Herzogtums Bayern in die Hand Ottos von Northeim legen, eines in Sachsen reich begüterten Grafen und tatkräftigen Mannes, der sogleich von Bayern aus die Führung im Krieg gegen Ungarn übernahm.

Auch im Herzogtum Schwaben war ein Wechsel eingetreten, der deutlich macht, daß die Kaiserin bei der Vergabe dieser Ämter unter einen bestimmten Zwang geriet. Obwohl die Nachfolge in Schwaben noch von Kaiser Heinrich III. dem Grafen Berthold von Zähringen zugesagt worden sein soll, habe Graf Rudolf von Rheinfelden die Kaisertochter Mathilde – mit ihrem Wissen oder mit List – entführt und als Gattin heimgeführt und »um der Tochter willen« die Kaiserin dazu gebracht, nun ihm 1057 das Herzogtum Schwaben zu übertragen, wie die Nachricht in der Chronik des Frutolf von Michelsberg lautet. Als sich Berthold dagegen empörte, mußte ihn Agnes mit dem 1061 freiwerdenden Herzogtum Kärnten entschädigen.

Diese Vorgänge lassen schon erahnen, daß nach der anfänglichen Hochstimmung, mit der man zunächst an die Bewältigung der schwierigen Zeit verminderter

Königsgewalt herangegangen war, politische Zwangssituationen und persönliche Machtinteressen den Entscheidungsspielraum der Kaiserin zunehmend einengten. Auch am Hof selbst muß sich der Eindruck einer gewissen Führungsschwäche breit gemacht haben. In den Annalen des Klosters Niederalteich heißt es recht treffend: »Das war der Anfang der Schmerzen. Der König war nämlich ein Knabe; die Mutter aber, wie das bei einer Frau erklärlich ist, gab leicht nach, indem diese und jene Leute ihr Ratschläge erteilten. Die übrigen, die am Königshof sich im Vorsitz befanden, neigten begierig zur Habsucht, und niemand konnte dort ohne Geldzahlungen für seine Angelegenheit Gerechtigkeit finden, und so waren Recht und Unrecht vermischt« (Jahresbericht 1060).

Am Hof haben in dieser Zeit, wie es scheint, in immer stärkerem Maße auch die unfreien königlichen Dienstleute eine führende Rolle erlangt. Mit der Erziehung des jungen Königs wurde der Ministeriale Kuno beauftragt, und auch andere Ministeriale traten in den Vordergrund, wie der schon unter Heinrich III. wirkende Otnand, der zielstrebig die königlichen Interessen auch gegen bischöfliche und kirchliche Ansprüche wahrte und der von den Bamberger Klerikern deshalb als *orcus ille Othnandus,* als »Höllen-Otnand«, bezeichnet wurde (Erdmann, Briefsammlungen, Nr. 5). Diese Leute, die sich mit großer Energie für die Belange und die Autorität des Herrscherhauses einsetzten, wurden dem hohen Adel zunehmend verhaßt, und daß Heinrich IV. im Umfeld solcher Leute erzogen und von ihnen betreut wurde, daß er gar von ihren Einstellungen und Ansichten geprägt werden konnte, das mußte in den Augen der geistlichen und weltlichen Fürsten als höchst bedenklich erscheinen.

Agnes versuchte, eine feste Linie zu verfolgen, indem sie Bischof Heinrich von Augsburg (1047–1063) als ihren persönlichen Ratgeber bevorzugte und damit die anderen einflußreichen Männer wie Erzbischof Anno II. von Köln (1056–1075) oder Erzbischof Siegfried I. von Mainz (1060–1084) zunehmend überging. Mit mehreren Schenkungen in den Jahren 1061 und 1062 zeigte sie sich dem Augsburger Oberhirten für seine Hilfe erkenntlich (DD H IV. 71, 75, 85). Aber auch dieser Weg brachte Probleme, denn »sie geriet sogleich in den Verdacht unzüchtiger Liebe, da allgemein das Gerücht umging, ein so vertrauliches Verhältnis sei nicht ohne unsittlichen Verkehr erwachsen« (Lampert von Hersfeld, Jahresbericht 1062). Solche Entwicklungen und Beschuldigungen haben die Kaiserin verbittert und offenbar zu einem harschen Benehmen geführt. In einem Brief von Ende 1061 beklagte sich Bischof Gunther von Bamberg (1057–1065): »Die Herrin Kaiserin hat sich mir gegenüber überaus streng und unfreundlich verhalten – um nicht zu sagen höchst ungehalten –, und sie hat immer, wenn ich abwesend war, mich besonders bei den Vornehmen des Reiches schlechtzumachen und herabzusetzen versucht, so als ob ich ihr Ungerechtigkeiten zugefügt hätte« (Erdmann, Briefsammlungen, Nr. 68). Und der Bamberger Dompropst Hermann bestätigte kurze Zeit später seinem Bischof von einem Aufenthalt am Hof: »Alle haben am Hof auf Euch gewartet, aber als Ihr nicht eingetroffen seid, begann man zu hetzen: Ihr würdet nur Waffen schwingen und Kriege säen und nichts anderes überlegen und betreiben, als diese rasende Furie wegzublasen, oder, um mit ihren Worten zu sprechen, diese allerbeste Kaiserin in unwürdigster Weise zu erniedrigen« (Erdmann, Briefsammlungen, Nr. 70). Die Stimmung am Hof war zu Anfang der sechziger Jahre mehr als gereizt, es gab Anfeindungen, Sticheleien, Eifersüchteleien und Intrigen, und als Agnes mehr und mehr unwirsch, vielleicht auch aufbrausend dagegen reagierte, wurde sie von den geistlichen und weltlichen Fürsten immer weniger ernstgenommen und gar »rasende Furie« genannt.

Zu Ende des Jahres 1061 kam aber noch eine andere Entwicklung hinzu, von der die Kaiserin in noch viel stärkerem Maße bedrückt wurde. Agnes war eine ausgesprochen fromme Frau, die auch den reformkirchlichen Forderungen, wie ihr Gemahl, offenstand und sie zu fördern suchte. Mit dem Tod Papst Viktors II. am 23. Juli 1057 in Arezzo war die Verbindung zu den Reformern abgerissen. Agnes mußte sogar bald erfahren, daß die Interessen auseinanderstrebten. Das reiche Stift Gandersheim in Sachsen wurde von ihrer Stieftochter Beatrix geleitet, was die Präsenz des salischen Hauses in Sachsen stärkte. Die Stiftsdamen von Gandersheim, die vorwiegend aus den Kreisen des sächsischen Adels stammten, aber warfen ihrer salischen Äbtissin vor, sie würde Stiftsgüter an Ministeriale vergeben und damit den Lebensunterhalt der Kanonissen gefährden. Beatrix und ihre Stiefmutter Agnes wandten sich an den Papst und erreichten von Viktor II. offenbar noch ein Privileg zu ihrem Vorteil. Nach seinem Tod aber wurde der Streitfall von Hildebrand, dem Legaten des neuen Papstes, Stephans IX., in Gandersheim selbst erneut aufgerollt, und nun wurde der Klage der Gegenpartei stattgegeben und die Wiederherstellung des Stiftsgutes angeordnet. Beatrix mußte damit dem Widerstand der ihr untergebenen Stiftsdamen aus dem sächsischen Adel weichen, und dies war ebenso eine empfindliche Niederlage für die Kaiserin. Ihr blies in ganz neuartiger Weise »der Wind ins Gesicht« (Tilmann Schmidt).

Damit war freilich erst ein Anfang gesetzt. Als Stephan IX. bereits am 29. März 1058 starb, einigte sich die Reformpartei unter dem Schutz des nach wie vor sehr einflußreichen Gottfried des Bärtigen auf den Bischof Gerhard von Florenz, der bei seiner Inthronisation am 24. Januar 1059 den Namen Nikolaus II. annahm. Unter seiner Leitung fand zu Ostern 1059 die große und berühmte Lateransynode statt, die sich mit vielen theologischen und pastoralen Themen beschäftigte, mit der Irrlehre des Berengar von Tours († 1088), mit der Simonie, mit dem Verbot der Klerikerehe und mit der Kanonikerreform. In einem weiteren Punkt ging es auch um eine bessere Regelung der Papstwahl, denn gerade die vorangegangenen Wahlen hatten die große Unsicherheit in den Kriterien offengelegt. Das Ergebnis der Verhandlungen und Beratungen war das berühmte Papstwahldekret, das den Kardinalbischöfen unter Hinzuziehung anderer Kardinalkleriker die entscheidende Rolle bei der Papstwahl zuwies, eine grundlegende Entscheidung, die im Prinzip bis heute gültig geblieben ist. Freilich sollten auch weiterhin die Rechte (*honor*) des Königs und künftigen Kaisers Heinrich IV. gewahrt bleiben, und insoweit wurde noch Rücksicht auf dieses Gewohnheitsrecht genommen, das in der theokratischen Herrschaftsvorstellung begründet war. Aber die entscheidende Neuerung bestand nun darin, daß die Papstwahl durch die synodale Regelung einem höheren, dem kirchlichen Recht unterstellt wurde, dem sich auch das »Königsrecht« beugen mußte (Uta-Renate Blumenthal). Nicht mehr der Herrscher, sondern der Papst und das Konzil legten diese Regelungen fest! Das Selbstbewußtsein der führenden Kirchenmänner der Reform war damit weiter im Ansteigen, und es begann sich jenes Kirchenverständnis weiter auszuformen, das Rom und das Papsttum in das Zentrum der universalen Kirche stellte.

Aber die Bedrohung durch den stadtrömischen Adel blieb für die Kirchenreformer bestehen. Um dieser Gefahr entgegenzuwirken, vollzog Papst Nikolaus II. den spektakulären Wechsel auf die Seite der bisher von den Päpsten erbittert bekämpften Normannen. Im August 1059 wurden die Normannenfürsten Richard von Capua (1058–1078) und Robert Guiskard (1058–1085) mit ihren Eroberungen vom Papst belehnt und damit von der höchsten kirchlichen Autorität anerkannt. Die höchste hierarchische Spitze der Kirche hatte sich mit der stärksten militärischen Kraft dieser Zeit zusammengetan. Gleichzeitig gewann das Reformpapsttum damit die Lehnsoberhoheit über ganz Süditalien und die geistliche Herrschaft über all die ehemals arabischen und byzantinischen Gebiete in Unteritalien, die bis dahin der oströmischen Kirche unterstellt waren.

Alle diese Vorgänge liefen unter Ausschluß des deutschen Hofes ab, aber die Äußerungen des neuen Selbstverständnisses waren bald zu spüren. Als Agnes für den 1060 eingesetzten Erzbischof Siegfried I. von Mainz das Pallium, die Schulterbinde als Zeichen der erzbischöflichen Würde, in Rom erbat, wurde ihr Gesuch abgelehnt. Der Erzbischof habe selbst nach Rom zu kommen und dort das Pallium entgegenzunehmen. Die Bischöfe waren erbittert, und die Auseinandersetzungen spitzten sich derartig zu, daß eine Reichssynode alle Verfügungen Nikolaus' II. für ungültig erklärte, den Papst exkommunizierte und absetzte. Bevor sich aber noch irgend etwas daraus ergeben konnte, starb Nikolaus II. am 20. Juli 1061.

Die stadtrömische Opposition sah jetzt wieder eine Gelegenheit, den Einfluß auf das Papsttum zu erneuern. Man schickte eine Gesandtschaft an den deutschen Hof, um Heinrich IV. die Insignien des Patricius, des römischen Stadtherrn, zu überbringen und um die Nominierung eines neuen Papstes zu ersuchen. Auch die lombardischen Bischöfe schlossen sich dieser Gruppe an, denn man wollte sich gegen den Zentralismus in Rom zur Wehr setzen. Den Gesandten der Reformer hat man dagegen am deutschen Hof nicht empfangen. Die Folge war ein Papstschisma. Die Reformer wählten am 30. September 1061 den Bischof Anselm I. von Lucca, der sich Alexander II. nannte. Vier Wochen später, am 28. Oktober 1061, nominierte der Hof durch den elfjährigen Heinrich IV. auf einer Reichsversammlung in Basel den Bischof Cadalus von Parma, der sich den Namen Honorius II. zulegte.

Damit war eine Situation eingetreten, die eine Umkehr der Verhältnisse unter Heinrich III. bedeutete. Der deutsche Hof unter der Führung der frommen Kaiserin Agnes war plötzlich zum Gegner der Reformkirche geworden und trug die Schuld daran, daß die Kirche durch ein Schisma zerrissen wurde. Hatte Agnes durch das selbstherrliche Auftreten der Kirchenreformer manche Demütigung hinnehmen müssen, so war diese Entwicklung dennoch keineswegs in ihrem Sinn und entsprach überhaupt nicht ihrer religiösen Haltung. Sie war offenbar nicht in der Lage gewesen, die Dinge nach ihren Vorstellungen zu steuern; das Ruder der Reichsregierung war ihr entglitten. Das Ergebnis hat sie derart erschüttert, daß sie sich nun noch mehr in die Askese und Frömmigkeit zurückzog und die politischen Geschäfte mehr oder weniger ihrem Schicksal überließ.

In dieser Situation haben die führenden Männer im Reich sich keineswegs an den Gedanken gewöhnt, ohne einen König auszukommen, ganz im Gegenteil: Das Fehlen eines kraftvoll, gerecht und fromm regierenden Herrschers wurde immer schmerzlicher empfunden. Es ist gut zu erkennen, wo in dieser Phase der Reichsentwicklung sozusagen der »Königsbedarf« lag: nicht mehr so sehr in der reichseinigenden Kraft des Herrschers, sondern in seiner Funktion des gerechten Ausgleichs der Interessen und in der unbestrittenen Leitung der Reichsgeschäfte zum Wohl von Kirche und Volk. Man sehnte sich nach dem »idealen« König.

Genau in diese Phase fällt ein unerhörter Vorfall, den man gewöhnlich den »Staatsstreich« von Kaiserswerth nennt. In den Annalen von Niederalteich lesen wir dazu: »Der König begann bereits zum Jüngling heranzuwachsen, am Hof aber kümmerten sich die führenden Leute nur um ihre eigenen Dinge, und keiner lehrte den König, was gut und gerecht sei. Daher war im Reich vieles in Unordnung geraten. Deshalb trafen sich der Erzbischof Anno von Köln, die Herzöge und die Vornehmen des Reiches in häufigen Zusammenkünften und beratschlagten sehr besorgt darüber, was hier zu tun sei« (Jahresbericht 1062). Aus Sorge um Reich und König traten sie zusammen, von denen außer dem Kölner Erzbischof namentlich noch Graf Ekbert I. von Braunschweig († 1068), Herzog Otto von Bayern (1061–1070), Erzbischof Siegfried von Mainz (1060–1084) und Gottfried der Bärtige bekannt sind; Mitwisser waren mit großer Wahrscheinlichkeit auch Bischof Gunther von Bamberg (1057–1065) und Markgraf Dedi von der Niederlausitz (1046–1075). Der Kreis war aber sicherlich noch erheblich größer. Der führende Mann dabei war Erzbischof Anno II. von Köln.

Anfang April 1062 hat sich dann folgendes zugetragen: In der Pfalz Kaiserswerth im Rhein (bei Düsseldorf) trafen die Fürsten auf den König. »Als dieser eines Tages nach einem festlichen Mahl besonders heiter war, redete ihm der Erzbischof von Köln zu, ein Schiff, das er zu diesem Zweck überaus prächtig hatte herrichten lassen, zu besichtigen. Dazu ließ sich der arglose Knabe leicht überreden. Kaum aber hatte er das Schiff betreten, da umringten ihn die vom Erzbischof bestellten Helfershelfer seines Anschlags, stemmten rasch die Ruder hoch, warfen sich mit aller Kraft in die Riemen und trieben das Schiff blitzschnell in die Mitte des Flusses. Der König, fassungslos über diese unerwarteten Vorgänge, dachte nichts anderes, als daß man ihm Gewalt antun und ihn ermorden wolle, und stürzte sich kopfüber in den Fluß. Er wäre in den reißenden Fluten wohl ertrunken, wäre ihm nicht Graf Ekbert von Braunschweig trotz der großen Gefahr, in die er sich begab, nachgesprungen und hätte er ihn nicht mit Mühe und Not vor dem Untergehen gerettet und aufs Schiff zurückgebracht. Nun beruhigte man ihn durch möglichst freundlichen Zuspruch und brachte ihn nach Köln. Eine Menge von Menschen folgte zu Lande nach, und viele erhoben die Beschuldigung, die königliche Majestät sei verletzt und ihrer Selbstbestimmung beraubt worden. Um die Mißstimmung über diese Tat zu beschwichtigen und den Anschein zu zerstreuen, als hätte er mehr aus persönlichem Ehrgeiz als um des allgemeinen Besten willen so gehandelt, ordnete der Erzbischof an, daß jeder Bischof, in dessen Diözese der König sich jeweils aufhalte, dafür zu sorgen habe, daß die Belange des Reiches keinen Schaden erleiden und daß bei Angelegenheiten, die vor den König gebracht würden, die erforderlichen Weisungen erteilt werden.« So der Bericht des Lampert von Hersfeld.

Diese gewaltsame Entführung des elfjährigen Königs war freilich ein ungeheuerlicher Vorgang, und noch in der jüngsten Forschung ist dem Kölner Erzbischof der Vorwurf der Machtbesessenheit nicht erspart geblieben. Die in den Quellen genannten Motive (Wille zur Herrschaft, Sorge um die Erziehung des Königs, Kritik am Regiment der Kaiserin, Wiederherstellung der Ordnung im Reich) wurden zuletzt sogar nach der Häufigkeit ihrer Erwähnung in eine Reihenfolge gebracht, um damit das angeblich »wahre« Motiv, den Machthunger des Kölner Erzbischofs, hervortreten zu lassen (Georg Jenal). Daß dies, trotz Annos »Herrschernatur«, den Hintergründen der Tat von Kaiserswerth, die zudem eine Gemeinschaftsaktion führender Leute im Reich gewesen ist, nicht annähernd gerecht werden kann, dürfte schon die kurze Schilderung der Situation, in der sich Hof und Reich um die Wende 1061/1062 befunden haben, hinreichend verdeutlicht haben. Auch die Bezeichnung »Staatsstreich« ist wenig geeignet, das Verantwortungsdenken und das Bewußtsein der Sorgepflicht für das Reich dieser Fürsten einzufangen.

Anno war im Grunde ein Mann der kirchlichen Reform und als frommer, ja heiligmäßiger Bischof hoch angesehen. Zwischen 1077 und 1081, also bald nach seinem Tod, ist das berühmte Annolied entstanden, eine Dichtung in mittelhochdeutscher Sprache (Eberhard Nellmann). Im ersten Teil findet sich darin ein Überblick über die Heilsgeschichte in raschen Schritten von der Schöpfung über den Sündenfall, die Erlösung durch Christus, die Missionierung der Welt, bis zur Kirche von Köln und zu ihren Heiligen und schließlich zur Bischofszeit Annos. Dann folgt eine Darstellung der Profangeschichte in der Aufeinanderfolge der vier Weltreiche bis zum letzten dieser Reiche, dem römischen Reich, das im deutschen Reich weiterlebe, in dem mit Köln die vornehmste Stadt gegründet worden sei. Nach den Versen zur Geburt Christi lenkt der Autor auf die Missionsgeschichte über und kommt so wieder auf Anno. Im dritten Teil geht der Verfasser dann ganz auf Anno ein, auf sein geistliches und weltliches Wirken, auf die Prüfungen und Visionen, auf den Tod des Heiligen und auf die Wunder nach seinem Tod. Man sieht, in welchen Dimensionen hier die Verherrlichung dieses Erzbischofs erfolgt: Auf ihn laufen die Linien der Welt- und Heilsgeschichte zu, seine Verdienste um das Reich und die Förderung seiner Kirche bewegen sich in den gottgewollten Bahnen, sein Bischofsamt hat er in hervorragender Weise erfüllt. In Kapitel 34 lesen wir:

»Als Kaiser Heinrich III.
Sich diesem Herrn anvertraute
Und Gottes Wille geschehen war,
Da zog er bei seinem ehrenvollen Empfang in Köln
Mit einer großen Menschenmenge einher:
Wie die Sonne in den Lüften,
Die zwischen Erde und Himmel geht
Und nach beiden Seiten leuchtet,
So schritt Bischof Anno
Vor Gott und den Menschen.
Am königlichen Hof war seine Macht so groß,
Daß alle Reichsfürsten ihre Sitze unter ihm hatten;
Im Dienst für Gott verhielt er sich so,
Als wäre er ein Engel.
Auf beiden Seiten bewahrte er voll sein Ansehen,
Deshalb wurde er zu den wahrhaften Herrschern gezählt.«

Und etwas später, in Kapitel 37:

»Sehr glücklich befand sich das ganze Reich,
Als der fromme Fürst die Regierungsgewalt innehatte,
Als er den jungen Heinrich zur Herrschaft erzog.
Was für ein Regent er war,
Das wurde damals weithin bekannt.
Die Könige von Griechenland und England
Sandten ihm Geschenke,
Und ebenso kamen Geschenke aus Dänemark,
Flandern und Rußland.
Viel Besitz erwarb er für Köln.

Die Kirchen schmückte er überall aus.
Um das herrliche Gotteslob zu fördern,
gründete er selbst vier Klöster,
das fünfte ist Siegburg, seine besonders liebe Stätte.
Dort oben steht nun sein Grab.«

In idealer Weise, so wird in diesem im Kloster Siegburg verfaßten Text vorgeführt, habe Anno den Dienst für Gott und den Dienst für seine Kirche mit dem Dienst für das Reich verbunden. Diese Verherrlichung war zweifellos zum gesungenen Vortrag vor einem weiteren, vornehmen Publikum, wahrscheinlich an den Adelshöfen, vorgesehen, und das könnte darauf hindeuten, daß auch aufkommender Kritik an diesem Bischofsherrscher entgegengewirkt werden sollte. In der Hamburgischen Kirchengeschichte des Adam von Bremen, die um 1075 entstanden ist, begegnen wir nämlich einem ganz anderen Bild: Anno und der Erzbischof Adalbert von Hamburg-Bremen hätten nach dem »Staatsstreich« von Kaiserswerth die Leitung der Staatsgeschäfte beansprucht, aber nur der Bremer habe dies in aufrichtiger Treue zum König und mit Verständnis für Barmherzigkeit ausgeführt. »Der Kölner dagegen, ein Herr von düsterem Wesen, wurde sogar des Treubruchs gegenüber dem König beschuldigt. In allen Verschwörungen seiner Zeit war er außerdem immer der Drahtzieher« (Buch III, cap. 34). Und dann kommen die Vorwürfe: »Der Kölner, den man der Habsucht zieh, verwandte alles, was er zu Hause und bei Hof erraffen konnte, zum Schmuck seiner Kirche. Sie war zuvor schon groß gewesen, er machte sie aber so bedeutend, daß sie über jeden Vergleich mit einer anderen Kirche des Reiches erhaben war. Auch beförderte er seine Verwandten, Freunde und Kapelläne und überhäufte sie alle mit den höchsten Würden und Rängen...« (Buch III, cap. 35).

Man sieht, daß in diesen Urteilen der Zeitgenossen verschiedene Ebenen durcheinanderliefen, daß vor allem der zielstrebige Ausbau der Machtgrundlagen der Kölner Kirche in der Umgebung des Erzbischofs keineswegs als Gegensatz zur Förderung des Reiches gesehen wurde, von den Gegnern freilich sehr wohl so verstanden werden konnte. Zur Beurteilung dieser Vorgänge muß man davon ausgehen, daß das größte Machtpotential im rheinischen Teil der Diözese Köln seit der Jahrtausendwende in der Hand der rheinischen Pfalzgrafenfamilie lag (Ursula Lewald). Um 991 hatte Ezzo († 1034) – nach diesem Namen, einer Kurzform von Erenfried, nennen wir die Familie »Ezzonen« – Mathilde († 1025), die Schwester Ottos III., geheiratet und war damit in die allererste Gruppe der Reichsfürsten aufgestiegen. Das Pfalzgrafenamt, das seinen Mittelpunkt zunächst in der Pfalz von Aachen hatte, verlieh seinen Inhabern auf der Rheinachse eine bedeutende Machtstellung. Die Ezzonen hatten die Grafschaften im Bonngau, Auelgau, Ruhrgau und Keldachgau im weiten Kreis um Köln herum inne, und auch im Eifelgau und im Zülpichgau sind sie als Grafen bezeugt. Dazu kam die Oberaufsicht über königliche *fisci*, über ausgedehnte

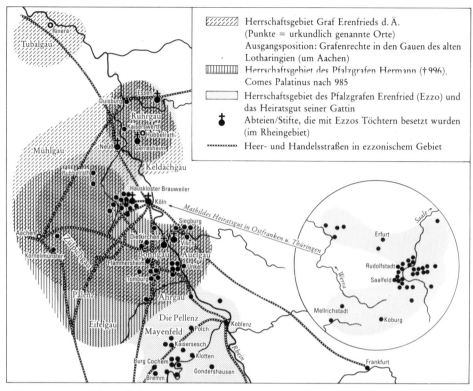

Abb. 17 Der Machtbereich der Ezzonen in der ersten Hälfte des 11. Jahrhunderts
(STEINBACH, Die Ezzonen, 1964, S. 860)

Forste und über die großen Verkehrsstraßen, an denen ihre befestigten Sitze Brauweiler, die Tomburg und die Siegburg lagen. Ferner besaßen sie die Vogtei über die Reichsklöster und -stifte in Essen, Vilich, Kornelimünster und Maastricht.

Der gesamte Süden der Kölner Diözese stand also unter dem direkten Einfluß der Ezzonen. Als 1036 Ezzos Sohn Hermann zum Erzbischof von Köln gewählt wurde, war die Machtstellung dieses Hauses zum Höhepunkt gelangt, zumal die Schwestern des Erzbischofs auch noch die Leitung der Klöster und Stifte in Essen und Gerresheim, Nivelles, Gandersheim, Altmünster in Mainz(?), Neuß, Dietkirchen bei Bonn, Vilich und St. Maria im Kapitol in Köln übernahmen. Allerdings entstanden um die Jahrhundertmitte nun auch Spannungen in diesem Adelshaus, als Hermanns Vetter Heinrich die Pfalzgrafenwürde übernahm (1045–1061). Sie arbeiteten mehr und mehr gegeneinander, was dazu führte, daß der Erzbischof das Familienkloster Brauweiler (westlich von Köln) dem heiligen Petrus, dem Patron der Kölner Kirche, übertrug, außerdem noch weitere bedeutende Güter seiner Familie, vor allem die für die Beherrschung der Aachen-Frankfurter Heerstraße so wichtige Tomburg. Damit begann das Kölner Erzstift in die Stützpunkte der Pfalzgrafen einzurücken (Manfred Groten).

Das also war die Situation, als Anno 1056 die Erzbischofswürde von Köln übernahm. Er hatte eine gute Ausbildung in Bamberg erhalten, war in die Hofkapelle aufgenommen worden und sogar zum Propst des glanzvollen Pfalzstifts St. Simon und Judas in Goslar aufgestiegen (1054–1056). In Köln war er, der aus einem mittleren Adelsgeschlecht in Schwaben stammte, ein Landesfremder ohne Rückendeckung durch eine mächtige Familie. Nach dem Tod Heinrichs III. konnte er von der Reichsregentschaft kaum Unterstützung erwarten. Er war vielmehr in hohem Maße darauf angewiesen, seine Stellung im Bischofsamt und in seinem Bistum aus eigener Kraft zu sichern und zu stärken. Dies erklärt vielleicht manches an seiner energischen, mitunter als rücksichtslos empfundenen Vorgehensweise. Als Pfalzgraf Heinrich die Situation zu nutzen suchte, die Machtpositionen des pfalzgräflichen Hauses zurückzuerobern, mußte es zum erbitterten Kampf zwischen ihm und Anno kommen. Raubend und brennend sei der Pfalzgraf 1060 bis vor die Mauern von Köln gezogen, wie uns die Lebensbeschreibung Annos (*Vita Annonis*) berichtet, sei dann jedoch angesichts der umfassenden Gegenmaßnahmen Annos an die Mosel zurückgewichen, wo ihn die erzbischöflichen Leute auf seiner Burg Cochem eingeschlossen hätten. Dort habe er in geistiger Umnachtung seine Gemahlin enthaupten lassen, sei aber daraufhin überwältigt und gefesselt in das Kloster Echternach abgeführt worden. Sein noch unmündiger Sohn kam unter die Obhut des Erzbischofs und benügte sich künftig mit den Lehen der Kölner Kirche. Damit war die Machtstellung der Pfalzgrafen am Niederrhein für immer zerschlagen; sie wurden in den Moselraum und an den Mittelrhein abgedrängt.

Das entstandene Machtvakuum ersetzte Anno durch eine neuartige Kölner Oberlehnsherrschaft, indem er durch planmäßige Vergabe von Kirchenlehen und Vogteien den Adel der Region als Vasallen zu einem Lehnhof der Kölner Kirche zusammenfügte. Das zweite Instrument bestand aus dem Kölner Priorenkolleg, das sich 1061 erstmals nachweisen läßt. Die Pröpste der Stifte in und um die Stadt Köln wurden im vornehmsten Beratergremium des Erzbischofs, eben dem Priorenkolleg, zusammengefaßt, und da die Besetzung dieser Propstämter ausschließlich durch Mitglieder der umliegenden rheinischen Adelshäuser erfolgte, war der Adel auch auf dieser Ebene fest in die Politik des Erzbischofs eingespannt. Ein drittes Element seiner Amtsherrschaft kam erst in der Endphase seiner Bischofszeit zum Tragen, als er in das Kloster, das er 1064 anstelle der alten pfalzgräflichen Siegburg auf dem Siegberg errichtete, im Jahre 1070 Mönche aus dem oberitalienischen Reformkloster Fruttuaria einführte (Josef Semmler). Fruttuaria, eine Gründung des großen Reformers Wilhelm von Dijon (990–1031), war an den Reformideen von Cluny, allerdings in einer verschärften Version, ausgerichtet. Das antilaikale Programm hatte man vollständig übernommen, aber die Reformkräfte wurden in Siegburg ganz in die Verbreitung und Verteidigung der diözesanen und bischöflichen Interessen gelenkt. Mit weiteren Stützpunkten in Saalfeld in Thüringen (1070/71), im Kloster Grafschaft in Westfalen (1072) und in St. Pantaleon in Köln (1070/74), vielleicht auch schon in Brauweiler, wurde ein Reformnetz über die Diözese gezogen.

Auf allen Ebenen dieser »modernen« und für die Zukunft tragfähigen Bistumspolitik wurde die Spitzenposition des Erzbischofs gestärkt, wurden die weltlichen und geistlichen Kräfte ganz auf ihn als Zentrum ausgerichtet. Daß dabei 1061 der entscheidende Durchbruch erreicht und die Grundlegung sowie der weitere Ausbau der bischöflichen Landes- und Amtsherrschaft gesichert waren, macht verständlich, daß sich Anno damals verstärkt den Belangen des Reiches und des Reichsregiments zuwenden konnte. Erneut wird deutlich, wie wichtig im Bewußtsein der Bischöfe und in der politischen Realität die feste Begründung einer Bischofsherrschaft sein mußte, daß erst dann die gesammelten Kräfte in den Dienst des Reiches gestellt werden konnten. Nur so ist auch zu verstehen, daß sich Anno am 14. Juli 1063, als er den jungen König und den Regentschaftsrat autoritativ zu lenken suchte, ein Diplom ausstellen ließ (DH IV. 104), mit dem die Übertragung des neunten Teils aller Einkünfte des Reiches und des Königs an die Kölner Kirche verfügt wurde. Dies geschehe, so die Begründung in der Urkunde, »für das Wohlbefinden des Königs und die Ordnung des Reiches« (*pro incolumnitate nostra regnique nostri statu*), denn, so können wir ergänzen, damit wurde die Kölner Kirche entschädigt für die großen Aufwendungen, die ihr Erzbischof für sein Engagement einbringen mußte. Diese geradezu unglaublich hohe Vergünstigung für seine Kirche, zu der noch weitere hinzukamen, hat andererseits wieder zum Bild des herrschaftsbesessenen und machthungrigen Fürsten beigetragen, wie es uns von Adam von Bremen überliefert ist.

Unbestritten ist jedoch, daß die Angelegenheiten des Reiches unter seiner Führung, nach dem »Staatsstreich« von Kaiserswerth, rasch in Ordnung gebracht wurden. Im Bericht des Lampert von Hersfeld war schon zu hören, daß Anno das Verantwortungsbewußtsein aller Reichsbischöfe für die Reichsbelange zu erhöhen suchte, indem immer der Bischof, in dessen Bistum sich der Hof befinde, die Leitung des königlichen Beraterstabes zu übernehmen habe. Ob diese Anordnung wirklich konsequent umgesetzt wurde, wissen wir nicht, aber es ist in unserem Zusammenhang viel wichtiger, daß eine solche Konzeption entwickelt werden konnte. Sie zeigt nicht nur den interessanten Versuch einer objektiv geregelten und damit persönliche Machtambitionen zurückweisenden Verpflichtung der Amtsbrüder, sondern auch eine neue Stufe im inneren Festigungsprozeß des Reiches. Das gesamte Reich war betroffen, und alle Bischöfe waren daher auch aufgerufen, an der Überwindung der Schwierigkeiten mitzuwirken. Die Königsurkunden dieser Zeit weisen in der Tat nun in vielen Fällen die Erwähnung zahlreicher Bischöfe und weltlicher Großer auf, die am Zustandekommen der jeweiligen Rechtsakte beteiligt waren, entweder in einer allgemein gehaltenen Formel (»auf Fürsprache der ehrwürdigen Erzbischöfe Siegfried von Mainz und Anno von Köln und der übrigen getreuen Bischöfe, Äbte, Herzöge, Grafen...«, D H IV. 88) oder in namentlicher Nennung (etwa D H IV. 89). Gemeinsam ging man daran, als ungerecht empfundene Entscheidungen aus der Zeit Kaiser Heinrichs III. rückgängig zu machen, wie die Verlegung des Marktes von Fürth – der dem Bamberger Domkapitel gehörte – nach Nürnberg oder die Wegnahme der Abtei Seligenstadt von Mainz (DD H IV. 89 und 101).

Anno, ein harter und kompromißloser Vertreter kirchlicher Interessen und Normen, hat auch das Verhältnis zur Reformkirche in kurzer Zeit deutlich verbessert. Nach wenigen Monaten der Verhandlungen waren die Reichsbischöfe dazu bereit, auf einer Synode in Augsburg 1062 Papst Alexander II. vorläufig, bis zur Klärung der näheren Umstände des Schismas, anzuerkennen. Bischof Burchard II. von Halberstadt (1059–1088), ein Neffe Annos, wurde nach Rom gesandt, um die Vorgänge der Wahl zu überprüfen. Wie vorauszusehen war, entschied er sich für Alexander II. und gegen den im Jahr zuvor von Hof und König geförderten Honorius II. Unter der Führung Annos hatten Reich und Königshof damit im letzten Moment den Anschluß zur Kirchenreform wiederhergestellt, auch wenn die Kluft nicht mehr ganz geschlossen werden konnte. Der Kölner Erzbischof wirkt vor diesem Hintergrund als der Mann, der die Zeichen der Zeit gesehen und auch erkannt hat, daß in der Führung der Reichsgeschäfte gehandelt werden mußte. Die große Auseinandersetzung zwischen dem Reich und dem Reformpapsttum konnte damit nochmals verschoben werden.

Anno mußte aber schon bald erfahren, daß auch seine Autorität Spannungen im Regentschaftsrat nicht verhindern konnte. Im Jahre 1063 stieß der Erzbischof Adalbert von Hamburg-Bremen (1043–1072) in diesen Kreis und wurde sogleich der große Rivale des Kölners. Adalbert selbst, so erfahren wir aus der Hamburgischen Kirchengeschichte des Adam von Bremen, »gab als Grund für sein Streben nach der Leitung der Reichsgeschäfte an, er habe es nicht mitansehen können, daß die Leute seinen Herrn und König wie einen Gefangenen umherzerrten. Und bald stand er auf der obersten Rangstufe, hatte seine Kontrahenten beiseite gedrängt und saß allein im herrschenden Kapitol, freilich nicht unangefeindet, denn das ist ja immer eine Folge des Ruhmes. Unser Erzbischof in seiner hohen Stellung wollte nun die Goldene Zeit erneuern und hatte vor, aus dem Reich Gottes alle auszutilgen, die gegen das Recht verstießen oder gar ihre Hände gegen den König erhoben oder die offensichtlich Kirchen ausgeraubt hatten« (Buch III, cap. 47).

Zwischen Adalbert und dem jungen König hat sich rasch eine enge Bindung entwickelt, und das persönliche Treueverhältnis wurde vom Erzbischof besonders hochgehalten: »Er lehrte, man müsse seinem König und Herrn die Treue halten bis in den Tod«, so überliefert wieder Adam von Bremen (Buch III, cap. 34). Nach einer anderen Quelle dieser Zeit, Brunos »Buch vom Sachsenkrieg«, soll er sogar geäußert haben, er trage zwar nicht den Namen des Apostelfürsten Petrus, dennoch habe er die gleiche Gewalt wie Petrus, ja sogar noch eine größere, denn er habe niemals wie Petrus seinen Herrn, den König, verleugnet (cap. 2). Solche Aussagen lassen sogleich erkennen, daß der Bremer Erzbischof andere Vorstellungen von der Zuordnung und Rangfolge von Reich und König hatte als Anno. Ein Blick auf seine Bistumspolitik vermag einiges zu erklären.

Seine Bischofsherrschaft war zum einen dadurch geprägt, daß er in einem ständigen Kampf gegen das Herzogshaus der Billunger stand. Sein Ziel soll sogar gewesen sein, alle Herzogs-, Grafen- und Gerichtsgewalten in seinem Bistum in die Hand zu bekommen, um schließlich eine eigene bischöfliche Herzogsgewalt zu errichten. Die Billunger hinwiederum strebten danach, ihren Machtbereich strukturell und räumlich weiter auszudehnen, und Herzog Bernhard II. (1011–1059) erreichte schließlich in der Tat »die Ausformung der billungischen Herrschaft zu einem nahezu geschlossenen Komplex« (Hans-Joachim Freytag) in einem Gebiet von Westfalen bis zum Bardengau, südlich von Hamburg. Dagegen anzukämpfen schien für den Bremer Erzbischof eigentlich unmöglich, erforderte zumindest eine bessere Machtausstattung. Schon im Oktober 1063 konnte er den König dazu veranlassen, ihm zwei Grafschaften zwischen Hamburg und Bremen sowie Forstgebiete zu übertragen (DD H IV. 112, 113, 115). Durch den Bau von Burgen und die Errichtung verschiedener Außenposten gelang ihm ein großer Schritt zur Verwirklichung eines hamburgisch-bremischen Nordseeküstenterritoriums (Walther Lammers, Peter Johanek).

Aber sein Blick ging noch weiter. Er verfolgte den Anspruch, ihm und der Hamburger Kirche sei der gesamte, nördlich der Erzdiözese gelegene Missionsraum in Skandinavien unterstellt, bis an die nördlichen Grenzen der Welt reichend, wie in einem Privileg Papst Leos IX. vom 6. Januar 1053 bestätigt wurde. Der Hamburger Erzbischof sollte nicht nur Kirchenherr der nordelbischen Slawen, der Schweden und der Dänen sein, sondern auch der Norweger, der Isländer, der Grönländer und aller Völker des Nordens. Zur Bekräftigung erhielt Adalbert für diese Völker die päpstliche Legation und das päpstliche Vikariat. Dies war in der Tat ein phantastisches Programm und hätte den Rang und die Machtstellung der Kirche von Hamburg-Bremen in unglaublicher Weise erhöht. Wie stark diese Ideen den Erzbischof und seine Umgebung beschäftigt haben, zeigt der Versuch Adams von Bremen, im vierten Buch seiner Kirchengeschichte die Welt und die Menschen des Nordens, so wie er von ihnen gehört und sonst in Erfahrung gebracht hatte, zu beschreiben. Dort finden wir Geschichten wie die von einem »Frauenland« (*terra feminarum*) an den Küsten des Baltischen Meeres, wo die Bewohnerinnen angeblich durch einen Schluck Wasser Kinder empfangen, deren männliche Kinder aber nur als Hundsköpfe mit dem Haupt an der Brust geboren würden, alle weiblichen aber als wunderschöne Mädchen. In Grönland seien die Menschen so bleichgrün

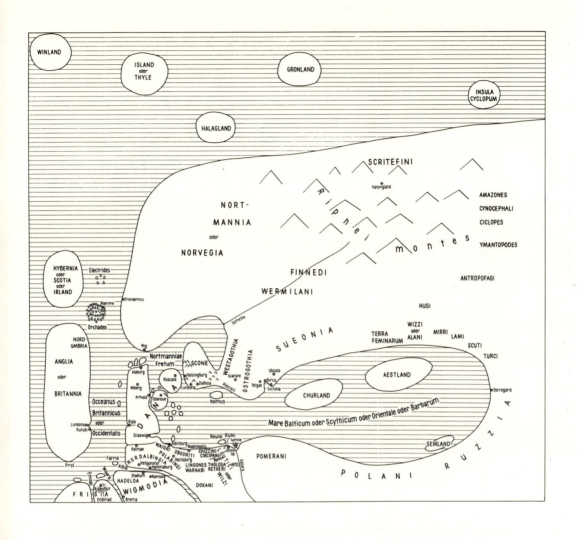

Abb. 18 Die nordische Welt nach den Berichten des Adam von Bremen
(MÖLLER in: LAMMERS, Das Hochmittelalter bis zur Schlacht von Bornhöved, 1981, nach S. 220)

wie das Meer, wovon das Land seinen Namen habe, und noch vieles andere dieser Art wird berichtet. Man stellte sich gleichsam auf die »neue Welt« ein.

Neben diesem Ausgreifen in den Norden gab es schließlich noch einen zweiten Plan Adalberts, seine bischöfliche Autorität zu verstärken, ja sogar über die Stellung eines Erzbischofs hinaus zu erhöhen. Als in Dänemark eine eigene Kirchenprovinz entstehen sollte, wollte sich Adalbert als Patriarch darübersetzen, und auch dieses Vorhaben wurde in der Zeit Heinrichs III. und Leos IX. mit deren Hilfe weit vorangetrieben. Die Versuche gegen Ende seines Pontifikats schließlich, sich nach dem Scheitern dieser Projekte wenigstens eine Metropole mit 12 Bistümern zu schaffen (»Zwölfbistumsplan«), in denen manche Bischofssitze nur kleinste Orte gewesen wären und damit den kanonischen Vorschriften niemals entsprechen konnten, beleuchtet ebenfalls seine mitunter ganz unrealistischen Vorstellungen. Daß gerade in diesen Jahren die Kirchenorganisation im Obodritenreich, die in die Großmetropole einbezogen werden sollte (Oldenburg, Ratzeburg, Mecklenburg), durch einen Wendenaufstand im Jahre 1066 zusammenbrach, machte diese Bemühungen ohnehin kaum durchführbar.

Alle diese weitgreifenden und weit überzogenen Programme Adalberts, so kann man sogleich erkennen, konnten nur im engen Zusammenwirken mit König und Papst überhaupt Aussicht auf Erfolg haben, nur in einer engen Bindung und im Gleichklang der Ziele angegangen werden. Nur zwei Herren habe er, so soll Adalbert sich gerühmt haben, den Papst und den König (Adam Buch III, cap. 78), und den Rückhalt beider benötigte er für seine Ziele in besonderem Maße, so können wir hinzufügen. Sein politisches Denken war kaum auf das Reich gerichtet, dagegen ganz auf die ihn tragende Königsgewalt. Das Wohlwollen des jungen Königs konnte er rasch gewinnen, denn diese Einstellung kam dem Selbstgefühl des jungen Heinrich zweifellos entgegen, dem andererseits der Kölner Erzbischof verhaßt war. Gegenüber Anno und seiner Konzeption der Fürstenverantwortung für das Reich wirkt Adalberts betontes Prinzip der persönlichen Treuebindung zum König weitaus archaischer. Es konnte nicht ausbleiben, daß ihm die anderen Fürsten eigensüchtiges und selbstherrliches Verhalten vorwarfen, daß sie immer mehr gegen ihn aufgebracht wurden und ihn, den Außenseiter, schließlich im Januar 1066 geradezu handstreichartig und gegen den Willen des Königs gemeinsam vom Hof vertrieben. Dieser Schlag war auch eine erste Warnung an den jungen König: Seine Interessen und Sympathien habe er nicht über das Wohl des Reiches zu stellen.

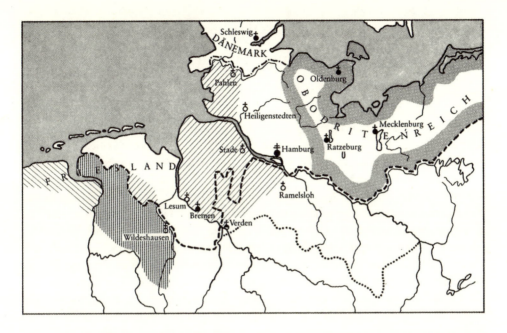

— — — Grenze der Erzdiözese Hamburg-Bremen   ············ Grenze des beanspruchten Bistums Verden ⚲

Erwerb von Grafschafts- und Vogteirechten 1057–1063

▨	der Brunonen
▥	des Hauses Werl
▨	des Hauses Stade

⚵ Residenz des geplanten Patriarchats
⚴ Bestehende Suffraganbistümer
⚲ Geplante Bistumsgründungen

Abb. 19 Grafschaftserwerb und »Zwölfbistumsplan« Erzbischof Adalberts von Hamburg-Bremen (KELLER, Zwischen regionaler Begrenzung und universalem Horizont, 1986, S. 139)

7. KAPITEL

Heinrich IV. – König, Tyrann oder Antichrist

Am 29. März 1065, dem Dienstag nach Ostern, fand in Worms die Mündigkeitserklärung mit der feierlichen Schwertleite Heinrichs IV. statt, bei der bezeichnenderweise Gottfried der Bärtige, der im selben Jahr das Herzogtum Niederlothringen übernahm, als Schildträger assistierte. Er, der von Heinrich III. über viele Jahre wütend verfolgt worden war, der dennoch immer wieder Mitverantwortung für die Belange des Reiches getragen hatte und der gleichzeitig in enger Verbindung mit dem Reformpapsttum blieb, bot dem jungen König die Hand zu einem Neubeginn. Aber Heinrich IV. hatte längst Vorstellungen von der Autorität des Herrschers entwickelt, die sich ganz an der Tradition der salischen Königsidee orientierten. Und daß die Impulsivität bei ihm noch stärker ausgeprägt war als bei seinen Vorgängern, deutet die Erzählung bei Lampert von Hersfeld an: Kaum hatte er die Kriegswaffen zum ersten Mal angelegt, habe er sie sogleich gegen den Erzbischof von Köln richten wollen, der ihm seit Kaiserswerth gewissermaßen eine »Zwangserziehung« zu einem guten und gerechten König (*bonum iustumque*, Annalen von Niederalteich zu 1062) verordnet hatte. »Hals über Kopf wäre er ausgezogen, um diesen mit Feuer und Schwert zu bekämpfen, hätte nicht die Kaiserin noch zur rechten Zeit durch ihren Rat den drohenden Sturm beschwichtigt« (Lampert, Annalen zu 1065).

Heinrich IV. gehört in die Reihe derjenigen Herrscher, die schon in ihrer Zeit derart extreme Bewertungen erfahren haben, daß man auch heute nur schwer ein deutliches Bild gewinnen kann (Gerd Tellenbach). Daß er den geistigen und künstlerischen Strömungen seiner Zeit gegenüber offen war, ist angesichts des grandiosen Um- und Ausbaus des Speyerer Doms zwischen 1080 und 1102/1106 keine Frage. Daß er lesen, schreiben und lateinische Texte verstehen und beurteilen konnte, überliefert die Vita des Bischofs Otto von Bamberg (1102–1139): »Der Kaiser war in der Schrift so beschlagen, daß er die Urkunden, von wem auch immer er sie erhielt, selber lesen und verstehen konnte« (*Ebonis Vita Ottonis,* Buch 1, cap. 6). In der wohl noch 1106 – wahrscheinlich von Bischof Erlung von Würzburg (1105–1121) – verfaßten Lebensbeschreibung Heinrichs IV. (*Vita Heinrici IV. imperatoris*) finden wir folgende Beschreibung: »Er war voll hoher Geisteskraft und großer Einsicht, und wenn das Urteil der Fürsten in einer Rechtssache oder in Reichsangelegenheiten noch schwankte, löste er selbst rasch den Knoten und erklärte ihnen, gleichsam als schöpfe er aus dem Geheimnis der Weisheit selbst, was gerechter und nützlicher sei. Aufmerksam hörte er die Worte seiner Umgebung an, er selbst sagte wenig. Er platzte nicht voreilig mit seiner Meinung heraus, sondern wartete, was die anderen meinten. Heftete er seine durchdringenden Augen auf das Antlitz eines Menschen, so durchschaute er dessen innerste Regungen und sah gleichsam mit Luchs-Augen, ob einer im Herzen Haß oder Liebe zu ihm trug. Auch das erscheint mir rühmenswert, daß er im Kreis der Fürsten alle überragte.« Aber es heißt auch: »Wer sich widerspenstig gegen ihn und seine Macht erhob, den schlug er dermaßen zu Boden, daß an dessen Nachkommen noch heute die Spuren der königlichen Strafe sichtbar sind. Dadurch sorgte er in gleicher Weise für seine eigene Macht wie für das künftige Wohl des Reiches, denn die Menschen sollten lernen, den Frieden nicht zu stören und das Reich nicht mit Waffengewalt zu verheeren« (cap. 1).

Bei seinen Gegnern fiel das Urteil natürlich anders aus. In Brunos »Buch vom Sachsenkrieg«, das kurz nach 1081 entstanden ist und möglicherweise aus der Feder des Kanzlers des Gegenkönigs Hermann von Salm (1081–1088) stammt, heißt es, schon als junger Knabe habe sich Heinrich IV. aufgebläht mit königlichem Hochmut. Im Jünglingsalter habe er dem Tugendpfad völlig entsagt und sei dem Rat des Erzbischofs Adalbert von Hamburg-Bremen, »eines von Stolz aufgeblasenen Mannes«, gefolgt: »Tue alles, was deinem Herzen gefällt« (cap. 1 und 5). Zwei oder drei Weiber habe er zur gleichen Zeit gehabt, sich junge und hübsche Frauen mit Gewalt zuführen lassen und sie dann an seine Dienstmannen weitergereicht. Als er seine Gemahlin Bertha von Savoyen, die er Mitte 1066 geheiratet hatte, drei Jahre später wieder loswerden wollte, habe er einen Gesellen angestiftet, sie zum Ehebruch zu bringen; aber Bertha habe das böse Spiel durchschaut und ihren im Hintergrund lauernden Mann mit Stuhlbeinen und Stöcken so verprügelt, daß er fast einen ganzen Monat das Bett habe hüten müssen (cap. 7 und 8). Seine zweite Gemahlin, die russische Königstochter Praxedis, mit der er sich 1088 ehelich verbunden hatte und die schon nach wenigen Jahren heftig gegen ihn intrigierte, ließ er 1094 in Verona gefangensetzen. Nach ihrer Befreiung durch Mathilde von Tuszien verbreitete sie im Lager des Reformpapstes Urban II. (1088–1099) die wüstesten Beschuldigungen gegen ihren kaiserlichen Gemahl. Alle diese Vorwürfe können wir freilich kaum für bare Münze nehmen, denn sie stammen aus einer Zeit, in der Heinrich IV. von seinen Gegnern bereits als die Inkarnation des Bösen und als Antichrist gesehen wurde. Der Böse schlechthin aber wurde eben durch solche gottlosen und widernatürlichen Handlungen beschrieben, sie gehörten zu seinem Typus (Gerd Tellenbach, Hanna Vollrath).

Was man dagegen deutlich feststellen kann, ist, daß er enge Beziehungen weniger zu den hochgestellten Fürsten unterhalten hat – der Erzbischof Adalbert von Hamburg-Bremen war hier eher die Ausnahme –, als vielmehr zu Personen aus den mittleren Adels- und Grafenkreisen, zu Geistlichen und Kapellänen seiner engeren Umgebung und zu seinen Ministerialen. Sie waren seine »vertrauten Freunde« (*amici, familiares*) und Ratgeber (*consiliarii, consultores*), die bei seinen Gegnern in besonders schlechtem Ruf standen. Zwischen ihnen und dem König muß sich aber die Vorstellung besonderer Treuebindung und gegenseitiger Verpflichtung entwikkelt haben, was sich vor allem daran ablesen läßt, daß er diese in ganz neuartiger Weise in die Gebetsstiftungen für sein Seelenheil einbezogen hat (Karl Schmid). Auch sein sonstiges Verhalten ihnen gegenüber spricht für Stetigkeit im Umgang mit den Menschen seiner Umgebung.

Über sein Aussehen können wir uns ein ziemlich genaues Bild machen. Als man am 25. August 1900 seinen Sarkophag öffnete, fand man das vollkommen unberührte und vollständig erhaltene Skelett, was eine Nachbildung seiner Gestalt und sogar seiner Gesichtszüge ermöglichte (Johannes Ranke und Ferdinand Birkner bei Kubach/Haas, Textband). Heinrich IV. muß demnach ein großer, starker und untadelig gewachsener Mann gewesen sein, mindestens 1,80 Meter groß. »Nirgends zeigen sich Residuen überstandener Krankheit. Die schöne Wölbung des Schädels, auch in den Schläfen, der bemerkenswerte Mangel überzähliger Nahtknochen u.a. sprechen für eine ungestörte kräftige Gesundheit von Geburt an. Die gewölbte Brust, die breiten Schultern, das schmale Becken, die energische mechanische Durcharbeitung der langen Extremitätenknochen, namentlich jene der Arme und Hände, geben die Gestalt eines schlanken, aber kräftigen, beinahe athletischen Mannes, zu allen ritterlichen Übungen geschickt und in ihnen geübt. Im Antlitz erscheint männliche Kraft mit beinahe weiblicher Anmut gepaart. Der große Hirnschädel, die feine Stirnbildung, die energische, vortretende Unterstirn, die lange, edle, kräftige Nase gaben dem scharf modellierten, schmalen Gesicht einen energischen Ausdruck, der noch gehoben wurde durch den starken, kriegerischen Schnurrbart. Die großen offenen Augen, der feine Mund, das fast zarte Kinn verliehen dem Ausdruck eine gewisse Weichheit und besondere individuelle Schönheit« (S. 1065).

Diesem energischen und kraftvollen Aussehen entsprach auch sein zielstrebiges Handeln, als er 1065 die selbständige Regierung übernahm. In einer ungewöhnlich umfangreichen Schenkungsaktion übertrug er zuerst zwölf Reichsklöster und -stifte (Polling, Malmedy, Benediktbeuern, Limburg an der Haardt, St. Lambrecht, Corvey, Lorsch, Kornelimünster, Vilich, Niederaltaich, Kempten, Rheinau) an geistliche und weltliche Fürsten, um sie damit gleichsam zu einem Stillhalteabkommen für die nun von ihm verfolgte kompromißlose Politik königlicher Stärke zu verpflichten (Hubertus Seibert). Seine sogleich einsetzende, planmäßig angelegte und mit beispielloser Härte durchgeführte Machtdemonstration richtete er in erster Linie gegen Sachsen. Vor allem im Raum um den Harz ließ er gewaltige Burgen anlegen, wie wir aus den Annalen Lamperts von Hersfeld und aus Brunos »Buch vom Sachsenkrieg« erfahren. Alle diese Burgen waren Höhenburgen, und durch ihre extrem exponierte Lage hatten sie gegenüber den bis dahin in Sachsen üblichen Burganlagen einen ganz neuen Charakter. Sie unterschieden sich auch in den Befestigungen, wie etwa bei der Burg Sachsenstein am Südharzrand mit ihren flankierenden Törtürmen und dem großen Rundturm im Inneren deutlich wird (Lutz Fenske). Die Besatzungen dieser gewaltigen Herrschafts-

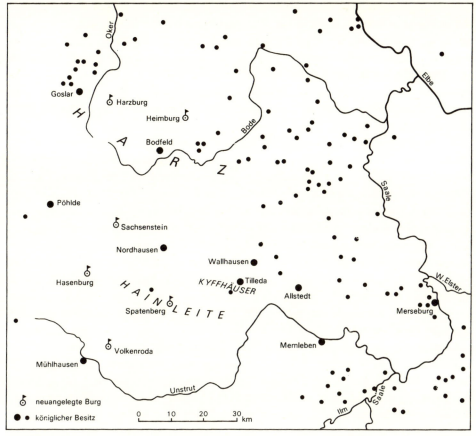

Abb. 20 Unter Heinrich IV. erbaute Burgen im Harzraum und in Thüringen
(Deutsche Geschichte, Bd. 2, Berlin-Ost 1983, S. 20)

burgen kamen nicht aus dem thüringischen oder sächsischen Adel, und die Burgen wurden nicht als Lehen ausgegeben, sondern blieben in der unmittelbaren Verfügung des Königs, der dort landfremde Dienstleute, vor allem aus Schwaben, einsetzte. Damit war eine ständige militärische Präsenz des Königs gewährleistet.

Die mächtigste dieser Burgen war die Harzburg, östlich von Goslar gelegen (Konrad Weidemann). Wie Goslar erhielt sie den Charakter einer Pfalz, aber sie war im Unterschied zur dortigen »offenen« Pfalz nun befestigt und uneinnehmbar. Sie lag auf einem hohen Berg und konnte nur auf einem sehr schwierigen Weg erreicht werden. Die zweiteilige Burganlage mit dem großen und dem kleinen Burgberg war mit starken Mauern und vorgelagerten Gräben nach den modernsten verteidigungstechnischen Gesichtspunkten dieser Zeit gesichert. Im westlichen Teil befand sich ein Stift, in dem bei den Aufenthalten des Königs die Reichsinsignien und der mitgeführte Schatz aufbewahrt wurden. In die Stiftskirche ließ Heinrich IV. seinen 1055 verstorbenen Bruder Konrad verlegen und hier auch seinen kurz nach der Taufe in Mainz 1071 gestorbenen Sohn Heinrich beisetzen. Damit werden Ansätze zu einer neuen Hausgrablege sichtbar, zumindest wurde der salische Residenzcharakter unterstrichen.

Was wollte Heinrich IV. mit diesen Gewaltbauten erreichen? Am Nordrand des Harzes befand sich ausgedehntes Reichsgut, und schon Heinrich III. hatte hier, wie erwähnt, mit Goslar einen Mittelpunkt der Reichsherrschaft ausgestaltet. In der Forschung herrschte lange Zeit die Meinung vor, der junge Salier habe sich seit 1065 vor allem darum bemüht, die in der Zeit der Regentschaft durch den Adel entfremdeten Güter und Rechte des Königs zurückzugewinnen (»Revindikationspolitik«), und habe daher seine ganze Kraft in diesen Raum gelenkt. Diesen Gesichtspunkt wird man nicht ganz abtun können, aber systematisch angelegte Untersuchungen (Hans Krabusch, Sabine Wilke) haben längst erwiesen, daß die Verluste von Königsgut in der Zeit der Regentschaft relativ gering gewesen sind; zumindest kann keine Rede davon sein, daß sie gerade im thüringisch-sächsischen Harzraum besonders umfangreich gewesen wären. Als Erklärung für die neuartige königlich-salische Gewaltdemonstration in dieser Region dürfte dieser Gesichtspunkt kaum genügen.

Vielmehr wird erkennbar, daß die Burganlagen und Stützpunkte Ausdruck einer umfassenden und intensiven Durchdringung dieses Raumes durch die königliche Autorität waren, daß es sich um das territorialpolitische Verankern und Vorschieben der Königsmacht handelte. Die bereits vorhandenen Reichsgüter boten dafür offenbar gute Voraussetzungen, und, auf ihnen aufbauend, konnte die Verwaltung und Organisation durch königliche Leute rasch vorangetrieben werden. Als Leiter einer, wie es scheint, neuen Reichsvogtei begegnet uns der Präfekt Bodo von Goslar, außerdem treten nun königliche *clientes* auf, Ministeriale des Königs oder Leute aus dem niederen oder mittleren Adel und jedenfalls nicht aus Sachsen, sondern auch sie vielfach aus Schwaben stammend: »Denn diesen Stamm liebte der König ganz besonders, und viele von ihnen, Leute von niederer Herkunft und fast ohne Ahnen, hatte er in die höchsten Ämter befördert und zu den Ersten am Hofe gemacht«, wie uns Lampert von Hersfeld berichtet (Jahresbericht 1073). Sie erscheinen als Vorsteher der Münze oder des Bergbaus, als Förster oder als Pfalzbeamte und gestalteten die Königsherrschaft in diesem Gebiet reicher Erz- und Silbergruben immer effektiver.

Auch von den Burgen aus wurde in diesen Jahren von den königlichen Leuten eine immer aggressivere Haltung entwickelt. »Da diese nicht ausreichend Lebensmittel hatten, erlaubte ihnen der König, sich aus den benachbarten Dörfern und Feldern wie in Feindesland Beute zu holen. Die Bewohner der Gegend wurden gezwungen, die Burgen selbst aufzubauen, das Baumaterial herbeizuschaffen und persönlich wie Knechte im Schweiße ihres Angesichts Dienste zu leisten. (...) Die Burgbesatzungen machten täglich Ausfälle, raubten alles, was sie in den Dörfern und auf den Feldern vorfanden, trieben unerträglich hohe Abgaben und Steuern von Wäldern und Feldern ein und beschlagnahmten häufig, angeblich als Zehnt, ganze Viehherden« (Lampert von Hersfeld, Jahresbericht 1073). Von vielen Greueltaten dieser königlichen Burgbesatzungen, jungen, übermütigen, kampfesdurstigen Kriegern, berichten die sächsischen Quellen, von den unzähligen Gedenksteinen der von ihnen erschlagenen Goslarer Bürger, die auf dem ganzen Weg von Goslar bis zur Harzburg über nahezu zwei Meilen aufgestellt worden seien, von der Mißhandlung der sächsischen Frauen und der Einziehung aller Güter derjenigen, die es wagten, dagegen Klage vorzubringen. Viele der so pauschal vorgebrachten Vorwürfe werden wir mit aller Vorsicht bewerten müssen, denn das Bild des bösen Gegners wurde so eingefärbt, wie man sich das Böse vorzustellen hatte. Aber in der Tendenz erkennt man dahinter das Aufbäumen gegen einen herrschaftlichen Zugriff, den man als willkürlich und ungerecht, als die Freiheit beraubend und tyrannisch empfunden hat.

Allein gegen sie richte sich diese Unterdrückungskampagne des Königs, so klagten die Sachsen: »Während die übrigen Stämme in Ruhe gelassen wurden und fast alle in Frieden lebten, hatte der König uns allein besonders auserwählt, uns nach dem Wort des Propheten ›mit eisernen Wagen zu dreschen‹. Ständig hielt er sich in unserem Land auf und hat zuerst unser Erbgut, dann auch die Freiheit geraubt und uns unter Mißachtung unseres Geburtsstandes das Joch härtester Knechtschaft auferlegt« (Lampert von Hersfeld, Jahresbericht 1073). Die intensivere Nutzung des dort in dichterer Lage als anderswo befindlichen Reichsgutes wurde als mögliches Motiv für die Konzentration auf Sachsen schon angesprochen, aber die eigentlichen Gründe für dieses geradezu erbitterte Ringen reichen zweifellos viel tiefer. Es ging um die Unterwerfung einer Rechtsgemeinschaft, bei der die Traditionen genossenschaftlicher Rechtsfindung und erbrechtlicher Begründung von Stand und Machtstellung besonders deutlich ausgeprägt waren (Georg Droege, Wolfgang Giese). In keinem anderen Rechtskreis – sieht man von dem der Friesen ab – war der Gedanke des persönlichen und unantastbaren Rechtsstandes und der von der »Genossenschaft« getragenen Willensbildung so stark ausgebildet wie in dem der Sachsen. »Erbrecht« und »Freiheit« in diesem Sinne waren die Grundpfeiler dieses Rechtsdenkens der Westfalen, Engern und Ostfalen – der Großstämme also der Sachsen –, und auch die Thüringer sind bis zu einem gewissen Grad hier einzubeziehen.

Bezeichnend ist beispielsweise die Haltung von Magnus Billung, dem Sohn und Nachfolger (1073/74–1106) des Sachsenherzogs Otto. Als ihn der König 1071 gefangensetzen ließ und von ihm verlangte, er müsse, um freigelassen zu werden, für immer seinem Herzogtum und den übrigen, ihm »kraft Erbrechts« (*hereditario iure*) von seinen Eltern her zustehenden Besitzungen entsagen, war der Billunger zutiefst getroffen. Diese Forderung ging an den Kern seiner Rechtsüberzeugung, und Magnus habe erklärt, lieber wolle er sein ganzes Leben im Kerker verbringen und an Folterungen und Peinigungen aller Art sterben, als eine solche Erklärung abgeben. Heinrich IV. dagegen suchte erbrechtliche Bindungen der Ämter zu durchbrechen und insbesondere den Amtscharakter der Grafschaften durchzusetzen. In seiner Zeit läßt sich in Sachsen ein Wandel beobachten, der »auf eine Straffung königlichen Amtsrechtes, räumliche Arrondierung der Grafschaft und feste Organisation schließen läßt« (Georg Droege, S. 175). Vor allem im Gebiet nördlich des Harzes hat der Salier, wie es scheint, eine umfassende Neuordnung und eine »amtsrechtliche« Neuvergabe der Grafschaften angestrebt (Hans K. Schulze) und damit das Rechtsdenken der Sachsen verletzt.

Behalten wir diese Dimension im Auge, dann werden Nachrichten verständlicher wie: »Der König entschloß sich zu etwas Ungeheuerlichem und von keinem seiner Vorgänger Versuchtem: nämlich alle Sachsen und Thüringer zu Knechten zu machen« (*in servitutem redigere*) (Lampert von Hersfeld, Jahresbericht 1073). Es war gleichsam ein Grundsatzprogramm, das man in den Handlungen und Entscheidungen des Königs zu erkennen glaubte. Sicherlich wird man auch zu beachten haben, daß Erzbischof Adalbert von Hamburg-Bremen in der Anfangszeit seinen Einfluß auf den jungen König geltend gemacht hat, die Aktionen vor allem gegen Sachsen zu richten. Dort hatte sich, wie geschildert, sein schärfster Gegner, der sächsische Herzog aus dem Haus der Billunger, eine immer breitere Machtgrundlage geschaffen, und Adalbert hoffte, im Verein mit dem König Vorteile in Sachsen zu erlangen. Mehrere Quellen berichten davon, daß Heinrich IV. auf seinen Rat hin die neuartig befestigten und uneinnehmbaren Höhenburgen in dieser Region zu bauen begonnen habe. Auch Bischof Benno II. von Osnabrück (1068–1088) war möglicherweise führend an diesen Vorgängen beteiligt, wie wir aus seiner Vita erfahren. Er stammte aus einem schwäbischen Ministerialengeschlecht, hatte die Schulen von Straßburg und im Kloster Reichenau besucht, war dann selbst Lehrer an der Kathedralschule von Speyer sowie an der Stiftsschule von St. Simon und Judas in Goslar, war Propst von Hildesheim und *vicedominus*, das heißt oberster Güterverwalter der Bischofskirche von Köln unter Erzbischof Anno und wurde schließlich mit etwa 48 Jahren zum Bischof von Osnabrück erhoben – ein glänzender Aufstieg eines vielseitig begabten Mannes in der Reichskirche und im Königsdienst also. Seine Fähigkeiten als Architekt und Baumeister stellte er später am Domneubau in Speyer unter Beweis, aber schon Ende der sechziger und Anfang der siebziger Jahre soll er, »ein Genie auf dem Gebiet der Steinbaukunst«, vom König die Leitung »zur raschen und sorgfältigen Durchführung des Burgenbau-Unternehmens« in Sachsen erhalten haben (*Vita Bennonis,* cap. 9). Auch er war, wie sein Amtsbruder in Hamburg-Bremen, an einer damit verbundenen Stärkung der bischöflichen Amtsherrschaft in

Sachsen interessiert, und die von ihm veranlaßten bischöflichen Befestigungsanlagen auf der Iburg lassen sogar eine Art Gegenstück zur Harzburg erkennen. Es gab also gewichtige Ratgeber und Förderer der königlichen Machtpolitik in Sachsen. Dennoch ist die ganze Dynamik und auch Dramatik der »Sachsenkriege« nur zu verstehen, wenn man berücksichtigt, daß hier der seit dem Beginn des 11. Jahrhunderts sich immer deutlicher ausbildende Anspruch des Königs auf eine befehlsorientierte Herrschaft im gesamten Reich zu einer Grundsatzentscheidung drängte. Ähnlich wie Konrad II. gegenüber Herzog Ernst II. von Schwaben und ähnlich wie Heinrich III. gegenüber Herzog Gottfried dem Bärtigen ging nun Heinrich IV. an die Demonstration und Durchsetzung des herrschaftlichen Befehlsanspruchs, aber nicht mehr gegenüber einem einzelnen Gegner oder einer gegnerischen Gruppe, sondern nun gegenüber einem gegnerischen Rechtsprinzip schlechthin, das vor allem von den Sachsen verkörpert wurde.

Das Instrument der Machtdemonstration hat der König freilich nicht neu entwickelt, denn Aufbau und Einsatz der neuartigen Dienst- und Kriegsmannschaften aus den Kreisen der Hörigen und auch die Errichtung von herrschaftlichen Höhenburgen sind Erscheinungen, die wir, wie geschildert, auch beim Adel und bei den Bischöfen antreffen und die dort offenbar schon viel weiter ausgebildet waren als im Umfeld des Königs. Diese herrschaftsorientierte Umbildung der Verfassungs- und Ordnungsstrukturen trat jedenfalls in der zweiten Hälfte des 11. Jahrhunderts immer stärker hervor, und auch in Sachsen hatte der König nun Adelsburgen zu brechen, wie die Burgen Beichlingen und Burgscheidungen des Markgrafen Dedi (1069) oder die Burgen Hanstein und Desenberg Ottos von Northeim (1070), allesamt befestigte Burgen mit Burgmannschaften. Die Höhenburgen des Königs freilich bedeuteten für die sächsischen Adligen dennoch eine neuartige Eingrenzung ihrer eigenen Herrschaftsbildung. Der König erschien ihnen als Konkurrent, der seine königliche Monopolstellung in unzulässiger Weise zu seinem eigenen Vorteil einsetzte.

Man sieht, wie von verschiedenen Seiten her – von den allgemeinen Veränderungen im Aufbau und im Verständnis von Herrschaft sowie vom gestiegenen Anspruch auf eine befehlsorientierte Herrschaft durch den König – der Konflikt sich unaufhaltsam zuspitzen mußte. Dabei mußten die Auseinandersetzungen in Sachsen schließlich zwangsläufig auch das ganze Reich einbeziehen, denn es ging im Grunde um die Frage nach Stellung und Funktion des Königs im Reich. Der aus Sachsen stammende bayerische Herzog Otto von Northeim († 1083) hat diese Zusammenhänge früh erkannt und mußte als erster aus dem Fürstenkreis die unerbittliche Härte des Königs verspüren. Auf Grund eines recht zweifelhaften Verfahrens wurde ihm 1070 die bayerische Herzogswürde aberkannt und an Welf IV. übertragen, der, um dieses Herzogtum in seine Hand zu bekommen, seine Gemahlin Ethelinda, eine Tochter seines Vorgängers, verjagt hatte. Der Northeimer wollte sich dem vom Königsgericht angeordneten Zweikampf gegen den Ankläger, einen notorischen

Halunken, nicht stellen, als ihm der König noch dazu die Garantie des freien Geleits verweigerte, und wurde deshalb wegen Majestätsverbrechens (*crimen maiestatis*) in Abwesenheit zum Tod verurteilt. Daraufhin übernahm er die Führung des sächsischen Widerstands, der sich immer weiter ausbreitete und dem sich auch sächsische Bischöfe wie Burchard II. von Halberstadt (1059–1088), Werner von Magdeburg (1063–1078) und Hezilo von Hildesheim (1054–1079), und weltliche Fürsten wie Markgraf Udo II. von der Nordmark († 1082), Markgraf Dedi von der Niederlausitz († 1075) und Magnus Billung († 1106) anschlossen.

1073 rüstete man sich zur großen Erhebung gegen den König, von dem man die sofortige Niederlegung seiner Burgen forderte. Nach Brunos Bericht in seinem »Buch vom Sachsenkrieg« soll Otto von Northeim seinen Leuten gesagt haben: »Tapfere Krieger! (…) Unbill und Schmach, die unser König bereits seit langem über jeden von euch allen gebracht hat, sind groß und unerträglich. Aber was er noch zu tun vorhat, falls es der allmächtige Gott zuläßt, wird noch weit schrecklicher werden. (…) Wollt ihr, tapfere Männer, das alles über euch ergehen lassen? Ist es nicht besser, in tapferem Kampf zu fallen, als ein elendes und schmähliches Leben, solchen Leuten zum Spotte dienend, schimpflich zu verlieren? Sogar Knechte, die man für Geld kauft, ertragen nicht die ungerechten Forderungen ihrer Herrn, aber ihr, die ihr frei geboren seid, wollt geduldig die Knechtschaft ertragen? Vielleicht scheut ihr euch als Christen, den Eid zu verletzen, den ihr dem König geschworen habt. Gut, aber ihr habt dem König geschworen. Solange er für mich ein König war und wie ein König handelte, habe auch ich ihm die Treue, die ich ihm schwor, gehalten. Doch nachdem er aufgehört hat, ein König zu sein, war er nicht mehr der, dem ich die Treue zu halten hatte. Also nicht gegen den König, sondern gegen den ungerechten Räuber meiner Freiheit, nicht gegen das Vaterland, sondern für das Vaterland und für die Freiheit, die kein rechter Mann anders als mit dem Leben zugleich hingibt, ergreife ich die Waffen und fordere auch euch dazu auf…« (cap. 25).

Daß diese Rede nicht in diesem Wortlaut gehalten wurde, ist keine Frage, aber sie macht deutlich, daß sich die Vorstellung und die Überzeugung breit machte, Heinrich IV. sei nicht mehr König, sondern Tyrann. Für 1074 wird von Lampert von Hersfeld erstmals von dem sich daraus entwickelnden Vorhaben berichtet, »nach Beratung mit den übrigen Reichsfürsten dem höchst bedrohten Reich einen Herrscher zu geben, mit dem alle einverstanden wären«. Und wenig später sollen die Sachsen Otto von Northeim bedrängt haben, »die königliche Gewalt über sie anzunehmen.« Der salische König, der zu Beginn der Dynastie unter Konrad II. noch der entscheidende Integrationsträger des Reiches war und die Einheit des Reiches in seiner Herrschaft stabilisierte, wurde nun umgekehrt gleichsam zu einem Risikofaktor für Einheit und Frieden. Die Fürsten, allen voran die Erzbischöfe von Köln und Mainz, versuchten durch Verhandlungen auf beiden Seiten immer wieder auszugleichen und zu schlichten, aber der Entscheidungsdruck wurde für sie immer größer, und manche von ihnen wechselten zwischen den Fronten wie Rudolf von Rheinfelden, der Herzog von Schwaben (1057–1079), Herzog Berthold von Kärnten (1061–1077) oder Herzog Gottfried der Bucklige von Niederlothringen (1069–1076). Im Frieden von Gerstungen 1074 schien der König in Anwesenheit von 15 Bischöfen vor der Eidgenossenschaft seiner Gegner (*sacramento obstricti*) schon zurückweichen und seine Burgen aufgeben zu wollen, da wurden kurze Zeit später durch die Zerstörung und Plünderung der Saliergräber auf der Harzburg durch sächsische Bauern viele der Fürsten, die diese Tat verurteilten, wieder auf die Seite des Königs getrieben. So konnte Heinrich IV. auf eine durchaus ansehnliche Gefolgschaft blicken, als er 1075 zum großen Entscheidungskampf gegen die Sachsen aufrief.

Es war die größte Schlacht, die jemals innerhalb des ostfränkisch-deutschen Reiches zwischen Angehörigen des Reiches geschlagen worden war. Anfang Juni 1075 sammelte sich das Heer des Königs in der Nähe von Hersfeld, ein Heer, das nach Lampert von Hersfeld so gewaltig war, »daß seit Menschengedenken niemals im deutschen Reich zu irgendeinem Kampf ein so großes, so tapferes, so kriegsmäßig ausgerüstetes Heer aufgebracht worden sei. Was es im Reich an Bischöfen gab, was an Herzögen, was an Grafen, was an kirchlichen und weltlichen Würdenträgern, alle hatten sich hier versammelt, alle ihre Kraft und ihre ganze Macht auf diesen Krieg gerichtet. Keiner fehlte, es sei denn, er war durch eine ganz dringende und absolut zwingende Notwendigkeit entschuldigt.« Kundschafter des Königs berichteten, daß auch das Heer der Sachsen und ihrer Verbündeten an Zahl und Bewaffnung nicht schwächer sei, in der sonstigen Kriegsausrüstung sogar überlegen erscheine, außerdem mit Hilfsmitteln und Vorräten bestens gerüstet sei. Ein »Bürgerkrieg« größten Ausmaßes bahnte sich an, das gesamte Reich wurde in den Machtkampf hineingezogen, der nur vordergründig zwischen dem König und den Sachsen, im Kern aber um die Durchsetzung der salischen Befehlsherrschaft im gesamten Reich ausgetragen wurde.

Bei Homburg an der Unstrut kam es schließlich am 9. Juni 1075 zur fürchterlichen Schlacht. Von Herzog Rudolf von Schwaben, der sich wieder auf die Seite Heinrichs IV. geschlagen hatte, und seinen Mannen angeführt, griff das Heer des Königs direkt aus dem Marsch heraus an und überraschte damit die Sachsen, die kaum Zeit fanden, sich zu ordnen. Es entbrannte ein blutiges Gemetzel, dem viele Großen zum Opfer fielen, in dem aber vor allem das sächsische Fußvolk wie Vieh abgeschlachtet wurde. Bei Sonnenuntergang hatte der König den vollständigen Sieg errungen, er konnte triumphieren. Als die sächsischen Großen sich dann noch am 25. Oktober der Gnade Heinrichs IV. unterwarfen, schien seine Machtfülle grenzenlos und seine Autorität im Reich für immer gefestigt zu sein.

Aber es war ein trügerischer Sieg. Gerade diese Jahre von 1065 bis 1075 haben die Frage nach der Zuordnung von König und Reich, nach der Stellung und Funktion des Königs im Verfassungsgefüge und im Wandel des fürstlichen und adligen Herrschaftsverständnisses mit größter Schärfe in das Blickfeld gerückt. Sie wirken wie die »Wende« der Salierzeit (Odilo Engels). Wie konnte ein König seinen Aufgaben in der Friedens- und Rechtswahrung noch nachkommen, wenn seine Herrschaftsführung in weiten Teilen des Reiches immer heftiger abgelehnt wurde? Nach der Herrscheridee Heinrichs IV. dagegen mußten die Widersacher und Aufrührer mit Gewalt niedergezwungen werden, denn Ansehen von König und Reich waren in seinen Augen davon abhängig. Die geistlichen und weltlichen Fürsten erkannten zwar bald, daß sich diese Überzeugung im Grunde auch gegen sie richten mußte, aber sie waren dennoch 1075 zum großen Teil noch einmal bereit, den König zu unterstützen, weil auch ihr eigenes Herrschaftsverständnis die Anerkennung herrscherlicher Autorität und den Gehorsam der »Untertanen« verlangte. Das eigenmächtige Wüten der sächsischen Bauern auf der Harzburg hatte sie zutiefst beunruhigt, und auch die im selben Jahr von Erzbischof Anno II. von Köln niedergeschlagene Empörung seiner Bürger schien den Fürsten hartes Durchgreifen zu rechtfertigen. Sogleich nach dem Sieg an der Unstrut stieg freilich der Zweifel wieder in ihnen auf, ob sie damit dem Reich, also sich selbst, einen Dienst erwiesen hätten (*minimo rei publicae emolimento*, Lampert von Hersfeld). Der Kampf für den König war nicht mehr unbedingt auch eine Leistung für das Reich. Im Grunde war damit die Entscheidung schon gegen den Salier und seine als Tyrannis empfundene Herrschaftsführung gefallen, bevor die Reformkirche nachstieß.

Die Wahl des Gegenkönigs Rudolf von Rheinfelden durch die Fürsten zwei Jahre später war, so zeigt sich daran, längst eingeleitet und darf keineswegs nur als eine Folge der Absetzung Heinrichs IV. 1076 durch den Reformpapst Gregor VII. verstanden werden. Manche Entscheidung mag dadurch beschleunigt worden sein, aber der Gegenkönig wurde 1077 schließlich sogar ohne die Einwilligung, ja trotz der Anwesenheit seiner Legaten gegen den Willen des Papstes erhoben – die Kraft für den Widerstand kam aus anderer Quelle. Lampert von Hersfeld legt Otto von Northeim die entscheidenden Worte dazu in den Mund: »Dadurch unterscheide sich ein König von einem Tyrannen, daß dieser mit Gewalt und Grausamkeit gegen den Willen der Betroffenen Gehorsam erpresse, ein König dagegen nach Recht und Brauch der Vorfahren seine Untertanen mäßige und anordne, was zu tun sei« (Jahresbericht 1076). Man wollte einen König, der als unparteiischer und uneigennütziger Schiedsrichter gemäß den Rechts- und Ordnungsvorstellungen des Volkes Streit und Unfrieden im Reich zu schlichten vermochte, und man wählte Rudolf zum »gerechten König, Lenker und Schützer des ganzen Reiches« (*in iustum regem, rectorem et defensorem totius regni*, Berthold, Annalen zu 1077). Der Salier aber hatte eine Königsherrschaft weitergeführt, die auf eine hierarchische Umgestaltung der Reichsstruktur abzielte, die demgemäß die königliche Herrschafts- und Befehlsgewalt betonte und die unantastbare Autorität aus der Stellvertreterschaft Gottes und aus dem Recht der Dynastie schöpfte. Er hatte damit an das Programm seines Vaters nahtlos angeknüpft, aber die allgemeine Entwicklung in der Reichsverfassung war inzwischen so weit, daß man diesen Anspruch nicht mehr länger ertragen wollte.

Vor allem den Anspruch auf immerwährende Verankerung des ewigen, in Gott begründeten Königtums in der salischen Dynastie wollte man ausschalten. Der Gedanke, daß der bruchlose Weiterbestand des Königtums in einer Dynastie für die Reichseinheit segensvoll sei, trat nun bei den Fürsten zurück hinter die Vorstellung, daß für das Wohl des Reiches der zur Regierung am besten Geeignete von ihnen frei zu wählen sei. Die Wahl durch die Großen des Reiches hatte es zwar immer gegeben, aber wenn ein König Söhne hinterließ, war man dabei an die Kraft des königlichen Geblüts (*stirps regia*) gebunden, die gerade von den Saliern so stark ausgebildet worden war. Sicherlich auch beeinflußt von der in der Kirche nun zunehmenden Forderung nach kanonischer und freier Wahl bei der Besetzung geistlicher Ämter, wollte man bei der Erhebung des Gegenkönigs am 15. März 1077 in Forchheim diese Frage grundsätzlich regeln. Dort hatten sich unter anderen die süddeutschen Herzöge Rudolf von Schwaben (»von Rheinfelden«), Welf IV. von Bayern und Berthold von Kärnten, die Erzbischöfe Siegfried von Mainz, Gebhard von Salzburg und Werner von Magdeburg versammelt, und auch päpstliche Legaten waren anwesend. Aus Brunos »Buch vom Sachsenkrieg« erfahren wir dazu: »Auch das wurde unter Zustimmung aller gebilligt und durch die Autorität des Papstes bestätigt, daß die königliche Gewalt niemandem, wie es bisher Brauch gewesen war, als Erbe zufallen sollte. Vielmehr solle der Sohn des Königs, auch wenn er noch so würdig sei, eher durch spontane Wahl als durch ein Nachfolgerecht König werden. Wenn der Sohn des Königs aber nicht würdig sei oder das Volk ihn nicht wolle, so solle es in der Macht des Volkes stehen, den zum König zu machen, den es wolle« (cap. 91). Mit dem neuen König hatten die Fürsten also auch ein neues »Grundsatzprogramm« aufgestellt, das ihrer Vorstellung von ihrer Rolle im Reich entsprach und das in scharfem Widerspruch zur salischen Königsidee stand.

Die Wirkkraft dieser Idee der freien Königswahl war beträchtlich, und schon der Übergang der Königsherrschaft auf den letzten Salier, Heinrich V., war, wie noch zu zeigen sein wird, davon beeinflußt. Vor allem in der Königswahl von 1125, als der Herzog Friedrich II. von Schwaben – über seine Mutter Agnes ein Salier – ganz im Sinne des salischen Dynastiegedankens auf sein Nachfolgerecht pochte, setzten sich die – vor allem von den Bischöfen verfochtenen – Prinzipien der freien Wahl durch. Heinrich IV. selbst konnte sich freilich durch sein Kriegsglück dieser tödlichen Gefahr für die salische Dynastie noch erwehren. Zwischen ihm und Rudolf kam es zu mehreren Gefechten, bis sie sich am 15. Oktober 1080 schließlich an der Elster zum Entscheidungskampf gegenüberstanden. Unter der überlegenen Führung Ottos von Northeim blieb Rudolfs Heer zwar siegreich, aber dem Gegenkönig selbst wurde im Kampf die rechte Hand abgeschlagen. An dieser Verwundung starb er schon einen Tag später. In weiten Kreisen wurde dieses Schicksal als Gottesurteil aufgefaßt, und so berichtet auch die Lebensbeschreibung Heinrichs IV. (*Vita Henrici IV.*): »Dies war eine gewichtige Lehre, daß niemand sich gegen seinen Herrn erheben darf. Denn Rudolf empfing durch seine abgehauene Rechte die gerechte Strafe für den Meineid, da er sich nicht gescheut hatte, den Treueid, den er seinem Herrn und König geschworen hatte, zu brechen, und gleichsam als hätte er nicht genügend Todeswunden erhalten, traf ihn auch noch die Strafe an diesem Glied, damit durch die Strafe die Schuld offenbar werde« (cap. 4). Aber der Kampf des Saliers mit den Gegnern war damit nicht beendet und prägte in unterschiedlicher Heftigkeit die Herrschaft Heinrichs IV. bis zu seinem Ende.

Daß auch in der Entwicklung der Kirche in den siebziger Jahren ein Stand erreicht war, der auf eine Konfrontation mit dem salischen König zulief, ist in der Forschung ausgiebig behandelt worden. Im Unterschied zu seinem Vater hat Heinrich IV. die Verbindung zu den Kirchenreformern wenig gepflegt, was ihm immer wieder als Unvermögen angelastet wird. Aber man wird dabei doch auch berücksichtigen müssen, daß sich die Hierarchievorstellungen bei den Reformern schon in den Jahren der Regentschaft, wie geschildert, erheblich geändert hatten und der König für sie seinen Vorrang in der Kirche längst eingebüßt hatte. Ihre Sorge für das Seelenheil der Menschen, ihr Bemühen um eine bestmögliche pastorale Seelsorge und um Befolgung des Auftrags Christi an die Bischöfe und Priester verlangte nach höheren Autoritäten. Die göttlichen Gesetze waren in ihren Augen im kanonischen Recht, also den Konzilsbeschlüssen, in den Väterschriften und päpstlichen Entscheidungen (Dekretalen) niedergelegt. Konzilsbeschlüsse und päpstliche Dekretalen besaßen demnach universale Gültigkeit, aber in den Fällen, in denen sich in den kirchlichen Bestimmungen Widersprüche fänden, habe die päpstliche Entscheidung die höhere Autorität. So legte es schon Petrus Damiani dar, der daraus folgerte, daß dem Papst deshalb unbedingter Gehorsam zu leisten sei. Der kirchliche Heilsauftrag war in letzter Konsequenz nur über dieses Gehorsamsgebot zu erfüllen.

Papst Leo IX. schon hatte auf der Grundlage dieser Überzeugung, so war zu sehen, eine so intensive, in Bistümer und Kirchen eingreifende jurisdiktionelle, kirchenpolitische und auch politische Wirksamkeit entfaltet, wie sie bis dahin unbekannt war. Die oberste Autorität des Papstes in der universalen Kirche und der Gehorsam ihr gegenüber wurden gleichsam erstmals eingeübt. Zu seinem Reformerkreis zählte bereits Hildebrand, der von seiner Persönlichkeit her wohl tatkräftigste Verfechter der Reformideen (Rudolf Schieffer). Um 1020/25 wahrscheinlich in Soana, in der südlichen Toskana, geboren, hatte er in dem auf dem römischen Aventin gelegenen Marienkloster die Profeß abgelegt und dort das geistige Erbe der klösterlichen Erneuerung in sich aufgenommen. Bald gehörte er zur engsten Umgebung der Reformpäpste, und unter Papst Nikolaus II. (1058/59–1061) war sein Einfluß bereits so gestiegen, daß der Spruch umging: »Hildebrand füttert seinen Nikolaus im

Lateran wie einen Esel im Stall.« Auf der Lateransynode von 1059 trat er als Wortführer einer tiefgreifenden Klerusreform auf und forderte die Rückkehr der Kirche zu den Lebensformen der *ecclesia primitiva*, der Urkirche also, wie sie von Christus selbst und den Jüngern geformt worden war, oder besser: wie man sich die urchristliche Gemeinschaft im 11. Jahrhundert vorstellte. Die Entscheidungskraft und das außerordentliche Sendungsbewußtsein Hildebrands wurden schon von Petrus Damiani empfunden, der in einem Brief bemerkte: »Er fährt mich an wie ein wütender Nordwind mit stürmischem Hauch« (Epist. 1, 16 – Migne PL 144, Sp. 236B, Reindel Nr. 107).

Hildebrand war 1073 als Gregor VII. zum Papst erhoben worden – nicht ganz den Regeln entsprechend, wie ihm seine Gegner später vorwarfen –, und sein Pontifikat wurde wohl der bedeutendste der ganzen Papstgeschichte. Mit unerbittlicher Strenge führte er den Kampf gegen Simonie und verheiratete Priester (Nikolaitismus) weiter und befahl den Bischöfen die Durchführung seiner Vorschriften. Das Verbot der Priesterehe war kirchenrechtlich nicht neu, aber unterhalb der Bischofsebene war es wenig beachtet worden. Gregor VII. ordnete nun rigoros an, »daß entsprechend den Bestimmungen der alten Kirchengesetze die Priester keine Frauen haben dürften, daß die Verheirateten ihre Frauen entlassen müßten oder andernfalls selbst abgesetzt werden, daß überhaupt niemand mehr zum Priesteramt zugelassen werden dürfe, der sich nicht für alle Zeit zur Enthaltsamkeit und zum ehelosen Leben bekenne« (Lampert von Hersfeld, Jahresbericht 1074). Auch im Reich wurde man damit konfrontiert, und Erzbischof Siegfried von Mainz, der weisungsgemäß die Anordnungen auf einer Provinzialsynode in Erfurt 1074 an seine Suffraganbischöfe weitergab, mußte auf deren erregten Protest hin erkennen, »daß es schwere Mühe kosten würde, die seit so langer Zeit eingewurzelte Gewohnheit des Zusammenlebens von Priestern mit Frauen auszurotten« (ebd.). Aber auch die sonstigen Zurechtweisungen des Papstes und die Forderung nach unbedingtem Gehorsam erschienen vielen Reichsbischöfen zunächst als unerträglich. Vielzitiert ist der Satz, den der Erzbischof Liemar von Hamburg-Bremen (1072–1101) im Winter 1074/75 an den Bischof Hezilo von Hildesheim über Gregor VII. schrieb: »Dieser gefährliche Mensch will den Bischöfen, so wie Gutsverwaltern, nach Gutdünken befehlen, und wenn sie nicht alles genau ausführen, müssen sie nach Rom kommen, oder sie werden ohne Gerichtsurteil einfach vom Amt suspendiert« (Erdmann, Briefsammlungen, Nr. 15). Und im Reich ging schon bald das Bild von Hildebrand um, der die Flammen der Hölle um sich schleudere.

In seinem Verhalten gegenüber Heinrich IV. zeigte sich Gregor VII. dagegen anfangs erstaunlich geduldig. Er richtete eine Reihe von Ermahnungen an ihn, in denen er die Lebensweise des Königs allgemein oder seine Entscheidungen bei Bistumsbesetzungen oder bestimmten Bischöfen gegenüber tadelte. Die Lage verschärfte sich, als Heinrich IV. sich bei der Besetzung des Erzbistums Mailand unnachgiebig zeigte und Gregor VII. sich auf der Fastensynode im Frühjahr 1075 veranlaßt sah, fünf von Heinrichs Räten zu bannen. In seinem Schreiben vom 8. Dezember 1075 erhob er heftige Vorwürfe gegen den König. Schon im Eingangssatz heißt es drohend: »Bischof Gregor, Knecht der Knechte Gottes, sendet König Heinrich Gruß und apostolischen Segen, vorausgesetzt, dieser gehorcht dem Papst, wie es einem christlichen König ziemt!« (Register III, 10). Und weiter hielt er ihm vor: »Du solltest den Leiter der Kirche gebührender behandeln. Falls du zu den Schafen des Herrn gehörst, bis du ihm nämlich durch das Wort und die Macht des Herrn übergeben, daß er dich weide, als ihm Christus sagte: Petrus, weide meine Schafe! (...) Da wir auf dessen Sitz und in dessen Apostelamt (...) nach dem Willen Gottes die Vertretung seiner Gewalt wahrnehmen, empfängt in Wirklichkeit er, Christus selbst, was du uns schriftlich oder mündlich zukommen läßt! (...) Deshalb mußt du dich vorsehen, daß in deinen Worten und Botschaften an uns kein willentlicher Ungehorsam sich findet und du (...) nicht uns, sondern dem allmächtigen Gott damit die schuldige Ehrerbietung verweigerst!« Diese Worte waren deutlich: Christus selbst handelt und entscheidet allein durch den Papst, der König aber war damit von der Gottunmittelbarkeit abgeschnitten.

Solche Vorstellungen waren für Heinrich IV. ungeheuerlich, und als das Schreiben Anfang 1076 an den Königshof in Worms gelangte, wo sich auch zahlreiche Bischöfe versammelt hatten, da war der König leicht bereit, ihre Aktion der Gehorsamsaufkündigung gegenüber dem Papst zu unterstützen. Der päpstliche Brief war zwar kaum der entscheidende Auslöser für das Absageschreiben der Bischöfe (Uta-Renate Blumenthal), aber er rief nochmal für einen Augenblick – zum letzten Mal – den Gedanken der engen Interessengemeinschaft von König und Reichskirche auf der Wormser Versammlung ins Leben. Heinrich IV., durch seinen Sieg über die Sachsen in seinem Selbstbewußtsein gestärkt, sah sich aufgerufen, den Papst in die Schranken zu weisen und vor allem seine oberste Schutzgewalt im Reich zur Geltung zu bringen und die durch den Papst eingeleitete »Verknechtung« der Bischöfe abzuwehren. Gregor habe unerhörte Neuerungen in der Kirche eingeführt, die Bischöfe unterdrückt, das Bischofsamt entwürdigt und sich ungebührliche Rechte über die Bischöfe angemaßt, so lauteten die Vorwürfe der 26 Bischöfe, die mit ihrem Brief vom 24. Januar 1076 deshalb dem Papst den Gehorsam aufkündigten: »Für keinen von uns wirst du künftig als Papst gelten« (*tu quoque nulli nostrum amodo eris apostolicus*, Erdmann, Briefe Heinrichs IV., Anhang A). Und ganz entsprechend warf Heinrich IV. in seinem eigenen Schreiben Gregor VII. vor, dieser habe nicht nur die ererbte königliche Würde mißachtet, sondern auch sich nicht gescheut, sogar an die verehrungswürdigen Bischöfe Hand anzulegen und sie gegen göttliches und menschliches Recht mit den hochmütigsten Beleidigungen und bittersten Schmähungen zu traktieren. Ihrem Spruch stimme auch er zu und befehle dem Papst, von seinem Thron herabzusteigen (ebd. Nr. 11). Er kam damit seiner königlichen Pflicht nach, die *libertas* der Bischöfe zu schützen, ja er hätte seine Autorität selbst untergraben, hätte er sich dem versagt. Für sein Handeln von 1076 gab es kaum eine Alternative.

Und doch löste er damit einen für ihn von vornherein aussichtslosen Kampf um den höchsten irdischen Rang aus. Denn als Papst Gregor VII. auf der Fastensynode im Februar 1076 mit der Exkommunikation des Königs antwortete, war sogleich entschieden, daß hinter seiner Argumentation eine höhere Autorität stand. Aus der Überzeugung des bis zum 6. Jahrhundert zurückreichenden päpstlichen Rechtsanspruchs *prima sedes a nemine iudicatur* (»Das höchste kirchliche Amt kann von niemandem gerichtet werden«) heraus und aus dem Bewußtsein, daß jeder ein Häretiker sei, der sich nicht mit der römischen, auf Petrus gegründeten Kirche in Übereinstimmung befinde (*Dictatus Papae*, Satz 19 und 26), schöpfte er die Kraft für sein Handeln. Die Bannsentenz gegen den König kleidete er besonders wirkungsvoll in die Form eines Gebets an den heiligen Petrus, den Apostelfürsten, an den er die Worte richtete: »Daher glaube ich, daß es dir in deiner Gnade – und nicht um meiner Werke willen – gefallen hat und noch gefällt, daß das christliche Volk, das dir ganz besonders anvertraut ist, mir gehorcht, weil es auch mir als deinem Stellvertreter ebenso anvertraut ist, und daß mir um deinetwillen von Gott Gewalt gegeben ist, zu binden und zu lösen, im Himmel und auf Erden. In dieser festen Zuversicht also, zur Ehre und zum Schutz deiner Kirche, im Namen des allmächtigen Gottes, des Vaters, des Sohnes und des Heiligen Geistes, kraft deiner Gewalt und Vollmacht spreche ich dem König Heinrich, des Kaisers Heinrich Sohn, der sich gegen deine Kirche mit unerhörtem Hochmut erhoben hat, die Herrschaft über Deutschland und Italien ab, und ich löse alle Christen vom Eid, den sie ihm geleistet haben oder noch leisten werden, und ich untersage, ihm in Zukunft als König zu dienen. (...) Und weil er es verschmäht hat, wie ein Christ zu gehorchen, und nicht zu Gott, den er verlassen hat, wie ein Christ zurückgekehrt ist, (...) binde ich ihn als dein Stellvertreter mit der Fessel des Fluches ...« (Register III, 6 und III, 10a).

Das waren Worte aus einer anderen Ebene, als die der Bischöfe und des Königs, Worte, die aus der tiefsten Überzeugung von der höchsten Verantwortung für die Christenheit und von der alleinigen Wahrheit der Gesetze Gottes sprachen und in prophetischer Durchsetzungskraft alle Vorwürfe und jeden Widerspruch gegen die höchste Autorität des Papstes auf Erden aus dem Weg räumten. Sogar einem dem König geleisteten Treueid wurde die päpstliche Entscheidung übergeordnet, ein Anspruch, der in vielen Streitschriften des späteren 11. Jahrhunderts überaus heftig und kontrovers diskutiert wurde (Tilman Struve). Für die Anhänger der königlichen Partei war damit jeder Rechtsordnung der Boden entzogen, und der Hofhistoriograph (Petrus) Crassus hat 1083/84 in seiner »Verteidigung König Heinrichs IV.« *(Defensio Heinrici IV. regis)* schon die Vision eines neuen Menschengeschlechts skizziert, »das von der Treue, der Gerechtigkeit und der Wahrhaftigkeit und all den anderen Tugenden, die den Seelen zum Heile gereichen, so sehr abirrt, daß es diese Werte entweder überhaupt nicht kennt, oder, falls es von ihnen weiß, sie ihm verhaßt sind« (cap. 1). Für die Reformer dagegen war allein die vom Papst vertretene göttliche Wahrheit das Maß und die Richtschnur aller Dinge.

Die Absetzung und Bannung des Königs durch den Papst hat die Zeitgenossen tief bewegt, denn ein solcher Vorgang war bis dahin nicht denkbar gewesen. Die ungeheure Wirkung faßte der Reformer Bonizo von Sutri 1085/86 in die Worte: »Als die Nachricht vom Bann über den König zu den Ohren des Volkes gelangte, da erzitterte unser ganzer römischer Erdkreis!« (*Liber ad amicum*, Buch 8) Nun wurde allen bewußt, daß sich das Ordnungsgefüge ihrer Welt tiefgreifend verändert hatte. Und nun stellte sich auch rasch heraus, daß die Aktionsgemeinschaft von König und Bischöfen in Worms nicht mehr tragfähig war. Schon nach kurzer Zeit suchten viele der geistlichen Fürsten die Versöhnung mit Gregor VII., eine zweite Gruppe bezog eine abwartende Haltung, und nur eine kleine Gruppe harrte beim König aus. Dieser rasche Abfall der Bischöfe von Heinrich IV. ist in der Forschung immer wieder mit Erstaunen registriert und untersucht worden (Josef Fleckenstein). Bei der Besetzung der Bischofsstühle hatte der König offenbar nicht immer eine glückliche Hand gehabt, und manche seiner Bischöfe waren nicht gerade von glänzendem Format.

Der tiefere Grund ist aber darin zu sehen, daß ganz entsprechende Prinzipien, wie sie für die Begründung des päpstlichen Primats wirksam wurden, auch zunehmend das hierarchische und geistliche Amtsverständnis vieler Bischöfe selbst bestimmten. Und der Gedanke des geistlichen Vorrangs vor dem weltlichen konnte von ihnen ernstlich nicht bekämpft werden. Sie zögerten daher nicht lange, den Primat des Papstes und dessen Autorität anzuerkennen, weil diese Spitzenstellung im Grunde auch ihrem eigenen, neuen Ordnungsdenken entsprach. Das hierarchisch-episkopale Prinzip, das hat die Forschung inzwischen sehr deutlich gemacht (Hermann Jakobs), wurde durch die gregorianische Kirchenreform letztlich gefördert; die scheinbar dagegensprechende Gewährung des neuartigen päpstlichen Schutzes für die Reformklöster (*libertas Romana*) – womit die bischöfliche Zuständigkeit verdrängt wurde – richtete sich vor allem auf Bistümer, deren Bischöfe sich der reformpäpstlichen Autorität widersetzten. Im übrigen sollte sich rasch herausstellen, daß die Berufung auf die primatiale päpstliche Autorität (*auctoritas sancti Petri*), wie erwähnt, für die Bischöfe ein schlagkräftiges Instrument ihrer Amtsführung werden konnte.

Die königliche Partei war somit schon im Sommer 1076 zu einem kleinen Rest zusammengeschmolzen, und Mitte Oktober trat in Trebur eine Fürstenversammlung zusammen, um über das weitere Schicksal des Reiches und des gebannten Königs zu beraten. Dem auf der anderen Rheinseite in Oppenheim wartenden König teilte man schließlich mit, er müsse sich bis zum Jahrestag der Exkommunikation vom päpstlichen Bann befreien, wenn er die Krone zurückgewinnen wolle. Wieder ging der entscheidende Druck von den Fürsten aus und zwang den Salier zum Gang nach Canossa im Winter von 1076 auf 1077. Dort, auf der Burg der Markgräfin Mathilde von Tuszien am Nordhang des Apennin, befand sich damals Papst Gregor VII. Nach einer geradezu lebensgefährlichen Überquerung des vereisten Alpenpasses Mont Cenis stand Heinrich am 25. Januar 1077 im härenen Büßergewand und barfuß vor dem inneren Burgtor von Canossa und begann unter Tränen seine öffentliche Buße. Nach drei Tagen hatte er den Widerstand des Papstes gebrochen. »Er ließ nicht eher ab«, so schilderte Gregor VII. selbst in einem Brief an die deutschen Fürsten die Vorgänge, »unter vielen Tränen Hilfe und Trost des apostolischen Erbarmens zu erflehen, als bis er alle, die dort anwesend waren und zu denen diese Kunde gelangte, zu solcher Barmherzigkeit und solchem Mitleid bewog, daß sich alle unter vielen Bitten und Tränen für ihn verwandten und sich über die ungewohnte Härte unserer Gesinnung wunderten. Einige klagten sogar, in uns sei nicht die Festigkeit apostolischer Strenge, sondern gewissermaßen die Grausamkeit tyrannischer Wildheit« (Register IV, 12). Auch Mathilde von Tuszien legte Fürsprache für ihn ein (Tafel 14). Da endlich löste ihn der Papst vom Bann und nahm ihn wieder in die Gemeinschaft der Kirche auf.

Wie ist dieser Büßergang nach Canossa zu bewerten? War er die Unterwerfung der obersten weltlichen Gewalt unter die höchste geistliche Autorität? Bedeutete er die Anerkennung des päpstlichen Vorrangs vor dem Königtum? Im Bewußtsein des Saliers mit ziemlicher Sicherheit nicht! Es war vor allem ein taktischer Schachzug, um sich der drohenden Niederlage gegen die Fürsten zu erwehren, wie dies schon in seiner Vita von 1106 dargestellt wird: »Als Heinrich erkannte, wie sehr er in Bedrängnis geraten war, faßte er in aller Heimlichkeit einen schlauen Plan. Plötzlich und unerwartet reiste er dem Papst entgegen und erreichte mit einem Schlag zwei Dinge: er empfing die Lösung vom Bann und unterband durch sein persönliches Dazwischentreten die für ihn bedrohliche Zusammenkunft des Papstes mit seinen Widersachern« (cap. 3). Ganz in diesem Sinne hat die Forschung der letzten Jahre herausgestellt, daß Heinrich IV. auch im »Unterwerfungsakt« zu keinem Zeitpunkt »die päpstliche Aberkennung seines Königtums oder gar die Lösung der ihm Verpflichteten von ihrem Treueid anerkannt« hat (Gerd Tellenbach, S. 193) und damals auch an dem Königsrecht festhielt, einen Eid nicht persönlich ablegen zu müssen (Werner Goez). Heinrichs viel gefährlicherer Gegner in der politischen Realität waren die Fürsten, die, wie sich rasch herausstellte, ihn auch trotz der Lösung vom Bann nicht mehr als König akzeptieren wollten, sondern am 15. März 1077, wie geschildert, zur Wahl des Gegenkönigs schritten.

Militärisch konnte sich Heinrich IV., im ganzen gesehen, sowohl gegen seine Widersacher im Königtum – der 1081 gewählte Gegenkönig Hermann von Salm († 1088) aus dem Haus der Luxemburger blieb weitgehend bedeutungslos – wie auch gegen den großen Reformpapst nach jahrelangen Kämpfen durchsetzen. Dem Ansehen Gregors VII. schadete es zudem, daß er nach der erneuten Bannung des Saliers 1080 dessen Untergang bis zum Fest Petri Kettenfeier am 1. August desselben Jahres prophezeite und sich dazu verstieg, zu seiner eigenen Vertreibung vom Papststuhl aufzufordern, wenn sich seine Prophezeiung nicht erfüllen sollte. Ein Teil der deutschen Bischöfe war schließlich bereit, auf der Synode in Brixen im Juni 1080 einen (Gegen-)Papst zu wählen. Die Wahl fiel auf Wibert, seit 1072 Erzbischof von Ravenna, der sich als Papst Clemens III. nannte. Mit diesem Namen knüpfte er an Clemens II. an, den Papst also, den einst Heinrich III. 1046 eingesetzt hatte, um das Papsttum aus den Wirren, in die es geraten war, zu befreien. Von ihm ließen sich Heinrich IV. und seine Gemahlin Bertha am Ostersonntag des Jahres 1084 in Rom, wo sich Gregor VII. in der Engelsburg verschanzt hatte, zum Kaiser und zur Kaiserin krönen. Als nach dem Abzug des deutschen Heeres der Normannenfürst Robert Guiskard mit seinen Leuten auf den Hilferuf Gregors VII. hin am 28. Mai die Stadt Rom fürchterlich verwüstete, konnte sich auch der Reformpapst dort nicht mehr halten und zog mit Robert nach Salerno, wo er ein Jahr später, am 25. Mai 1085, starb.

Trotz dieser äußeren Erfolge konnte der Salier nicht verhindern, daß sich die Ideen und Einstellungen der gregorianischen Reform unaufhaltsam ausbreiteten. Bischöfe wie Altmann von Passau (1065–1091), Gebhard von Salzburg (1060–1088) oder Burchard II. von Halberstadt (1059–1088) waren feste Stützen und besondere Förderer der Klerus- und Mönchsreform. Aber auch im Adel griff der Reformgedanke immer weiter um sich und führte, vor allem in Schwaben, aber auch in Sachsen, bald zu einer engen Verbindung von adlig-fürstlicher Opposition und kirchlicher Reformbewegung. Die Kraft des Widerstands wurde gleichsam verdoppelt und richtete sich sowohl gegen den weltlichen Tyrannen wie auch gegen den Feind Gottes und der Kirche: den Antichrist. Vor allem die »jungcluniazensische« Mönchsreform mit bedeutenden Zentren in Hirsau (1076/79) und St. Blasien (1072), die von Heinrich IV. anfangs keineswegs behindert worden war und die sich wie eine Welle, vor allem im südwestdeutschen Raum, ausbreitete, richtete ihre Spitze immer stärker gegen den Salier und seine Anhänger. Dadurch, daß man sich den Schutz vom Reformpapst erteilen ließ (*libertas Romana*) und die Reformklöster dem hl. Petrus in Rom übertragen wurden (*traditio Romana*), mißachtete man die bislang höchste Schutzautorität des Königs – ein weiteres Beispiel für den Autoritätenwandel dieser Zeit. Als höhere »Freiheit« galt nun diejenige ohne Laien, also auch ohne König, dem sogar das Kontrollrecht über den Klostervogt abgesprochen werden sollte. Die Kämpfe mit den Anhängern des Saliers aber deutete man als Vorboten der Endzeit, denn, wie Gregor VII. an alle seine Getreuen schrieb: »Je näher die Zeit des Antichrist heranrückt, desto mehr kämpft er auf Leben und Tod, die christliche Religion auszulöschen« (Cowdrey, Epistolae vagantes, Nr. 54). Mordend und die Kirchen zerstörend, sah man den Antichrist am Werk (Tafel 15). Der »Reformadel«,

Abb. 21 Unmittelbar von Hirsau aus reformierte Klöster. *Kastl* von Petershausen aus besiedelt (Deutsche Geschichte, Bd. 2, Berlin-Ost 1983, S. 53)

der sich zum Schützer dieser monastischen Reformbewegung aufschwang, der zutiefst erfaßt wurde von der Heilswahrheit der Kirchenreform und sich als *militia sancti Petri* verstand, blieb in Verbindung mit den Reformbischöfen bis zuletzt der erbitterte Gegner des Saliers und hat 1104, wie noch zu sehen sein wird, schließlich den Sturz Heinrichs IV. eingeleitet.

Die Auseinandersetzungen mit den gregorianischen Kirchenreformern, ihre Angriffe auf die Gottunmittelbarkeit des Königs sowie die Infragestellung des dynastischen Nachfolgerechts durch die Fürsten zielten auf die Fundamente der salischen Königsidee und übten auf den salischen König einen nachhaltigen und neuartigen Legitimationszwang aus. Heinrich IV. sah sich schon 1076 veranlaßt, in einem zur propagandistischen Verbreitung im Reich verfaßten Brief dem Papst vorzuwerfen, er wage es, die dem König von Gott verliehene Gewalt wegzunehmen, so als ob Heinrich das Königtum vom Papst empfangen hätte und die Königs- und Kaiserherrschaft in päpstlicher und nicht in Gottes Hand lägen (Erdmann, Briefe Heinrichs IV., Nr. 12). Daß dies eine gotteslästerliche Anmaßung sei, legte Heinrich IV. auch den Kardinälen in einem Brief von 1082 dar: »Gott hat uns von der Wiege an zum König bestellt!« (ebd. Nr. 17).

Der Gedanke des unmittelbaren göttlichen Mandats war der Kernbestand der ideologischen Herrschaftsbegründung am Salierhof (Gottfried Koch). Eine wichtige Rolle spielte dabei Gottschalk von Aachen, der Schreiber zahlreicher Urkunden und Briefe Heinrichs IV. und spätere Propst des Marienstifts in Aachen, schließlich Mönch von Klingenmünster an der Haardt. Er arbeitete vor allem in den Jahren zwischen 1070 und 1085 am Hof und brachte zur Abstützung der salischen Königsidee die Zweigewalten-Lehre des Papstes Gelasius I. (492–496) in die Argumentation ein. Als die Jünger in der Stunde der Entscheidung Christus zwei Schwerter reichten, sagte dieser: »Das genügt« (Lukas 22, 38). Demnach sollte es seinem Willen gemäß ein geistliches und ein weltliches Schwert auf Erden geben; und läge auch die höhere Würdigkeit bei der geistlichen Gewalt, so sei die weltliche grundsätzlich gleichrangig. Diese Zweischwerter-Theorie hatte bis dahin der päpstlichen Argumentation gedient, war aber von Gregor VII. und seinen Publizisten nun aufgegeben worden. Sie bedienten sich anderer Bildvergleiche, wie Sonne und Mond, Gold und Blei, Seele und Körper, um den Vorrang der geistlichen Herrschaft (*sacerdotium*) über die weltliche (*regnum*) zu umschreiben. Sie wollten, so lautete daher auch der Vorwurf Gottschalks, ein einziges Schwert anstelle der beiden setzen, die weltliche Gewalt also der geistlichen einverleiben (Erdmann, Briefe Heinrichs IV., Nr. 13 und 17).

Es ist immerhin bemerkenswert, daß mit der Zweigewalten-Lehre am Hof des Saliers die Eigenständigkeit des Reiches neben der Kirche betont wurde, daß also die bis dahin geltende Vorstellung von der Einheit unter der höchsten Schutzgewalt des Kaisers aufgebrochen wurde. Auch im »Buch über die Bewahrung der Einheit der Kirche« (*Liber de unitate ecclesiae conservanda*), einer zwischen 1091 und 1093 im Kloster Hersfeld verfaßten prokaiserlichen Streitschrift, wird die Kirche in den geistlichen Bereich verwiesen: die Binde- und Lösegewalt des Petrus gelte nur für die Sünden, und die alte gottgewollte Ordnung sei erst dann wiederhergestellt, wenn sich die Kirche auf ihre Hirtensorge beschränke und der königlichen Gewalt die Ordnung der irdischen Dinge überlasse. Die Abgrenzung erfolgt also von den Funktionsbereichen der beiden Gewalten her. Diese Argumentation war aber nur scheinbar ein Festhalten an alten Ordnungsvorstellungen, wie man dies der salischen Partei in der Forschung mitunter vorgeworfen hat. Die Idee eines vom Herrscher verordneten Friedensreiches auf Erden, das Kirche und Welt gleichermaßen umschloß, die Idee also Heinrichs III., war damit längst aufgegeben.

Ein weiterer gedanklicher Schritt in Richtung auf die Abgrenzung der Gewalten war der Versuch, die älteren Rechte des weltlichen Herrschers herauszustellen. Hier bot das Anknüpfen an das römische Kaisertum die entscheidenden Grundlagen: das *regnum* wurde als Fortführung oder als Erneuerung des alten römischen Reiches aufgefaßt (Tilman Struve). In diesem Zusammenhang ist zu beachten, daß man zu dieser Zeit damit begann, in der Geschichtsschreibung die Kaiser von Augustus bis zu den Saliern durchzuzählen und daß der Titel *rex Romanorum* unter Heinrich IV. viel häufiger auftaucht als zuvor, wenn er auch erst unter Heinrich V. regelmäßig gegen den vom Reformpapsttum in abwertender und einschränkender Weise verwendeten Titel *rex Teutonicorum* (»König der Deutschen«) (Eckhard Müller-Mertens) gesetzt wurde. Wieder dient uns das »Buch über die Bewahrung der Einheit der Kirche« als Beispiel. Konstantin, so führt der Verfasser aus, habe durch die Verlegung seiner Residenz nach Konstantinopel die weltliche und geistliche Gewalt geteilt, denn der Papst blieb in Rom. Daraus gehe nicht nur die Priorität des Kaisertums vor dem Papsttum hervor, sondern auch ein grundsätzlicher Vorrang der römischen Kaiser und ihrer Nachfolger gegenüber der Kirche. Die Gewalt (*potestas*) der römischen Kaiser sei deshalb ihrer Herkunft nach völlig unabhängig von der Kirche.

In einem Brief an die Römer aus dem Jahre 1081 (Erdmann, Briefe Heinrichs IV., Nr. 16) leuchtet auch die Idee eines von den Stadtrömern sanktionierten Erbkaisertums auf. Nach der Niederwerfung der wildesten Feinde, so heißt es dort, wolle Heinrich zu den Römern kommen, »um die uns zustehende und erbliche Würde mit euer aller gemeinsamen Zustimmung und Gunst von euch zu empfangen«. Viel grundlegender wurde die Legitimation des salischen Erbrechts vom Hofhistoriographen (Petrus) Crassus in seiner »Verteidigung König Heinrichs IV.« von 1083/1084 entwickelt. Crassus setzte dabei neben dem kanonischen Recht vor allem das römische Recht ein, das er aus dem Codex Iustinianus und den Institutionen zitiert. Das Erbrecht in der Königsherrschaft sei schon im römischen Recht niedergelegt und dürfe einem König ebensowenig entrissen werden wie einem Privatmann – eine Argumentation, die auch äußerst geschickt auf die ausgeprägten erbrechtlichen Vorstellungen der Sachsen anspielte. Zusätzlich gründe die Erbfolge im Königtum auf göttlichem Ratschluß und sei somit auch im kirchlichen Recht verankert.

Wie in einem Brennspiegel bündeln sich alle diese Legitimationsstränge in der salischen Domkirche in Speyer. Seit etwa 1076 wandte sich Heinrich IV. wieder intensiv der Stadt und der Kirche seiner Ahnen zu. Vor allem in den achtziger Jahren machte er ihr zahlreiche und umfangreiche Schenkungen. Zu den schon 1065 übertragenen salischen Klöstern Limburg an der Haardt und St. Lambrecht kamen nun noch die Klöster Kaufungen und Hornbach, das Stift Eschwege und die Propstei

Naumburg, außerdem Besitzungen am Oberrhein, im Remstal, im Nahegau und in Sachsen sowie die Grafschaften im Speyergau und im rechtsrheinisch gegenüberliegenden Gebiet um Forchheim hinzu. In seinen Schenkungsurkunden versäumte er nicht, stets auf das Andenken an seine Vorfahren hinzuweisen, auf Konrad II. und dessen Frau Gisela sowie auf Heinrich III. und mitunter dessen Frau Agnes, die am 14. Dezember 1077 in Rom gestorben war. Bis auf Agnes waren sie alle im Dom zu Speyer bestattet, und sie waren es in seinen Augen, die ihm auf göttliche Anordnung hin das Recht zur Königsherrschaft vermittelt hatten. Die Gegenwart seiner Ahnen in der Saliergrablege in Speyer wurde für Heinrich IV. zu einem zentralen Rechtsgrund seiner Herrschaft.

Auch die direkte göttliche Einsetzung – ohne die Vermittlung der Geistlichkeit, insbesondere ohne die Mittlerschaft des Papstes – sollte an der Speyerer Kirche zum Ausdruck kommen. In über zwanzigjähriger Bauzeit von etwa 1080 bis 1102/1106 wurde der gesamte Ostteil des Domes abgetragen und völlig neu errichtet, wobei die Bauleitung in der Anfangszeit in den Händen Bischof Bennos II. von Osnabrück (1068–1088) lag und später, von 1097–1102, vom königlichen Kapellan Otto, dem späteren Bischof von Bamberg (1102–1139), überwacht wurde (Wolfgang Giese). Bei diesem Bau standen nicht mehr die besondere Formung oder Ausdehnung der Saliergräber entscheidend im Vordergrund, sondern jetzt waren Aussehen und Pracht der gesamten Kirche noch wichtiger geworden. Alles wurde verändert mit dem Ziel, die Mauern in einer bis dahin nicht dagewesenen Kunstfertigkeit durchzugliedern, alle Räume mit Wölbungen zu versehen, die Horizontalen mit prachtvoll ornamentierten Gesimsen zu verzieren und die Masse der Wände durch Bogengänge in der Mauerstärke aufzugliedern. Die Zwerggalerie, ein für die Zukunft wichtiges Stilelement, ist zwar nicht in Speyer erfunden worden, wurde hier aber zum ersten Mal in dieser Weise – die gesamte Kirche umlaufend – zur Vereinheitlichung des Riesenbaus eingesetzt. Damit entstand der berühmte Bau II in Speyer, der Kaiserdom Heinrichs IV., der »mehr als alle Werke der alten Könige Lob und Bewunderung verdient« (*Vita Henrici IV.*, cap. 1) und der die Welt in Erstaunen setzte. Diese einzigartige Prachtkirche, »unsere besondere heilige Kirche von Speyer« (*nostra specialis sancta Spirensis ecclesia*, D H IV. 466), überragte nun alle anderen Kirchen, keine konnte sich mit ihr messen, und die römischen Bauelemente sowie die purpurrote Einfärbung signalisierten den höchsten Rang der Kaiserkirche.

Neben dem Bestreben, sich auf die Legitimationskraft der Ahnengrablege zu stützen, und neben der Idee, das Gottesgnadentum in seiner unmittelbaren Wirksamkeit für das König- und Kaisertum zu dokumentieren, wurde Heinrich IV. schließlich auch durch seine ganz persönliche, tief ausgeprägte Frömmigkeitshaltung und durch die Sorge für sein Seelenheil angetrieben (Karl Schmid). Er stellte sich und sein Schicksal, wie schon 1024 sein Großvater, ganz in den Schutz der heiligen Maria, der Kirchenpatronin von Speyer. Vor allen anderen Heiligen verehrte er Maria, die

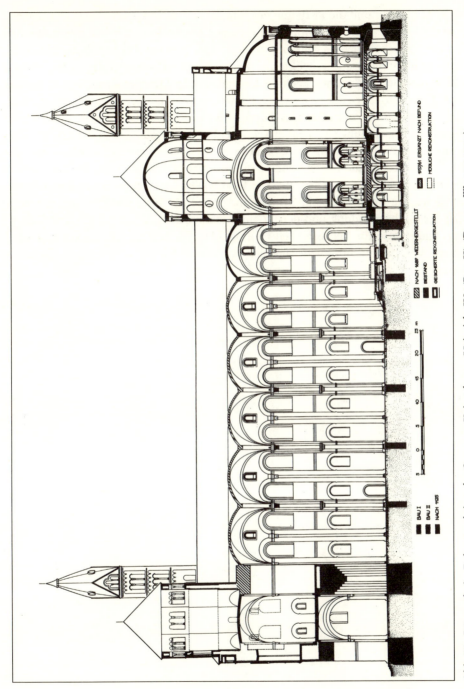

Abb. 22 Längsschnitt-Rekonstruktion des Speyerer Kaiserdomes Heinrichs IV. (Bau II) (D. VON WINTERFELD)

sancta sanctorum und die »Königin der Engel«, wie sie in seinen Urkunden genannt wird (DD H IV. 350, 464, 466). 1080, vor der Entscheidungsschlacht gegen den von den Fürsten erhobenen Gegenkönig Rudolf, legte er seine Zukunft in die Hand der Gottesmutter Maria und schenkte ihr die wichtigen salischen Güter in Waiblingen und Winterbach. »Wenn wir auch die Verdienste aller Heiligen ehren, so müssen wir doch ganz besonders den Schutz jener immerwährenden Jungfrau Maria erflehen, durch die allein sich der Herr aller Dinge aller Gläubigen erbarmt hat«, so lautet die allgemeine Begründung (Arenga) dieser Schenkungsurkunde (D H IV. 325). Sie führt deutlich vor Augen, daß in der Überzeugung des Saliers nur die Gottesmutter die entscheidende Verbindung zwischen Gott und dem Herrscher herstellte. Der Speyerer Dom mit der Grablege der salischen Dynastie und mit seiner Schutzherrin Maria wurde wie nie zuvor nicht nur Symbol und Demonstration, sondern auch rettender Halt für die Begründung und den Weiterbestand des salischen König- und Kaisertums und ebenso für das Seelenheil Heinrichs IV. Die wahren Könige konnten nach diesem Verständnis nur mehr aus der mit dieser Kirche verbundenen Dynastie kommen.

8. KAPITEL

Fürsten als die Häupter des »Staatswesens«

Am 12. Dezember 1104, mitten in den Vorbereitungen für den Feldzug gegen die Sachsen, hat sich Heinrich V., der damals Achtzehnjährige und bereits zum Nachfolger bestimmte Sohn Heinrichs IV., von seinem Vater getrennt und nach Bayern zu einem Kreis Aufständischer begeben; in Regensburg, wo sie sich sammelten, feierte er mit ihnen Weihnachten (Annalen von Hildesheim zu 1104). Diese sollen ihn, wie die *Vita Heinrici IV.* mitteilt, mit vielerlei Listen umgarnt und mit Einflüsterungen verführt haben. Sie könnten nicht verstehen, daß er einen so strengen und harten Vater ertragen könne (*quod tam durum patrem pati posset*), denn damit unterscheide er sich doch in nichts von einem Knecht, wenn er, wie dieser, alles gehorsam erdulde. Wolle er mit der Thronbesteigung bis zum Tod des Vaters warten, würde ihm zweifellos ein anderer zuvorkommen, und dieser würde viele Helfer haben wegen des Unwillens und des Hasses, die gegen seinen Vater herrschten. Dagegen könne er die Stimmen aller erhalten, wenn er nicht zögere, die Herrschaft über das ihm ohnehin schon übertragene Reich auch wirklich auszuüben, vor allem deswegen, weil sein Vater gebannt sei, die Kirche ihn also längst ausgestoßen habe und die Großen des Reiches ihn verworfen hätten (cap. 9).

Heinrich V. setzte sich an die Spitze der Unzufriedenen, und im darauffolgenden Jahr, 1105, zogen sowohl der Vater wie der Sohn ihre Truppen zusammen. Ein entscheidendes Gefecht kam jedoch nicht zustande, und als die Auseinandersetzung auf einem Reichstag in Mainz zu Weihnachten geklärt werden sollte, wandte Heinrich V. eine List an: Er zog dem Vater entgegen, spielte ihm zum Schein Reue und Versöhnungsbereitschaft vor, so daß der Kaiser seinen Sohn unter Tränen an seine Brust gedrückt habe und sein Heer entließ. Auf dem Weiterritt nach Mainz habe Heinrich V. seinem Vater nahegelegt, sich zu seinem Schutz vorerst lieber auf die Burg Böckelheim an der Nahe zu begeben, denn in Mainz hätten sich die Bayern und die Schwaben mit ungeheurer Truppenmacht eingefunden und könnten für den Kaiser eine Bedrohung darstellen. Er, der Sohn, wolle die Gemüter beruhigen. Heinrich IV. ritt also mit einer kleinen Begleitung zur Burg Böckelheim, doch kaum war er dort eingetroffen, wurde er in Gewahrsam genommen und bewacht. Heinrich V. aber, so lesen wir in der *Vita Heinrici IV.* (cap. 10), »kehrte triumphierend über seinen Betrug zu der Mainzer Reichsversammlung zurück, und, als hätte er eine Heldentat vollbracht, brüstete er sich noch damit, wie schlau er seinen Vater gefangengenommen hätte. Da hallte der Reichstag von jubelndem Beifall wider, das

Verbrechen nannten sie Gerechtigkeit, den Betrug Tugend.« Krone, Kreuz und Lanze und die übrigen Reichsinsignien mußte der Kaiser herausgeben, als Gefangener wurde er zu Beginn des Jahres 1106 in die Pfalz Ingelheim geführt und dort zur Abdankung gezwungen. Wieder berichtet die *Vita Heinrici IV.* von den Seufzern und den Tränen des alten Kaisers, der dem Sohn sogar zu Füßen fiel, also ebenso wie einst Konrad II. zum äußersten Mittel der Selbstdemütigung eines Königs griff – er jedoch ohne Erfolg.

Der Kaiser konnte aus der Haft in Ingelheim Ende Januar oder Anfang Februar 1106 entkommen, erreichte auf der Flucht die Stadt Köln, wo ihm die Bürger Schutz anboten, und gelangte von dort nach Lüttich. Er verfaßte eine Reihe von Briefen, an den Abt Hugo von Cluny, an den König Philipp von Frankreich und schließlich an seinen Sohn und an die Reichsfürsten. Darin klagte er über das »Ungeheuerliche des unerhörten Verrats«, über den Bruch des einst vom Sohn geleisteten Eides, sich nicht gegen den Vater zu erheben, und beteuerte, nur zur Rettung seines Lebens auf die Herrschaft verzichtet zu haben. Von Lüttich aus organisierte er den Widerstand, doch bevor es zur Entscheidungsschlacht kam, starb Heinrich IV. am 7. August 1106.

Diese Ereignisse sind auf den ersten Blick dazu angetan, hier geradezu eine Tragödie im Salierhaus und zumindest kaltblütige Machtgier des jungen Saliers anzunehmen. Diese Meinung überwiegt in der Forschung, die zu Beginn unseres Jahrhunderts in der listvollen Entmachtung des Vaters durch den Sohn sogar »die teuflischste Tat der ganzen deutschen Geschichte« gesehen hat (Karl Hampe, S. 74) und die noch in einer der jüngsten biographischen Studien die »skrupellose Brutalität, verborgen unter dem Deckmantel kirchlicher Gesinnung und hinter der Maske eines gewinnenden Äußeren«, bei Heinrich V. herausstellt (Carlo Servatius, S. 140).

Zur Beurteilung dieser Vorgänge wird man freilich nicht übersehen dürfen, daß Heinrich V. nicht der erste war, der sich gegen den Vater erhoben hat. Schon sein Bruder, Konrad, hat denselben Schritt getan. Obwohl am 30. Mai 1087 in Aachen bereits zum Nachfolger im Königsamt gekrönt, war er 1093 in das gegnerische Lager der Kirchenreformer, das damals von Papst Urban II. (1088–1099) angeführt wurde, übergewechselt.

Urban hatte den Kampf gegen den salischen Kaiser von Beginn seines Pontifikats an verschärft, ganz im Sinne der Reformidee Gregors VII., wie er in seiner Wahlanzeige selbst programmatisch formulierte: »Ich trachte danach, voll und ganz seinen Spuren zu folgen. Alles, was er verdammt hat, verdamme auch ich, was er geliebt hat, will auch ich liebend umfassen« (Jaffé / Loewenfeld Nr. 5348). Aber in einem Punkt unterschied er sich dennoch ganz erheblich von seinem Vorbild, denn er darf als der große Pragmatiker unter den Reformpäpsten gelten, der mit klarem Blick für die Realitäten und in diplomatischer Berücksichtigung der jeweiligen Gegebenheiten das Reformprogramm auch umzusetzen vermochte und der Reformkirche endgültig zum Durchbruch verholfen hat (Alfons Becker). In diesem Sinne war er für den salischen Herrscher viel gefährlicher als sein großer Vorgänger. Bezeichnend ist dafür, daß er 1089 die Eheverbindung zwischen der 43jährigen Markgräfin Mathilde von Tuszien und dem achtzehnjährigen Welf V. einfädeln konnte, eine Heirat, die sogar einigen der Gregorianer zu weit ging, mit der aber ein wirkungsvoller Zusammenschluß der antisalischen Parteien nördlich und südlich der Alpen erreicht werden konnte. Und auch die Heirat zwischen dem Kaisersohn Konrad, der sich 1093 die Krone von Italien aufsetzen ließ, und der Maximilla, einer Tochter des normannischen Grafen Roger I. von Sizilien (1061–1101), kam auf Betreiben Papst Urbans II. zustande und zielte auf weitere Festigung der antisalischen Koalitionen.

Über die Motive für den Parteienwechsel des achtzehnjährigen Konrad geben die Quellen wenig Auskunft. Der Verfasser der *Vita Heinrici IV.* (cap. 7) gibt die Schuld der Markgräfin Mathilde, die den jungen Salier »mit süßen Worten« eingefangen habe – »denn wen könnte Weiberlist nicht verführen oder betören?« Aber war Konrad wirklich so leichtfertig, sein bereits beschlossenes und durch die Krönung gefestigtes Mitkönigtum ohne tiefere Gründe aufs Spiel zu setzen? Die Erklärung kann nur darin liegen, daß die von den Kirchenreformern ausgehende Überzeugung, die vom gebannten Kaiser und von seinen Anhängern vorgenommenen Regelungen in der Königsnachfolge seien wirkungslos, doch großen Einfluß auf seinen Sohn ausgeübt hat. Konrad mußte seine Königswürde aufs höchste gefährdet sehen. Für die Reformer aber ergab sich dadurch die Möglichkeit, die salische Königsidee mit ihrer Verankerung der Königsherrschaft in der gottgewollten Erbfolge im Kern zu treffen. Wenn der Sohn des Herrschers diese Legitimation als nicht ausreichend erachtete, dann konnte über diesen Ansatz das salische Dynastiedenken zurückgedrängt werden.

In dieser Situation war es für Heinrich IV. wichtig, für die von ihm nunmehr betriebene Enterbung seines Sohnes die Zustimmung der Fürsten zu erlangen. Er suchte den Ausgleich mit den oppositionellen Gruppen, stellte insbesondere mit Welf V., der sich 1095 von Mathilde wieder getrennt hatte, und dessen Vater einen Ausgleich her und erkannte 1096 Welf IV. wieder in der Herzogswürde von Bayern an. Wahrscheinlich wurde damals dem Welfenhaus sogar die Erblichkeit des bayerischen Herzogtums zugesichert. Auch mit den Zähringern kam eine Versöhnung zustande: Der Staufer Friedrich I. war 1079 von Heinrich IV. nicht nur zum künftigen Schwiegersohn, sondern auch zum Herzog von Schwaben gemacht worden, wogegen die Fürstenopposition zuletzt dem Zähringer Berthold II. das schwäbische Herzogsamt übertragen hatte. 1098 konnte der Kompromiß erreicht werden, daß der Staufer zwar das Herzogtum behielt, der Zähringer aber für seinen Herrschaftsbereich, vergrößert noch durch die umfangreiche Reichsvogtei Zürich, seinen Herzogtitel weiterführen durfte. Es gab damit nurmehr ein verkleinertes Herzogtum Schwaben und daneben einen »Herzog von Zähringen«, ein Titel, der erstmals aus dem Jahre 1100 überliefert ist. Dessen Herzogtum basierte vor allem auf der großräumigen und verdichteten Herrschaft des zähringischen Adelshauses und damit auf einer ganz anderen Rechtsgrundlage als die alten »Stammesherzogtümer«: die weitere Entwicklung der Territorialherzogtümer kündigte sich an.

Auf dem Mainzer Reichstag im Mai 1098 waren die Fürsten dann trotz mancher Bedenken endlich bereit, der Enterbung Konrads zuzustimmen und ihn als künftigen König wieder abzusetzen. Der Kaiser selbst soll dabei mit dem Argument gearbeitet haben, sein Sohn habe nicht dem Vater, sondern der Allgemeinheit Unrecht zugefügt und die Fürsten müßten wenigstens im Interesse des »Staatswesens« (*rei publicae causae*) dagegen einschreiten, wenn jemand durch Gewalt und Verbrechen zur Herrschaft zu gelangen suche (*Vita Heinrici IV.*, cap. 7). Das immer stärker ausgebildete Selbstverständnis der Fürsten, für das Wohl des Reiches Sorge zu tragen und Verantwortung zu entwickeln, wurde also von Heinrich IV. selbst mit ins Kalkül gezogen und geschickt zu seinem Vorteil angesprochen. Und so ließen sich die Fürsten schließlich auch dazu bewegen, den jüngeren Sohn des Kaisers, den 1086 geborenen, also damals zwölfjährigen Heinrich V. als neuen Erben der Königsherrschaft anzuerkennen, der dann am 6. Januar 1099 in Aachen gekrönt wurde. Heinrich IV. aber nahm ihm den Eid ab, sich zu Lebzeiten des Vaters niemals gewaltsam des Reiches oder der väterlichen Güter zu bemächtigen. Dies war der Versuch, dem Eindringen reformkirchlicher und fürstlich-oppositioneller Vorstellungen in das Salierhaus einen Riegel vorzuschieben – letztlich vergebens, wie schon geschildert.

Zunächst allerdings schien sich die Lage für Herrscher, Fürsten und Reich harmonisch zu entwickeln. Mit dem frühzeitigen Tod des älteren Sohnes Konrad am 27. Juli 1101 verschwand die Gefahr eines Bruderzwistes. Heinrich IV. selbst widmete sich verstärkt der Friedensbewegung, die über die Gottesfrieden von Lüttich (1082) und Köln (1083) erstmals das Reichsgebiet erfaßt hatte und die 1093/94 in die Form des Landfriedens einmündete. Diese Friedensgebote beteiligten – anders als noch die Friedensidee Kaiser Heinrichs III. – die Fürsten in maßgeblicher Weise an der Friedenssicherung. Im Reichsfrieden von Mainz von 1103 schlossen sich schließlich die mächtigsten Fürsten – unter ihnen die Herzöge Welf V. von Bayern (1101–1120), Berthold II. von Zähringen (1098–1111) und Friedrich I. von Schwaben (1079–1105) – mit Heinrich IV. zusammen, leisteten einen Eid auf den Frieden im ganzen Reich (*per totum regnum*) und setzten schwere Strafen für Friedensbrecher fest (Elmar Wadle). Wieder ist zu sehen, wie der Salier um die Jahrhundertwende die Entwicklungen und Veränderungen im fürstlichen Herrschaftsverständnis und in ihrem Bestreben nach Mitgestaltung der Reichsordnung stärker als früher berücksichtigte.

Auch mit der Kurie schien sich ein Weg der Annäherung aufzutun, als nach dem Tod Urbans II. am 29. Juli 1099 von den Reformern der Kardinalpresbyter von San Clemente als Paschalis II. zum Nachfolger gewählt wurde und der (Gegen-)Papst,

Clemens III., am 8. September 1100 starb. Vor allem von seiten der Fürsten dürfte nun auf die Wiederherstellung der Kircheneinheit (*reformanda unitas ecclesiastica*) gedrängt worden sein, die auf dem Mainzer Hoftag zu Weihnachten 1100 behandelt wurde. Auch Heinrich IV. schloß sich diesem Wunsch nach Beendigung des Schismas an; er habe sogar vorgehabt, persönlich nach Rom zu reisen, um dort, wie Ekkehard von Aura in seiner Chronik (zum Jahre 1102) berichtet, »seine Sache und die des Papstes nach kanonischem Recht zu erörtern und die Einheit zwischen der königlichen und der priesterlichen Gewalt, die so viele Jahre gespalten war, wiederherzustellen«.

Die bloße Anerkennung seines Papsttums durch den Kaiser genügte Paschalis II. aber keineswegs. Er erblickte die Ursache des Schismas im Streben des Kaisers, durch seinen Anspruch auf die Investitur der hohen geistlichen Amtsträger unrechtmäßigen Einfluß auf die Leitung der Kirche zu gewinnen. Die Investitur durch den König, die 1078 erstmals förmlich von den Kirchenreformern verboten worden war (Rudolf Schieffer), rückte nun mehr und mehr in das Zentrum der Auseinandersetzungen zwischen Kaiser und Papst; der Kampf um die höchste irdische Stellung mündete ein in den eigentlichen »Investiturstreit«. Und hier hatte Paschalis II. eine kompromißlose Haltung eingenommen und eine Rechtssicht entwickelt, die jeden Anspruch des Kaisers ablehnte. Auf der Lateransynode vom März 1102 wurde das Verbot der Laieninvestitur und des Hominiums, also der Lehnsunterwerfung der Bischöfe, erneuert, und der Papst soll hinzugefügt haben: »Da er [Heinrich IV.] nicht aufhörte, das Gewand Christi zu zerreißen, das heißt, die Kirche durch Raub und Brandstiftung zu verwüsten, durch Zügellosigkeit, Meineide und Mord zu beschmutzen, wurde er zuerst von dem seligen Papst Gregor, sodann von dem heiligmäßigen Urban, meinem Vorgänger, wegen seines Ungehorsams exkommuniziert und verurteilt. Auch wir übergaben ihn auf unserer letzten Synode nach dem Urteil der ganzen Kirche auf immer dem Bann. Dies sollen nach unserem Willen alle, besonders diejenigen nördlich der Alpen, wissen, damit sie sich von seiner Sünde fernhalten« (Ekkehard von Aura, Chronik zu 1102).

In der Folgezeit versuchte Paschalis II., die deutschen Fürsten wieder auf seine Seite zu bringen und forderte sie in Briefen auf, von dem »bösen Haupt« (*perverso capiti*) sich abzuwenden und zur rettenden rechtgläubigen Kirche zurückzukehren. Die Wirkung dieser Aufrufe wird man nicht gering veranschlagen dürfen, denn die Kerngruppe der Adligen, die den jungen Heinrich V. Ende 1104 zur Empörung gegen seinen Vater gewinnen konnte, zeichnete sich gerade durch eine besondere Hinwendung zur Kirchen- und Klosterreform aus. Zu ihr gehörten Markgraf Diepold III. von Cham-Vohburg-Nabburg (1099–1146), Graf Berengar I. von Sulzbach (1099–1125) und Graf Otto von Habsberg-Kastl (1102–1112), die Repräsentanten einer weit ausgreifenden, sich über Bayern, Schwaben und Sachsen erstreckenden Reformsippe, die zu den Gründern des hirsauischen Reformklosters Kastl im bayerischen Nordgau gehörten (Karl Bosl). Auch die Gründungen der Reformstifte Berchtesgaden und Baumburg in Bayern sind ihnen zuzurechnen, und schließlich gehörte in diesen Kreis auch der Bischof Gebhard III. von Konstanz (1084–1110), der die reformpäpstlichen Interessen im Reich als Legat zu vertreten hatte. Aus welch tiefer religiöser Überzeugung heraus dieser Reform-Adelskreis handelte, zeigt ein Brief des Pfalzgrafen Friedrich von Sachsen und anderer sächsischer Grafen von Dezember 1104 / Januar 1105 an einen Grafen B., der mit großer Wahrscheinlichkeit identisch ist mit Berengar von Sulzbach und der sich in der engsten Umgebung Heinrichs V. aufgehalten haben muß. Dort heißt es: Man müsse diese Schritte tun, denn »niemand ist in der Sintflut gerettet worden außerhalb der Arche, welche die Gestalt der Kirche trug« (*Nullus salvatus est in diluvio extra archam, quae figuram gerebat ecclesiae*, Jaffé, Bibliotheca 5, Nr. 116). Allein dieser Satz macht schlaglichtartig den religiösen Ernst deutlich, der hinter ihren Aktionen stand. Hier ging es nicht um einfaches Machtkalkül, sondern um ein existenzielles Anliegen: die Rettung der Seelen.

Ob dieses Motiv auch für Heinrich V. selbst von Bedeutung war, ist kaum zu entscheiden. Aber wie einst sein Bruder mußte er befürchten, daß sich eine breite Opposition gegen seinen Vater bilden würde und daß er selbst für sein Thronerbe keine Anerkennung mehr finden würde, wenn er auf dessen Seite bliebe. Er mußte sein Königtum retten, ja noch mehr: er mußte das Königtum der salischen Dynastie retten. Nicht seinen Vater wolle er bekämpfen oder gar töten, so soll er 1105 vor seinen Anhängern gesprochen haben, und es treibe ihn nicht Herrschsucht (*regnandi cupiditas*), sondern es gehe ihm allein darum, die Königsherrschaft als Erbe und Nachfolger in der Hand zu behalten und die väterliche Herrschaft zu verteidigen (*regnum ut heres et successor augusti tenere; me ... paterni regni propugnatorem noveritis*, Ekkehard von Aura, Chronik zu 1105). Diese Quellenstellen, die fast gleichzeitig mit den Ereignissen niedergeschrieben worden sind, deuten an, daß Heinrich V. nichts anderes als den salischen Dynastiegedanken konsequent umgesetzt hat, ja, daß er sich verpflichtet sah, das seiner Dynastie zustehende Recht auf die Königsherrschaft zu verteidigen und festzuhalten. Daß gerade dieses Denken in dem berühmten Salier-Stammbaum (Tafel 1), der wohl 1106/1107 im Umfeld Heinrichs V. entstanden ist, seinen Niederschlag gefunden hat, wurde bereits oben in der Einleitung angesprochen. Beide Brüder, Konrad und Heinrich V., sind hier demonstrativ in die Tradition des salischen Hauses eingebunden, und die Betonung dieser Zuordnung scheint auch der Darstellung Heinrichs IV. mit seinen beiden Söhnen im Evangeliar aus St. Emmeram in Regensburg (Krakau, Bibliothek des Domkapitels) zugrunde zu liegen (Tafel 16), die bei einer solchen Interpretation ebenfalls in diese Zeit, 1105 oder 1106, zu datieren wäre. Zu beachten ist in diesem Zusammenhang auch die Darstellung der »Insignienübergabe« durch Heinrich IV. an seinen Sohn in derselben Ekkehard-Handschrift wie das Salierstemma und aus derselben Zeit

Heinrich IV. kniet vor Mathilde von Tuszien und bittet um Vermittlung in Canossa (links Abt Hugo von Cluny) (Rom, Bibl. Vat. lat. 4922, fol. 49ʳ)

TAFEL 15

INCIPIT EXPLANATIO SUPRA
DICTE STORIE.

Vincet eos et occidet eos.,
Vincet antixps eos qs sedu
xerat ut crederent. Occidet aut
scos qui confessi dni fuerint. Spalit
uero nunc inecclia uincet. qui euan
gelio et legi non credunt. Occidet
aut eos qui xpo credunt. et inpe
nitentia uiuunt. Sic dns meus tio
ait. Tradent uos inpssura. et occident
uos., om eni qui aeccle non consentit.
duo testamenta occidit. Et corpora
eor inplatea ciuitatis magne pro
icientur. Duoru dixit unu corpus.

aliquando autem corpora ut legis
et euglii numeru seruaret. et
aeccle unu corpus ostenderet.,
Corpus non solum de occisis. sed
et de uiuis dicit. Et ante dixit
spicientur. idest. spnentur sicut
scriptu est. Tu uero odisti disci
plina. et proiecisti sermones meos
post te. Inplateis ciuitatis magne
spicientur. idest in medio aeccle
que uocatur spalter sodoma
et egyptus ubi et eor dns cru
cifixus est. Natq; inecclia qua
ihrlm restaurari non potest dno
dicente. Erit ihrlm conculcata

Das Wüten des Antichrist (Paris, Bibl. Nat. ms. lat. 8878, fol. 155ʳ)

TAFEL 16

Heinrich IV. (obere Reihe Mitte) und neben ihm seine beiden Söhne Heinrich V. und Konrad
(untere Reihe: Äbte von St. Emmeram), entstanden wohl 1105/1106
(Evangeliar aus St. Emmeram in Regensburg, jetzt Krakau, Bibliothek des Domkapitels 208, fol. 2ᵛ)

TAFEL 17

Insignienübergang von Heinrich IV. auf Heinrich V. in der Chronik des Ekkehard von Aura (Havelberger Überlieferung, jetzt Staatsbibliothek Berlin, Stiftung Preußischer Kulturbesitz, Cod. lat. 295, fol. 99ʳ), zurückgehend wohl auf eine Vorlage in der Recensio II von 1106/1107

stammend (Tafel 17). Ganz im Gegensatz zu den wirklichen Ereignissen Ende 1105 und Anfang 1106 erweckt das Bild den Eindruck eines einträchtigen »Insignienübergangs« im salischen Herrscherhaus: die Dynastie hatte sich erfolgreich fortgesetzt (Karl Schmid). Daß der junge Salier schon frühzeitig das salische Traditionszentrum Speyer zu kontrollieren suchte, indem er 1105 den Hirsauer Abt Gebhard als Speyerer Bischof einsetzte (1105–1107), fügt sich ebenso in dieses ausgeprägt dynastische Denken. Das Recht des Einzelherrschers, Heinrichs IV., hatte vor dem höheren Recht der salischen Herrscherdynastie und ihres gottgewollten Weiterbestandes zurückzustehen, dies also waren der Kerngedanke und der Beweggrund, von denen Heinrich V. in seiner »Empörung« gegen seinen Vater geleitet war.

Nur vor diesem Hintergrund ist es auch zu verstehen, daß Heinrich V. nach dem Tod seines Vaters sich dem Willen der Fürsten widersetzte. Diese hatten den Leichnam des exkommunizierten Kaisers nahe bei Lüttich eingraben lassen, aber der Sohn hatte kurze Zeit später die Überführung nach Speyer in die noch ungeweihte Afrakapelle angeordnet. So scheinbar ungerührt er zuvor die Bitten des gefangenen Vaters um Mitleid hatte an sich abprallen lassen, so sehr sorgte er nun dafür, dessen Lösung vom Kirchenbann zu erwirken. Dies erreichte er endlich bei seiner Kaiserkrönung in Rom 1111. Nach seiner Rückkehr ließ er seinen Vater im Dom zu Speyer an der Seite seiner Ahnen feierlich bestatten. Den Bürgern von Speyer gewährte er in diesem Zusammenhang am 14. August 1111 das berühmte Privileg, das er, in goldenen Lettern und mit dem kaiserlichen Bild versehen, über dem Speyerer Domportal anbringen ließ (Wibel, Beilage). Für das Seelenheil seines »geliebten Vaters« übertrug er zahlreiche Rechte und Vergünstigungen unter der Bedingung, daß die Bürger von Speyer, und zwar alle, die in der Stadt jetzt und künftig wohnen, woher sie auch kommen mögen und welchen Standes sie seien, am Jahrtag Heinrichs IV. feierlich zusammenkämen, daß sie alle in ihren Händen Kerzen hielten und daß von jedem Haus ein Brot als Almosen für die Armen gegeben werde. Im Tod erhielt Heinrich IV. den ihm zustehenden Platz in der Salierdynastie, und das Gebetsgedächtnis für ihn wurde auf eine neue Stufe gehoben, indem die ganze Stadtgemeinde, eine sozial und wirtschaftlich aufstrebende Gruppe also, zur Salier-Memoria verpflichtet wurde.

Wie Heinrich IV. für die Enterbung seines Sohnes, so benötigte Heinrich V. die Fürsten – und unter ihnen gerade die Reformpartei – zur Anerkennung des Weiterbestandes des salischen Königtums. Auch er hat an das immer deutlicher hervortretende Selbstverständnis der Fürsten als die Vertreter der Reichsinteressen appelliert. Als seine Truppen von denen seines Vaters aus einem Hinterhalt heraus geschlagen worden waren und er militärische Hilfe benötigte, schrieb er Ende März 1106 an die Großen des Reiches: »Diese Schmach trifft nicht nur mich allein: Auch ihr seid damit verachtet worden. Jene Vermessenen wollen eure Entscheidungen nicht anerkennen, nur ihre eigenen Satzungen sollen Geltung haben, kurz, sie wollen, daß der

Schwerpunkt des Reiches (*totum regni pondus*) bei ihnen liege. Den König aber, den ihr eingesetzt habt, wollen sie absetzen, damit keiner eurer Beschlüsse bestehen bleibt. Daher wurde dieses Unrecht weniger mir, als vielmehr dem Reich angetan. Denn der Sturz des Hauptes, und sei es auch des höchsten, ist ein verderblicher Schaden für das Reich, aber er ist wiedergutzumachen. Die Mißachtung der Fürsten dagegen ist der Untergang des Reiches!« (*Vita Heinrici IV.*, cap. 13).

Das waren Worte, die dem steigenden Selbstbewußtsein der Fürsten entgegenkamen, und sie zeigen, daß auch im Bewußtsein des jungen Salierkönigs selbst die Begriffe »Königsherrschaft« und »Reich« mehr und mehr auseinanderfielen. Sein Herrschaftsverständnis schien in den Augen weiter Kreise ihrer Auffassung zu entsprechen, und viele haben wie Ekkehard von Aura große Erwartungen in ihn gesetzt. 1106 oder 1107 widmete dieser dem neuen König die zweite Fassung seiner Chronik, und in seinem Widmungsschreiben heißt es: »In deinen goldenen Zeiten, mein König – mögest du in Ewigkeit leben – sehe ich, Ekkehard, ein unbedeutender und kleiner Mensch, nach jahrelanger Not wieder Erträge (...). Sich aus dem Staub erhebend, wünscht dir der ganze römische Erdkreis von Meer zu Meer, ja die ganze Welt vom Aufgang der Sonne bis zu ihrem Untergang, in unsagbarem Jubel Glück! Die Herzen aller Weisen sind auf dich, den wieder aufgeweckten Sproß Davids, gerichtet. Vor allem aber die Diener Gottes, die überall aus ihren Verstecken kommen, sehen in dir das Licht, das ihnen in der Finsternis aufging.« Man hatte in diesen Tagen völlig übersehen, wie stark Heinrich V. von Anfang an von der salisch-dynastischen Königsidee geleitet war, daß er hierin seinen Vater geradezu noch übertraf. Der Konflikt war also schon in der Begründung seines Königtums angelegt, und durchaus folgerichtig entwickelte sich nach kurzer Zeit der Widerstand der Großen des Reiches, der die Herrschaft des letzten Saliers im Grunde bis zum Ende durchzog. In der Schlußfassung seiner Chronik, kurz nach dem Tod Heinrichs V., vermerkte Ekkehard von Aura schließlich betrübt: »Dieser nahm, wie beschrieben, zunächst unter dem Anschein der Frömmigkeit dem exkommunizierten Vater das Reich weg. Im festen Besitz der Königswürde änderte er aber sein Verhalten ...« Die Grundauffassung des letzten Saliers, so wäre dem hinzuzufügen, blieb freilich stets dieselbe.

Auch gegenüber dem Papsttum hat er, wie in der Forschung zuletzt deutlich herausgestellt wurde (Carlo Servatius), von Anfang an keinen Zweifel aufkommen lassen, daß er in der Investiturfrage keine Zugeständnisse machen wolle. In einem 1109 im Umkreis des Königshofes entstandenen (von Sigebert von Gembloux verfaßten?) Traktat »Über die Investitur der Bischöfe« (*De investitura episcoporum*) spiegelt sich auch die Auffassung Heinrichs V. wider; der Text war möglicherweise sogar eine Gesandteninstruktion für die Verhandlungen mit dem Papst um die Jahreswende 1109/1110. Hierin wird zwar beteuert, daß der König mit dem Bischofsamt keineswegs etwas Geistliches (*nihil spirituale*) übertragen wolle und daß er deshalb nicht unabrückbar an dem Investitursymbol des Ringes – dem Zeichen des geistlichen Amtes – festhalten würde. Die Investitur habe aber vor der Bischofsweihe zu erfolgen, weil sich die Könige auf die Bischöfe verlassen können müßten, denen sie soviel an Grundbesitz und anderer beweglicher Habe (*in fundis et aliis mobilibus*) und so viele »öffentliche« Rechte und »Regalien« (*regalia*) – Zölle, Münzrecht, Gutsverwalter und Schöffen, Grafschaften, Vogteien und Gerichtsrechte (*in theloneis, monetis, villicis et scabinis, comitatibus, advocatiis, synodalibus bannis*) – überließen (Krimm-Beumann, Zeilen 166 ff.).

Es scheint, daß diese Rechtsposition durchaus Einfluß auf die weiteren Überlegungen von Papst Paschalis II. ausgeübt hat. Der König war im August 1110 zum Romzug aufgebrochen – der auch die Kaiserkrönung bringen sollte – und gelangte zu Anfang des Jahres 1111 bis vor Rom. Da legten die päpstlichen Gesandten während der Vorverhandlungen am 4. Februar in der Kirche Santa Maria in Turri ganz überraschend den Vorschlag vor, die Kirche wolle künftig in Deutschland und Italien alle Regalien, die dem Reich zugehören, zurückgeben und sich mit den Besitzungen, die sie nicht vom Reich erhalten hätte, begnügen. Die Voraussetzung dafür wäre, daß der König am Tag seiner Kaiserkrönung, in Anwesenheit von Klerus und Volk, seinen Verzicht auf jede Beteiligung an der Investitur eines Geistlichen erkläre. Der Papst selbst wolle schriftlich und unter Androhung des Kirchenbanns garantieren, daß keiner der Bischöfe sich mehr der Regalien bemächtigen werde, »der Städte, der Herzogtümer, der Markgrafschaften, der Grafschaften, der Münzen, der Zölle, der Märkte, der Vogteien des Reiches, der Rechte der Richter und der Höfe, die dem Reich gehören, mit all ihrem Zubehör, der Kriegsmannschaften und der Burgen des Reiches« (MGH Constitutiones 1, Nr. 83–86).

Dieser Vorschlag, auf den Heinrich V. am 9. Februar 1111 in Sutri einging, war ebenso revolutionär wie konsequent. Das Argument des Königs, er müsse die Rechte des Reiches wahren, wäre damit hinfällig geworden. Aber die Absichten des Papstes gingen noch weiter: Die Reichsbischöfe, die sich anschickten, Territorialherren zu werden, wären auf ihr geistliches Amt beschränkt und noch stärker als zuvor der Autorität des Papstes zugeordnet worden. Bezeichnend für diese Seite des päpstlichen Modells ist, daß die Bischöfe bei den Planungen vollkommen übergangen wurden und der Papst mit seinen geistlichen Zwangsmitteln jeden Widerspruch auszuräumen gedachte. Die Entweltlichung wäre eine entscheidende Schwächung der Stellung der Bischöfe auch gegenüber dem Papst gewesen. Wie wichtig dieser Gesichtspunkt im Denken Paschalis' II. war, kommt im päpstlichen Vertragstext zum Ausdruck, der am 12. Februar 1111, unmittelbar vor der geplanten Kaiserkrönung, in der Peterskirche verlesen wurde. Hof- und Kriegsdienst der Bischöfe und Äbte, so heißt es dort, wie sie in Deutschland anzutreffen seien, verstießen gegen die Kanones. Da die Überlassung der Regalien die Geistlichen verpflichtete, dem König das zeitlich und finanziell belastende *servitium* (Dienst) zu leisten, würden aus den Dienern des Altares Diener des Königshofes. Das habe dazu geführt, daß sich die

Investitur durch den Herrscher vor der Weihe eingebürgert habe. Dies werde nunmehr verboten und gleichzeitig der päpstliche Befehl erlassen, daß die Bischöfe die Regalien an das Reich zurückgeben sollten und künftig nurmehr von ihrem Eigenbesitz, vom Zehnten und von den Almosen der Gläubigen zu leben hätten (MGH Constitutiones 1, Nr. 90). Die Wurzel allen Übels in der Kirche wurde damit nicht mehr, wie bisher, in der Einmischung der Laien in die Kirche gesehen, sondern in der Verweltlichung und der politischen und rechtlichen Machtstellung der Bischöfe. Papst und König, so könnte man diese Vorgänge und Vereinbarungen umschreiben, hatten sich gegen eine mächtig aufsteigende Kraft zusammengefunden: den angehenden geistlichen Territorialfürsten.

Auf königlicher Seite war man freilich von Anfang an skeptisch gewesen, ob dieses Vorhaben durchführbar sei, und hat insbesondere darauf gedrungen, daß die Zustimmung aller Reichsfürsten dafür erforderlich sei. In der Tat erhob sich am 12. Februar in der Peterskirche ein gewaltiger Protest der versammelten Bischöfe, als sie davon erfuhren. Auf den vom Papst befohlenen Verzicht konnten sie niemals eingehen, denn er hätte nicht nur ihre hierarchische Stellung, sondern auch ihre Schutz- und Friedensgewalt, wie sie sich im Verfassungswandel dieser Zeit immer stärker herausgebildet hatte, zerstört, und er hätte ihre Rolle der verantwortungsvollen Mitgestaltung der Reichsordnung und der Vertretung der Reichsinteressen insgesamt vernichtet. Der Tumult in der Peterskirche nahm unübersehbare Dimensionen an, so daß die Kaiserkrönung abgebrochen werden mußte. Als sich ein Aufruhr in der Stadt ausbreitete, führte der König in der Nacht vom 15. auf den 16. Februar den Papst und zahlreiche Kardinäle als Gefangene aus Rom. Die Leiden seiner Mitgefangenen und die Furcht vor einem Schisma sollen den Papst schließlich dazu bewogen haben, den Forderungen des Königs nachzugeben und am 12. April 1111 ein Privileg auszustellen, mit dem er die Kaiserkrönung zusagte – die am 13. April in der Peterskirche vollzogen wurde – und das Investiturrecht des Königs anerkannte (MGH Constitutiones 1, Nr. 96).

Die Zugeständnisse dieses Privilegs, das von den Reformern schon bald »Pravileg« (böses Recht) genannt wurde, mußten in den Augen des Königs eher als ein Zurücknehmen der so weitreichenden Vereinbarungen von Turri und Sutri erscheinen. Und wenn man von den Symbolen Ring und Stab absieht, mit denen die Investitur nach der Bischofswahl durch Klerus und Volk und vor der Bischofsweihe dem Wortlaut des »Pravilegs« entsprechend erfolgen sollte, so lassen sich im Ablauf der Bischofserhebung keine Unterschiede zum Wormser Konkordat von 1122, mit dem der Investiturstreit schließlich beendet werden konnte, anführen. Trotzdem traf den Salier ein Sturm der Entrüstung, denn er hatte das Ungeheuerliche gewagt, den unantastbaren Papst, den Stellvertreter Christi auf Erden und damit die höchste Autorität in der christlichen Welt, gefangenzunehmen und auf ihn Zwang auszuüben. In zahlreichen Schriften der päpstlichen Partei wurde Heinrich V. verteufelt, ja die Grausamkeit aller Deutschen wurde angeprangert, wie im »Gedicht über die Gefangennahme Papst Paschalis'« (*Rhythmus de captivitate Paschalis papae*), wo Heinrich als »Fahnenträger des Antichrist« bezeichnet wird, als das Oberhaupt von »teuflischen Menschen«, und wo der Verfasser schließlich die Klage anstimmt: »Oh armseliges Germanien, welcher Wahnsinn hat dich erfaßt?« Nun wurde das Bild Heinrichs V. grundlegend umgeprägt: Seine Erhebung gegen seinen Vater galt nun nicht mehr als eine zu preisende Tat gegen einen schismatischen Herrscher, sondern als eine infame List. Heinrich V. habe aber nicht nur den leiblichen Vater um seine Herrschaft betrogen, sondern auch seine Mutter, die heilige Kirche, ihrer Freiheit beraubt. Im Sommer 1111 wurde durch den Kardinallegaten Kuno von Praeneste der Kirchenbann über ihn ausgesprochen, und im März 1112 widerrief ein Laterankonzil das »Pravileg«, weil es erzwungen und gegen den Heiligen Geist und das kanonische Recht sei.

Trotz dieser Rückschläge im Verhältnis von salischem Herrscher und Papst haben die gedanklichen Modelle von 1111 doch entscheidend dazu beigetragen, den Investiturstreit einer Lösung zuzuführen. Wie im Vertragstext von Paschalis II. vom 12. Februar 1111 zum Ausdruck kam, verstand der Papst seither unter Regalien die Rechte und Besitzungen einer Kirche, die originär von den Königen stammten und zum Reich gehörten. Das transpersonale Moment des Reiches als Bezugspunkt entschärfte überdies das Problem, die Kirchen könnten zu einem Instrument in der Hand des Königs werden. Die königliche Partei hielt dagegen am weitergefaßten Regalienbegriff fest, der alle weltlichen Besitzungen und Rechte einer Kirche meinte, also ihre »Temporalien«, und der als der »deutsche« Regalienbegriff gelten kann (Johannes Fried). In diesem Sinne wurde er auch im »Pravileg« vom 12. April 1111 verwendet. Der Ausgleich, der schließlich im Wormser Konkordat von 1122 herbeigeführt werden konnte, beruhte zum erheblichen Teil darauf, daß man diesen unterschiedlichen Begriffsgebrauch einfach bestehen ließ.

Schon am 24. Oktober 1119 in Mouzon sollte bei einer persönlichen Zusammenkunft von Kaiser und Papst – seit diesem Jahre Calixt II. – eine Einigung erzielt werden, aber damals fürchtete man auf päpstlicher Seite noch, daß sich der Herrscher durch das »deutsche« Regalienverständnis Kirchengut unrechtmäßigerweise aneignen würde. Wenn Heinrich V. die Belehnung eines Bischofs mit allen Temporalien seiner Kirche vornahm, dann maßte er sich auch eine Verfügungsgewalt über Kirchenbesitz an, der nicht vom König beziehungsweise vom Reich stammte. Nochmals wurde der völlige Verzicht auf die Investitur von ihm gefordert, den der Kaiser wie bisher ablehnte, woraufhin er erneut gebannt wurde. Aber es wurde nun deutlich, daß eine weitere Feinabstimmung im Regalienverständnis nicht mehr möglich war. Nachdem von kaiserlicher Seite der Anspruch des Papstes anerkannt wurde, daß auch er seinerseits über die *regalia sancti Petri* verfüge, daß diese durch die Konstantinische Schenkung nicht zum Reich, sondern dem heiligen Petrus gehörten und daß der Papst über das Patrimonium Petri eine vom Kaiser unabhängige Herrschaft ausübe – ein entscheidender Punkt für die Entstehung des späteren Kirchenstaates –, und als der Kaiser zudem auf die Investitursymbole Ring und Stab zu verzichten bereit war, da konnte endlich, am 23. September 1122, vor den Toren der Stadt Worms der Vertrag öffentlich verkündet werden, der den Investiturstreit beenden sollte (MGH Constitutiones 1, Nr. 107 und 108). Das unterschiedliche Verständnis des Begriffs Regalien, der in den Regelungen eine wesentliche Rolle spielte, nahm man nun einfach hin.

Das Wormser Konkordat war aber nicht nur der Abschluß des Investiturstreits, sondern ist in nicht geringerer Bedeutung auch Ausdruck und Markstein einer veränderten Reichsverfassung. Auch an diesen letzten Ereignissen der salischen Epoche ist wieder abzulesen, wie sehr die Vorgänge der »hohen« Politik zwischen Kaiser und Papst ganz entscheidend verknüpft waren, ja geprägt wurden von den Veränderungen im Reich. Schon das unmittelbare Zustandekommen dieses Vertragsabschlusses ging maßgeblich auf das Betreiben der Fürsten zurück. Nach langjährigen Auseinandersetzungen mit dem Kaiser hatte man sich auf dem Würzburger Reichstag von 1121 zu einem Friedensschluß zusammengefunden, der für die Kräfteverteilung im Reich und für das Reichsverständnis überaus aufschlußreich ist. »Dies ist der Beschluß, zu dem die Fürsten übereingekommen sind hinsichtlich der Kontroversen zwischen dem Herrn Kaiser und dem Reich«, so lautet die Einleitung dieser Friedensordnung (MGH Constitutiones 1, Nr. 106). Und im ersten Punkt wird die Vorschrift erteilt: »Der Herr Kaiser soll dem päpstlichen Stuhl gehorchen. Bezüglich des Schadens, den er der Kirche zugefügt hat, wird mit Rat und Hilfe der Fürsten zwischen ihm und dem Herrn Papst ein Ausgleich geschaffen, und der mit dem Papst zu schließende Frieden muß fest und unverbrüchlich sein, so daß der Herr Kaiser erhält, was ihm und dem Reich zugehört, und daß die Kirche und ein jeder das Seine in Ruhe und Frieden besitzen könne.« Und ebenfalls darauf bezieht sich der fünfte Punkt: »Was das betrifft, daß die Kirche gegen den Kaiser und das Reich wegen der Investitur Klage führt, so werden die Fürsten sich ohne List und ohne Heuchelei bemühen, daß das Reich in dieser Sache seinen Rechtsstand (*honor*) erhält.«

Dieser Friedensvertrag von Würzburg ist ein Dokument, das deutlich vor Augen stellt, daß die Zuordnung von Kaiser, Reich und Fürsten nun am Ende der Salierzeit nach einer Entwicklung von einem Jahrhundert unmißverständlich neu gestaltet worden war. Kaiser und Königtum standen dem Reich und den Fürsten gegenüber, und *regnum* hieß nicht mehr Reich und Königtum, wie noch zu Beginn der Salierzeit, sondern nun Reich o d e r Königtum. Dem Reich gehörten auch bestimmte Rechte, die der Kaiser ausüben durfte, für deren Erhaltung und für deren Bestand aber nun vor allem die Fürsten eintraten. Diese Rechte wurden im Begriff *honor* zusammengefaßt. Der Würzburger Friedensvertrag regelte noch weitere Punkte, die sich auf eine Beendigung der jahrelangen Kriege zwischen den Fürsten und Heinrich V. bezogen. Nachdrücklich gab man dem Kaiser zu verstehen, daß man sich in einem Treueschwurverband zusammengeschlossen habe, um ihn notfalls zur Einhaltung der Abmachungen zu zwingen. Ganz in diesem Sinne berichtet auch Ekkehard von Aura in seiner Chronik, »daß alle verhandelten Fragen nicht durch sein [Heinrichs V.] Urteil und nach dem Bestreben seiner Leute, sondern gemäß Fürstenbeschluß entschieden wurden«.

Einer der führenden Männer im Kreis der Fürsten war damals der Erzbischof Adalbert I. von Mainz (1109–1137). Er stammte aus der Familie der Grafen von Saarbrücken, die sich Heinrich V. schon im Kampf gegen seinen Vater angeschlossen hatten. Am 14. Februar 1106 ist er erstmals als Kanzler Heinrichs V. nachweisbar; damit war er auch Propst des St. Servatius-Stifts in Maastricht und des Aachener Marienstifts. Als Kanzler nahm er Einfluß auf die Politik Heinrichs V. in den folgenden Jahren und begleitete ihn auf dem Italienzug 1110/1111. Schon Ende 1109 wurde er zum Erzbischof von Mainz bestimmt und nach der Rückkehr aus Italien am 15. August 1111 investiert. Überraschenderweise kam es im Sommer 1112 zum Bruch zwischen ihm und dem Kaiser. Er, »der in allen Dingen immer der zweite nach dem König gewesen war und ohne dessen Rat der König nichts zu tun pflegte, wurde verdächtigt, mit einigen Fürsten, was kaum einer glauben konnte, zu konspirieren, und als die Sache bekannt wurde, ließ ihn der König verhaften« (Ekkehard von Aura, Chronik zu 1112).

Wie ist dieser Umschwung zu erklären? Ohne Zweifel verkörperte Adalbert I. wie kaum ein anderer den neuen Typ des bischöflichen Herrschers, der gezielt an den Aufbau eines geistlichen Territoriums ging. In einem Rechtfertigungsbrief von Ende 1112 an die Fürsten warf ihm Heinrich V. vor, er bereichere sich auf Kosten kaiserlicher Güter und Burgen. »Wir haben sie ihm zu treuen Händen leihweise überlassen, aber nicht übereignet, aber er nimmt sie in seinen Besitz. Das Erbe unserer Väter, Länder der Kirchen, Besitzungen des Reiches, ja sogar alle linksrheinischen Königsrechte, Rechte der Bistümer und Abteien nimmt er für sich in Anspruch« (Mainzer Urkundenbuch 1, Nr. 451). Vor allem die mächtige Reichsburg Trifels, an einer Straße gelegen, die durch den Pfälzer Wald, aus dem Saarraum kommend, südlich von Speyer zum Oberrhein führte, forderte der neue Erzbischof von Mainz für sich. Zwischen seinem Erzbistum und dem Saarbrücker Machtbereich konnten auf solche Weise strategische Stützpunkte gewonnen werden, die durch Rechts- und Herrschaftstitel, insbesondere durch Vogteirechte, ergänzt wurden. Hier stoßen wir auf eine bischöfliche Haus- und Herrschaftspolitik, wie sie in dieser Intensität bis dahin noch unbekannt war.

Heinrich V. behielt Adalbert in Haft und versuchte, die Ressourcen von Stadt und Bistum Mainz für sich selbst zu nutzen. Dort versammelte er zum 6. Januar 1114 einen glänzenden Reichstag und feierte am Tag darauf mit der englischen Königs-

Abb. 23 Die Vermählung Heinrichs V. mit Mathilde am 7. Januar 1114 (Chronik des Ekkehard von Aura, Cambridge, Corpus Christi College Ms. 373, fol. 95ᵛ)

tochter Mathilde die Vermählung. Ende des Jahres kam es zum großen Aufstand der Sachsen, deren Heer von Herzog Lothar (»von Supplinburg«) (1106–1137) angeführt wurde und den kaiserlichen Truppen in der Schlacht am Welfesholz am 11. Februar 1115 eine vernichtende Niederlage beibrachte, die dem Salier künftig den Zugang nach Sachsen verschloß. Am 1. November desselben Jahres setzte Heinrich V. einen Reichstag in Mainz an, um dort mit den Fürsten zu verhandeln. Da umzingelten, wie Ekkehard von Aura berichtet, die Mainzer Bürger gepanzert und bewaffnet die Pfalz, drangen in Scharen in die Vorhalle ein und erfüllten alles mit Waffenlärm. Beinahe hätten sie die Pfalz zum Einsturz gebracht, wenn der Kaiser nicht sofort Geiseln gestellt und die Freilassung des Mainzer Erzbischofs zugesagt hätte. Damals also kam Adalbert frei, der drei Jahre in strengster Haft gehalten worden war und dessen Haut, wie es heißt, »kaum noch an den Knochen hing«. Neben dem Bischof Reinhard von Halberstadt (1107–1123) und dem Erzbischof Friedrich I. von Köln (1100–1131) wurde er nun der große Gegenspieler des letzten Saliers.

Am 24. Juli 1115 starb die Markgräfin Mathilde von Tuszien, und dies bot Heinrich V. die Gelegenheit, im darauffolgenden Jahr nach Italien zu ziehen, um das Erbe für sich zu sichern – 1110 und 1111 waren entsprechende erbrechtliche Vereinbarungen getroffen worden. Man gewinnt fast den Eindruck, als wollte der Salier als Ersatz für die Verluste im deutschen Reich nun neue Stützpunkte außerhalb schaffen. Zum Reichsverwalter machte er seinen Neffen, den Staufer Herzog Friedrich II. von Schwaben (1105–1147), den der rheinische Pfalzgraf Gottfried von Calw (1113–1131) unterstützen sollte. Der Bruder des Schwabenherzogs, der Staufer Konrad, der spätere König Konrad III. (1138–1152), wurde als Herzog in Ostfranken eingesetzt und konkurrierte dort mit Bischof Erlung von Würzburg (1105–1121). Bis zur Rückkehr des Saliers 1118 leiteten also die staufischen Brüder das Reich, die nun ihrerseits in gezielter Territorial- und Stützpunktpolitik vor allem den Erzbischof Adalbert I. von Mainz einzuschnüren suchten. Friedrich II. ging daran, weit in das Interessengebiet des Mainzers einzudringen, wobei er, wie es beim Chronisten Otto von Freising so bildhaft formuliert ist, »am Schwanz seines Pferdes immer eine Burg mit sich gezogen« hat (*Gesta Frederici imperatoris*, Buch I, cap. 12), also zahlreiche Festungen errichten ließ. Der Raum, dem er sich auf diese Weise widmete, zog sich vom Hunsrück über Speyer und Limburg an der Haardt bis nach Basel. Aber auch Adalbert versuchte, am Mittel- und Oberrhein die Mainzer Präsenz zu verstärken und seinerseits in salische Zentren vorzurücken. Wieder ist zu sehen, wie sich bei ihm Mainzer Belange mit Familieninteressen vermengten und mit der Politik der Reformpartei und des Hochadels zu einem Ganzen verschmolzen (Heinrich Büttner, Odilo Engels).

Im Jahre 1118 konnte Adalbert die staufische Burg Oppenheim am Rhein, südlich von Mainz, erobern und den Raum der Stadt Mainz, der vom Schwabenherzog bedroht war, freikämpfen. Als Ausdruck der engen Zusammenarbeit von Stadt und

Erzbischof zeugt das große Stadtprivileg, das Adalbert den Mainzern 1119/1120 erteilt hat (Mainzer Urkundenbuch 1, Nr. 600). Den Wortlaut dieser bedeutenden Freiheitsurkunde haben die Bürger einige Jahre später in das große Bronzetor der Mariengreden-Kirche einprägen lassen, das bis heute erhalten ist und sich jetzt am Marktportal des Mainzer Doms befindet. Die Mainzer Bürger, so wurde ihnen mit diesem Privileg unter anderem zugesichert, bräuchten kein Gericht eines Vogtes außerhalb der Stadt mehr zu besuchen, sondern hätten ihr eigenes Gericht in ihrer Stadt. Solche Vorrechte hatte bis dahin immer nur der König oder Kaiser vergeben, wie 1111 bei Speyer oder 1114 bei Worms zu sehen ist. Nun hatte ein Erzbischof selbst diesen Hoheitsakt ausgeübt und gleichsam die Stelle des Herrschers eingenommen – erneut ein Beispiel für den voranschreitenden Autoritätenwandel im Reich.

Die Jahre um 1120 waren gekennzeichnet durch ständige Kämpfe der Kaiserlichen gegen Adalbert und seine Anhänger. Der Erzbischof hatte sich längst mit den sächsischen Fürsten verbündet, vor allem mit dem Herzog Lothar von Sachsen, ebenso mit dem Erzbischof Friedrich I. von Köln. 1121 ging der Kaiser daran, in einer gezielten Aktion das Zentrum seines schärfsten Gegners in die Hand zu bekommen, also die Stadt Mainz. Er ließ eine Schiffssperre auf dem Rhein errichten, ebenso eine Handels- und eine Lebensmittelsperre. Da sammelte der Erzbischof die sächsischen Verbündeten und andere Fürsten, um den Kaiser in die Knie zu zwingen, und Ekkehard von Aura berichtet dazu in seiner Chronik: »Um die Zeit der Sommersonnenwende, als infolge der Verwüstung aller Gebiete das Getreide schon teuer war, strömten um deinetwillen, du hochedles Mainz, zwei Heere zusammen, das eine im Elsaß, das andere in Sachsen, und beide strebten – wenn auch in unterschiedlicher Absicht – danach, deine stolzen und altehrwürdigen Mauern zu erreichen: Das eine wollte deine Zerstörung, das andere deine Verteidigung, und während du wehklagend sagtest: ›Die Söhne meiner Mutter kämpfen gegen mich‹, da antwortete Christus durch die Tat: ›Siehe, diese sind wiederum versammelt und kommen dir zu Hilfe!‹« Aber als sich die Heere schließlich gegenüberstanden, kam es doch noch zu Verhandlungen, die dazu führten, die Angelegenheit auf dem erwähnten Reichstag von Würzburg zu entscheiden.

Das ganze Vertragswerk von Würzburg trägt die Handschrift Adalberts und seiner Verbündeten, die auf allen Gebieten Wiedergutmachung forderten und den Prinzipien des Erbrechts neue Geltung zu verschaffen suchten: »Alles Eigentum wurde den Enteigneten, alles durch Erbrecht Zustehende den Erben und jeder Person jeden Standes das ihr eigene Recht zugesprochen« (Ekkehard von Aura, Chronik zu 1121). Erbrecht wurde erneut gegen salische Befehlsherrschaft gestellt. Heinrich V. sah sich gezwungen, ihre Beschlüsse zu akzeptieren, denn was hätte er gegen »so viele Häupter des Staates« (*tot capita rei publice*, ebd.) ausrichten können?

Die Fürsten als die Häupter des »Staatswesens« – eine solche Formulierung war am Ende der Salierzeit möglich geworden. Welch ein Wandel im Gefüge von

Herrschaft und Reich, wenn man 100 Jahre zurückblickt! Damals, unmittelbar vor der Salierzeit, nannte Bischof Thietmar von Merseburg (1009–1018) in seiner Chronik die Fürsten noch »Mitarbeiter des Herrschers und Säulen seiner Herrschaft« (Buch 8, cap. 34), und auch bei Wipos »Taten Kaiser Konrads II.« hielt noch der König, sich auf die Fürsten stützend, das Reich in Ordnung. Natürlich blieb auch am Ende der Salierzeit der König der oberste Lenker der Staatsgeschäfte, aber das Reich war zu einer eigenen, festen Größe geworden und wurde von den Fürsten repräsentiert.

Dieser Entwicklungsstand verlangte auch nach einer neuen Regelung in der Zuordnung von Fürsten und Herrscher. Eben diese wurde mit dem Wormser Konkordat von 1122 geleistet, wenn auch nur für die geistlichen Fürsten – die weltlichen Fürsten mit ihren angehenden Landesherrschaften wurden im Laufe des 12. Jahrhunderts in das neue System eingefügt (»Heerschildordnung«). Anschließend an die kanonische Bischofswahl, so die Bestimmung des Konkordats, sollte im deutschen Reich der Erwählte vom Herrscher »durch das Zepter die Regalien erhalten«, das heißt mit ihnen belehnt werden, bevor er die Weihe empfängt. Der Status der geistlichen Fürsten gegenüber dem König wurde damit gleichsam objektiviert und nurmehr lehnrechtlich interpretiert, ihr Treueverhältnis allein auf die Belehnung gegründet. Nicht nur für die Bischöfe eröffnete sich damit eine neue Ebene der Herrschaftsentfaltung, sondern auch für den König, der mit dem Lehnrecht den Verlust der sakralen Stellung und der daraus abgeleiteten Rechte auf die Kirche ausgleichen konnte. Die Bischofskirche und über sie hinaus die gesamte Reichsverfassung wurde nun im Verlauf des 12. Jahrhunderts zunehmend »feudalisiert« (Peter Classen), also von lehnrechtlichen Prinzipien bestimmt und strukturiert. Das vom Hof frei zu bestimmende *servitium* für den König – eine mitunter ruinöse Belastung für die Bischofskirchen – wurde abgelöst durch rechtlich abgegrenzte Pflichten des Lehnsmannes. Als »Kronvasallen« war für die Bischöfe zudem nun der Ansatz geschaffen, sich hierarchisch weiter abzusetzen und in der obersten, lehnrechtlich präzise definierten Gruppe von Reichsfürsten zusammenzuschließen. Eine neue Epoche im Zusammenspiel von Herrschaft und Reich wurde eingeleitet.

Schlußbemerkung

Kaiser Heinrich V. starb am 23. Mai 1125 in Utrecht und wurde in der Saliergrablege in Speyer bestattet. Kurz vor seinem Tod hatte er seine Gemahlin, die Königin Mathilde, und seinen Vetter, Herzog Friedrich II. von Schwaben, sowie weitere Fürsten zu sich gerufen, »gab ihnen, soweit er konnte, seinen Rat hinsichtlich des Zustands des Reiches und vertraute sein Eigentum und die Königin dem Friedrich als seinem Erben an. Die Krone und die übrigen Abzeichen des Königs sollten nach seiner Anordnung bis zur Versammlung der Fürsten in einer absolut sicheren Burg, dem Trifels, aufbewahrt werden« (Ekkehard von Aura, Chronik zu 1125). Der letzte Salier war ohne Kinder gestorben, und damit war die Nachfolge nicht vorbereitet. Aber anders als ein Jahrhundert zuvor, geriet das Reich dadurch nicht mehr in Gefahr, auseinanderzubrechen, und es ist auch wenig von besorgter Hektik zu verspüren.

Die salische Königsidee und der Dynastiegedanke haben allerdings kraftvoll weitergewirkt. Es ist zwar nichts von einer Designation des Staufers Friedrich überliefert, aber er, mütterlicherseits von salischem Geblüt, war zum Erben bestimmt worden. Er sollte nicht nur die salischen Güter übernehmen, sondern auch die salische Tradition fortsetzen. In fester Überzeugung seines damit begründeten Anrechts auf die Königswürde kam er zu der von Erzbischof Adalbert geleiteten Wahlversammlung am 24. August 1125 nach Mainz. Als man dort außer ihm noch den Markgrafen Leopold III. von Österreich (1095–1136) und Herzog Lothar von Sachsen (1106–1137) als Kandidaten benannte, da war der Staufer nicht bereit, die Wahl eines von ihnen anzuerkennen. Sicherlich war die Königswürde für ihn von höchster Bedeutung, weil nur damit der aus Reichsgut und salischen Eigengütern zusammengefügte Machtbereich Heinrichs V. vollständig übernommen werden konnte. Aber ebenso war die salische Idee bestimmend, daß das Königtum nur von einem Mitglied der salischen Dynastie weitergeführt werden könne. Ganz folgerichtig hat Bischof Otto von Freising (1138–1158), der große Geschichtsschreiber des 12. Jahrhunderts, in seinen »Taten Kaiser Friedrichs I.« (*Gesta Frederici imperatoris*) das Königtum Lothars III. (1125–1137), auf den sich die Fürsten in Mainz schließlich geeinigt hatten, als einen »Zwischenfall« der Weltgeschichte apostrophiert, der durch den Beginn des staufischen Königtums mit Konrad III. (1138–1152) dann wiedergutgemacht worden sei. In den Staufern setzte sich die salische Dynastie fort, und es ist kennzeichnend, daß Otto von Freising Kaiser Friedrich Barbarossa in die Familie der

»Heinriche von Waiblingen« – also der Salier –, »aus der die Kaiser hervorzugehen pflegen«, einordnete (ebd. Buch 2, cap. 2). Sogar Barbarossa selbst soll betont haben, er sei aus dem königlichen Geschlecht der »Waiblinger« (*de regia stirpe Waiblingensium*, Burchard von Ursberg, Chronik S. 24) hervorgegangen.

So gesehen wird man nicht sagen können, die salischen Herrscher seien die Verlierer ihrer Epoche gewesen, denn sie haben eine Herrscheridee entwickelt, deren Kraft unter den Staufern noch gesteigert wurde. Auch ihre territorialpolitischen Ansätze, die seit Heinrich IV. deutlichere Konturen annahmen, bildeten die Grundlage für die staufische Reichslandpolitik. Mit der Einleitung des lehnrechtlichen Umbaus der Reichsverfassung unter Heinrich V. wurde schließlich auch ein neues Gerüst für die Reichsstruktur geschaffen, auf dem die Staufer aufbauen konnten. Eines der wichtigsten Ergebnisse der Salierzeit aber war die Konsolidierung des deutschen Reiches, die unter Heinrich II. schon wesentliche Impulse von der Zentralgewalt her erhalten hatte und die unter den Saliern durch die neuen, von »innen heraus« wirkenden Kräfte vorangetrieben wurde. Durch eine neuartige herrschaftliche Durchdringung auf allen Ebenen, durch eine Hierarchisierung in Kirche und »Gesellschaft«, durch Intensivierung und Zentralisierung von Herrschaft und Wirtschaft, durch Funktionalisierung und Verrechtlichung in verschiedensten Bereichen entstand ein »Staatswesen«, das seine Festigkeit in den Auseinandersetzungen mit den Herrschaftsformen der Salier eher noch erhöhte und das in seinen Grundlagen die deutsche Geschichte für Jahrhunderte bestimmen sollte.

Quellenverzeichnis

Aufgeführt sind nur die im Text zitierten Quellen und Quellenwerke.

Adalbero von Laon, Lied an König Robert, hg. von Claude CAROZZI, Poème au roi Robert, Paris 1979.
Adam von Bremen, Hamburgische Kirchengeschichte, hg. von Bernhard SCHMEIDLER, MGH SS rer. Germ. [2], Hannover ³1917. – Mit deutscher Übersetzung hg. von Werner TRILLMICH, in: Quellen des 9. und 11. Jahrhunderts zur Geschichte der hamburgischen Kirche und des Reiches (Ausgewählte Quellen zur deutschen Geschichte des Mittelalters 11) Darmstadt ⁵1978, S. 160–499.
Annalen des Klosters Sankt Gallen (Annales Sangallenses maiores), hg. von Carl HENKING, Die annalistischen Aufzeichnungen des Klosters St. Gallen, in: Mittheilungen zur vaterländischen Geschichte (St. Gallen) NF 9, 1884, S. 265–323.
Annalen von Hildesheim, hg. von Georg WAITZ, MGH SS rer. Germ. [8], Hannover 1878.
Annalen von Niederaltaich, hg. von Edmund L. B. VON OEFELE, MGH SS rer. Germ. [4], Hannover ²1891.
Das Annolied, hg., übersetzt und kommentiert von Eberhard NELLMANN (Reclam 1416), Stuttgart 1975.
Anonymus Haserensis siehe unter WEINFURTER.
Anselm von Lüttich, Lütticher Bischofsgeschichte (Gesta episcoporum Leodiensium), hg. von Rudolf KÖPKE, MGH SS 7, S. 210–234.
ANTON, Hans Hubert: Der sogenannte Traktat »De ordinando pontifice«. Ein Rechtsgutachten im Zusammenhang mit der Synode von Sutri (1046) (Bonner Historische Forschungen 48) Bonn 1982.
Augsburger Annalen (Annales Augustani maiores), hg. von Georg Heinrich PERTZ, MGH SS 3, Hannover 1839, S. 124–136.
Berthold von Reichenau, Annalen, hg. von Georg Heinrich PERTZ, MGH SS 5, Hannover 1844, S. 267 326.
BITTERAUF, Theodor: Die Traditionen des Hochstifts Freising, 2 Bände (Quellen und Erörterungen zur bayerischen und deutschen Geschichte NF 4 und 5) München 1905 und 1909.
Bonzio von Sutri, Liber ad amicum, hg. von Ernst DÜMMLER, MGH Libelli de lite 1, Hannover 1891, S. 571–620.
BRESSLAU, Harry: Ein Brief des Erzbischofs Anno von Köln, in: Neues Archiv 14, 1889, S. 623 f.
Bruno (von Magdeburg/Merseburg), Buch vom Sachsenkrieg, hg. von Hans-Eberhard LOHMANN, MGH Deutsches Mittelalter, Leipzig 1937. – Mit deutscher Übersetzung hg. von Franz-Josef SCHMALE, in: Quellen zur Geschichte Kaiser Heinrichs IV. (Ausgewählte Quellen zur deutschen Geschichte des Mittelalters 12) Darmstadt ³1974, S. 191–405.
BULST, Walther: Die ältere Wormser Briefsammlung, MGH Briefe der deutschen Kaiserzeit 3, Weimar 1949.
Burchard von Ursberg, Chronik, hg. von Oswald HOLDER-EGGER/Bernhard VON SIMSON, MGH SS rer. Germ [16], Hannover ²1916.

Carmina Cantabrigiensia, hg. von Karl STRECKER, MGH SS rer. Germ. [40], Berlin 1926. – Deutsche Übersetzung von 14 Stücken bei Karl LANGOSCH, Hymnen und Vagantenlieder, 1954, S. 91–145.
Chronik des Klosters Petershausen, hg. von Otto FEGER (Schwäbische Chroniken der Stauferzeit 3) Sigmaringen ²1978.
Codex Caesareus Upsaliensis. Faksimile, hg. von Carl NORDENFALK, Stockholm 1971.
COWDREY, H. E. J.: The *epistolae vagantes* of Pope Gregory VII, Oxford 1972.
Crassus siehe unter (Petrus) Crassus.

D = Diplom (Königs-/Kaiserurkunde) siehe unter MGH.
O II. = Ottos II.
O III. = Ottos III.
H II. = Heinrichs II.
K II. = Konrads II.
H III. = Heinrichs III.
H IV. = Heinrichs IV.
De investitura episcoporum siehe unter Krimm-Beumann.
De ordinando pontifice siehe unter Anton.

Ebonis Vita Ottonis episcopi Bambergensis, hg. von Philipp Jaffé, Bibliotheca rerum Germanicarum, Bd. 5, Berlin 1869, S. 588–692.
Ekkehard von Aura, Chronik, siehe unter Frutolfs und Ekkehards Chroniken.
Erdmann, Carl: Ausgewählte Briefe aus der Salierzeit (Texte zur Kulturgeschichte des Mittelalters 7) Rom/Leipzig 1933.
–: Die Briefe Heinrichs IV., MGH Deutsches Mittelalter 1, Leipzig 1937.
–: Briefsammlungen der Zeit Heinrichs IV., MGH Die Briefe der deutschen Kaiserzeit 5, Weimar 1950.
Evangelistar Kaiser Heinrichs III. Faksimile, hg. von Gerhard Knoll, Wiesbaden 1981.

Frutolfs und Ekkehards Chroniken und die anonyme Kaiserchronik, hg. von Franz-Josef Schmale/ Irene Schmale-Ott (Ausgewählte Quellen zur deutschen Geschichte des Mittelalters 15) Darmstadt 1972.

Gesta episcoporum Cameracensium, hg. von Ludwig C. Bethmann, MGH SS 7, Berlin 1846, S. 402–489.

Heribert von Eichstätt, Hymnen, hg. von Guido M. Dreves, Analecta Hymnica medii aevi 50, Leipzig 1907, S. 290–296.
Hermann von Reichenau, Chronik, hg. von Georg Heinrich Pertz, MGH SS 5, Hannover 1844, S. 74–133. – Mit deutscher Übersetzung hg. von Rudolf Buchner, in: Quellen des 9. und 11. Jahrhunderts zur Geschichte der hamburgischen Kirche und des Reiches (Ausgewählte Quellen zur Geschichte des Mittelalters 11) Darmstadt ⁵1978, S. 628–707.

Jaffé, Philipp: Bibliotheca rerum Germanicarum, Bd. 5, Berlin 1869.
–/Samuel Loewenfeld u. a.: Regesta Pontificum Romanorum, 2 Bde., Leipzig 1885 und 1888.

Krimm-Beumann, Jutta: Der Traktat »De investitura episcoporum« von 1109, in: Deutsches Archiv 33, 1977, S. 37–83.

Lampert von Hersfeld, Annalen, hg. von Oswald Holder-Egger, MGH SS rer. Germ. [38], Hannover/Leipzig 1894, S. 3–304. – Mit deutscher Übersetzung von Adolf Schmidt hg. von Wolfgang Dietrich Fritz (Ausgewählte Quellen zur deutschen Geschichte des Mittelalters 13) Darmstadt 1957.
Das Leben Kaiser Heinrichs IV. siehe unter Vita Heinrici IV.
Liber de unitate ecclesiae conservanda, hg. von Wilhelm Schwenkenbecher, MGH Libelli de lite 2, Hannover 1892, S. 184–284. – Mit deutscher Übersetzung hg. von Irene Schmale-Ott, in: Quellen zum Investiturstreit, 2. Teil (Ausgewählte Quellen zur deutschen Geschichte des Mittelalters 12b) Darmstadt 1984, S. 272–579.
Lütticher Bischofsgeschichte siehe unter Anselm.

Mainzer Urkundenbuch, Bd. 1, hg. von Manfred STIMMING, Darmstadt 1932.
MGH = Monumenta Germaniae Historica.
   Constitutiones, Bd. 1, hg. von Ludwig WEILAND, Hannover 1893.
   DD = Diplomata.
          Ottos II., hg. von Theodor SICKEL, Berlin 1888.
          Ottos III., hg. von Theodor SICKEL, Berlin 1893.
          Heinrichs II., hg. von Harry BRESSLAU, Berlin 1900–1903.
          Konrads II., hg. von Harry BRESSLAU, Berlin 1909.
          Heinrichs III., hg. von Harry BRESSLAU/Paul KEHR, Berlin 1926–1931.
          Heinrichs IV., hg. von Dietrich VON GLADISS/Alfred GAWLIK, 3 Teile, Berlin 1941, Weimar 1959, Hannover 1978.
   SS = Scriptores.
MIGNE, Jacques Paul: Patrologia Latina 144, Paris 1853.
Miracula sancti Pirminii Hornbacensia, hg. von Oswald HOLDER-EGGER, MGH SS 15/I, Hannover 1887, S. 31–35.

Nekrolog von St. Gallen, MGH Necrologia, Bd. 1, hg. von Franz Ludwig BAUMANN, Berlin 1888, S. 464–487.

Otloh von St. Emmeram, Liber Visionum, hg. von Paul Gerhard SCHMIDT, MGH Quellen zur Geistesgeschichte des Mittelalters 13, Weimar 1989.
Otto von Freising, Gesta Frederici imperatoris, hg. von Franz-Josef SCHMALE (Ausgewählte Quellen zur deutschen Geschichte des Mittelalters 17) Darmstadt ²1974.

(Petrus) Crassus, Defensio Heinrici IV. regis, hg. von L. VON HEINEMANN, MGH Libelli de lite 1, Hannover 1891, S. 433–453. – Mit deutscher Übersetzung hg. von Irene SCHMALE-OTT, in: Quellen zum Investiturstreit, 2. Teil (Ausgewählte Quellen zur deutschen Geschichte des Mittelalters 12b) Darmstadt 1984, S. 174–239.
Das »Pontifikale Gundekarianum«. Faksimile und Kommentar, hg. von Andreas BAUCH/Ernst REITER, Wiesbaden 1987.

Das Register Gregors VII. (Gregorii VII Registrum), hg. von Erich CASPAR, 2 Bde., MGH Epistolae selectae 2, Berlin 1920/23.
REINDEL, Kurt: Die Briefe des Petrus Damiani, MGH Die Briefe der deutschen Kaiserzeit 4, Bd. 2 (Nr. 41–90), München 1988.
Rhythmus de captivitate Paschalis papae, hg. von Ernst DÜMMLER, MGH Libelli de lite 2, Hannover 1892, S. 673–675.
Rodulfus Glaber, Fünf Bücher der Geschichte (Historiarum libri V), hg. von Marcel PROU, Raoul Glaber. Les cinq livres de ses histoires, Paris 1886.
Ruodlieb. Faksimile-Ausgabe des Codex Latinus Monacensis 19486 der Bayerischen Staatsbibliothek München und der Fragmente von St. Florian. Einleitung von Walter HAUG, Bd. 1/I–II, Wiesbaden 1974; Bd. 2/I: Kritischer Text, hg. von Benedikt K. VOLLMANN, Wiesbaden 1985.

SCHMALE, Franz-Josef: Die Briefe des Abtes Bern von Reichenau (Veröffentlichungen der Kommission für geschichtliche Landeskunde in Baden-Württemberg, Reihe A: Quellen, Bd. 6) Stuttgart 1961.
Siegfried von Gorze, Brief an Abt Poppo von Stablo, hg. von Wilhelm VON GIESEBRECHT, Geschichte der deutschen Kaiserzeit, Bd. 2, Leipzig ⁵1885, S. 714–718.
STAUBER, A.: Kloster und Dorf Lambrecht. Beilagen, in: Mittheilungen des historischen Vereines der Pfalz 9, 1880, S. 207–227.

Thietmar von Merseburg, Chronik, hg. von Robert Holtzmann, MGH SS rer. Germ. NS 9, Berlin ²1955. – Mit deutscher Übersetzung hg. von Werner Trillmich (Ausgewählte Quellen zur deutschen Geschichte des Mittelalters 9) Darmstadt ⁵1974.
Triumphus sancti Remacli Stabulensis de coenobio Malmundariensi, hg. von Wilhelm Wattenbach, MGH SS 11, Berlin 1854, S. 433–461.

Vita Erzbischof Annos von Köln, hg. von Rudolf Köpke, MGH SS 11, Berlin 1854, S. 462–514.
Vita Bischof Bennos II. von Osnabrück, hg. von Harry Bresslau, MGH SS 30/II, Leipzig 1934, S. 871–892. – Mit deutscher Übersetzung hg. von Hatto Kallfelz, Lebensbeschreibungen einiger Bischöfe des 10.–12. Jahrhunderts (Ausgewählte Quellen zur deutschen Geschichte des Mittelalters 22) Darmstadt 1973, S. 372–441.
Vita Bischof Burchards von Worms, hg. von Heinrich Boos, Monumenta Wormatiensia (Quellen zur Geschichte der Stadt Worms 3) Berlin 1893, S. 99–126.
Vita Heinrici IV. imperatoris, hg. von Wilhelm Eberhard, MGH SS rer. Germ. [58], Hannover ³1899. – Mit deutscher Übersetzung hg. von Irene Schmale-Ott, in: Quellen zur Geschichte Kaiser Heinrichs IV. (Ausgewählte Quellen zur deutschen Geschichte des Mittelalters 12) Darmstadt ³1974, S. 407–467.
Vita Bischof Meinwerks von Paderborn, hg. von Franz Tenckhoff, MGH SS rer. Germ. [59], Hannover/Leipzig 1921.
Vita Philippi presbyteri Cellensis, hg. von Adolf Hofmeister, MGH SS 30/II, Leipzig 1934, S. 796–803.
Vita siehe auch unter Leben.

Walther von Speyer, Vita Christophori, hg. von Karl Strecker, MGH Poetae latini 5, München ²1978, S. 10–79.
Weinfurter, Stefan: Geschichte der Eichstätter Bischöfe des Anonymus Haserensis. Edition – Übersetzung – Kommentar (Eichstätter Studien NF 24) Regensburg 1987.
Wibel, Hans: Die ältesten deutschen Stadtprivilegien, insbesondere das Diplom Heinrichs V. für Speyer, in: Archiv für Urkundenforschung 6, 1918, S. 234–262.
Widukind von Corvey, Rerum gestarum Saxonicarum libri III, hg. von Paul Hirsch, Die Sachsengeschichte des Widukind von Korvei, MGH SS rer. Germ. [60], Hannover ⁵1935. – Mit deutscher Übersetzung hg. von Albert Bauer/Reinhold Rau, in: Quellen zur Geschichte der sächsischen Kaiserzeit (Ausgewählte Quellen zur deutschen Geschichte des Mittelalters 8) Darmstadt 1971, S. 12–183.
Wipo, Proverbia, hg. von Harry Bresslau, in: Die Werke Wipos, MGH SS rer. Germ. [61], Hannover/Leipzig ³1915, S. 66–74.
–, Taten Kaiser Konrads II. (Gesta Chuonradi II. imperatoris), hg. von Harry Bresslau, in: Die Werke Wipos, MGH SS rer. Germ. [61], Hannover/Leipzig ³1915, S. 1–62. – Mit deutscher Übersetzung hg. von Werner Trillmich, Quellen des 9. und 11. Jahrhunderts zur Geschichte der hamburgischen Kirche und des Reiches (Ausgewählte Quellen zur deutschen Geschichte des Mittelalters 11) Darmstadt ⁵1978.
–, Tetralogus, hg. von Harry Bresslau, in: Die Werke Wipos, MGH SS rer. Germ. [61], Hannover/Leipzig ³1915, S. 75–86.

Literaturverzeichnis

Das Verzeichnis beschränkt sich weitgehend auf die im Text angesprochenen Autoren und bietet daher nur einen kleinen Ausschnitt aus der Fülle der Forschungsliteratur zur Epoche der Salier.

Einleitung

BOSHOF, Egon: Die Salier (Urban TB 387), Stuttgart, Berlin, Köln, Mainz 1987.
FUHRMANN, Horst: Deutsche Geschichte im hohen Mittelalter von der Mitte des 11. bis zum Ende des 12. Jahrhunderts, 2. durchgesehene und bibliographisch ergänzte Aufl., Göttingen 1983.
HAMPE, Karl: Deutsche Kaisergeschichte in der Zeit der Salier und Staufer, Leipzig ³1916.
HAVERKAMP, Alfred: Aufbruch und Gestaltung. Deutschland 1056–1273 (Neue Deutsche Geschichte 2) München 1984.
HLAWITSCHKA, Eduard: Vom Frankenreich zur Formierung der europäischen Staaten- und Völkergemeinschaft 840–1046. Ein Studienbuch zur Zeit der späten Karolinger, der Ottonen und der frühen Salier in der Geschichte Mitteleuropas, Darmstadt 1986.
JAKOBS, Hermann: Kirchenreform und Hochmittelalter. 1046–1215 (Oldenbourg Grundriß der Geschichte 7) München 1984, ²1989.
KELLER, Hagen: Zwischen regionaler Begrenzung und universalem Horizont. Deutschland im Imperium der Salier und Staufer 1024–1250 (Propyläen Geschichte Deutschlands, Bd. 2) Berlin 1986.
PRINZ, Friedrich: Grundlagen und Anfänge. Deutschland bis 1056 (Neue Deutsche Geschichte 1) München 1985.
SCHMID, Karl: Zum Haus- und Herrschaftsverständnis der Salier, in: Die Salier und das Reich, Bd. 1: Salier, Adel und Reichsverfassung, hg. von Stefan WEINFURTER, Sigmaringen 1991, S. 21–54.

1. Kapitel

BALDES, Heinrich: Die Salier und ihre Untergrafen in den Gauen des Mittelrheins, Marburg 1913.
BARTH, Rüdiger E.: Der Herzog in Lothringien im 10. Jahrhundert, Sigmaringen 1990.
BÖHN, Georg Friedrich: Salier, Emichonen und das Weistum des pfalzgräflichen Hofes zu Alzey, in: Alzeyer Kolloquium 1970 (Geschichtliche Landeskunde 10) Wiesbaden 1974, S. 72–96.
BÜTTNER, Heinrich: Das Bistum Worms und der Neckarraum während des Früh- und Hochmittelalters, in: Archiv für mittelrheinische Kirchengeschichte 10, 1958, S. 9–38.
–: Die Widonen. Der Wanderweg eines fränkischen Adelsgeschlechtes von Mosel und Saar nach dem Speyergau, in: Saarbrücker Hefte 3, 1956, S. 33–39.
CLASSEN, Peter: Bemerkungen zur Pfalzenforschung am Mittelrhein (1963), wieder abgedruckt in: DERS., Ausgewählte Aufsätze, hg. von Josef FLECKENSTEIN (Vorträge und Forschungen 28) Sigmaringen 1983, S. 475–501.
DOLL, Anton: Das Pirminkloster Hornbach, in: Archiv für mittelrheinische Kirchengeschichte 5, 1953, S. 108–140.
METZ, Wolfgang: Miszellen zur Geschichte der Widonen und Salier, vornehmlich in Deutschland, in: Historisches Jahrbuch 85, 1965, S. 1–27.
MORAW, Peter: Das Stift St. Philipp zu Zell in der Pfalz, Heidelberg 1964.
SCHMIDT, Tilmann: Kaiser Konrads II. Jugend und Familie, in: Geschichtsschreibung und geistiges Leben im Mittelalter. Festschrift für Heinz Löwe, hg. von Karl HAUCK/Hubert MORDEK, Köln/Wien 1978, S. 312–324.

SCHREIBMÜLLER, Hermann: Die Ahnen Kaiser Konrads II. und Bischof Brunos von Würzburg, in: Herbipolis Jubilans. 1200 Jahre Bistum Würzburg. Festschrift zur Säkularfeier der Erhebung der Kiliansreliquien (Würzburger Diözesangeschichtsblätter 14/15, 1952/53) Würzburg 1952, S. 173–233.

STAUBER, A.: Kloster und Dorf Lambrecht, in: Mittheilungen des historischen Vereines der Pfalz 9, 1880, S. 49–227.

TOUSSAINT, Ingo: Die Grafen von Leiningen. Studien zur leiningischen Genealogie und Territorialgeschichte bis zur Teilung von 1317/1318, Sigmaringen 1982.

WERLE, Hans: Das Erbe des salischen Hauses. Untersuchungen zur staufischen Hausmachtpolitik im 12. Jahrhundert vornehmlich am Mittelrhein, Diss. masch. Mainz 1952.

–: Titelherzogtum und Herzogsherrschaft, in: Zeitschrift für Rechtsgeschichte, Germ. Abt. 73, 1956, S. 225–299.

–: Die salische Obervogtei über die Reichsabtei Weißenburg, in: Archiv für mittelrheinische Kirchengeschichte 8, 1956, S. 333–338.

2. Kapitel

BEUMANN, Helmut: Zur Entwicklung transpersonaler Staatsvorstellungen, in: Das Königtum. Seine geistigen und rechtlichen Grundlagen (Vorträge und Forschungen 3) Sigmaringen ⁴1973, S. 185–204.

–: Die Bedeutung des Kaisertums für die Entstehung der deutschen Nation im Spiegel der Bezeichnungen von Reich und Herrscher, in: Aspekte der Nationenbildung im Mittelalter. Ergebnisse der Marburger Rundgespräche 1972–1975, hg. von Helmut BEUMANN/Werner SCHRÖDER (Nationes 1) Sigmaringen 1978, S. 317–365.

BORNSCHEUER, Lothar: Miseriae Regum. Untersuchungen zum Krisen- und Todesgedanken in den herrschaftstheologischen Vorstellungen der ottonisch-salischen Zeit (Arbeiten zur Frühmittelalterforschung 4) Berlin 1968.

DOLL, Anton: Überlegungen zur Grundsteinlegung und zu den Weihen des Speyrer Domes, in: Archiv für mittelrheinische Kirchengeschichte 24, 1972, S. 9–25.

ENGELS, Odilo: Der Dom zu Speyer im Spiegel des salischen und staufischen Selbstverständnisses, in: Archiv für mittelrheinische Kirchengeschichte 32, 1980, S. 27–40.

GOETTERT, Klaus: Mittelalterliche Bauten in der Achse des Doms, in: Kölner Domblatt 18/19, 1960, S. 139–150.

HLAWITSCHKA, Eduard: Die Thronkandidaturen von 1002 und 1024. Gründeten sie im Verwandtenanspruch oder in Vorstellungen von freier Wahl?, in: Reich und Kirche vor dem Investiturstreit. Vorträge beim wissenschaftlichen Kolloquium aus Anlaß des achtzigsten Geburtstags von Gerd Tellenbach, hg. von Karl SCHMID, Sigmaringen 1985, S. 49–64.

–: Untersuchungen zu den Thronwechseln der ersten Hälfte des 11. Jahrhunderts und zur Adelsgeschichte Süddeutschlands. Zugleich klärende Forschungen um »Kuno von Öhningen« (Vorträge und Forschungen, Sonderband 35) Sigmaringen 1987.

–: Zur Bleitafelinschrift aus dem Grab der Kaiserin Gisela, in: Historisches Jahrbuch 97/98, 1978, S. 439–445.

KELLER, Hagen: Reichsstruktur und Herrschaftsauffassung in ottonisch-frühsalischer Zeit, in: Frühmittelalterliche Studien 16, 1982, S. 74–128.

–: Zum Charakter der ›Staatlichkeit‹ zwischen karolingischer Reichsreform und hochmittelalterlichem Herrschaftsaufbau, in: Frühmittelalterliche Studien 23, 1989, S. 248–264.

KUBACH, Hans Erich/Walter HAAS: Der Dom zu Speyer, 3 Bände (Die Kunstdenkmäler von Rheinland-Pfalz 5) München 1972.

KUBACH, Hans Erich: Der Dom zu Speyer, Darmstadt 1974.

Kürbis, Brygida: Die Epistola Mathildis Suevae an Mieszko II. in neuer Sicht. Ein Forschungsbericht. Mit einem Anhang von E. Freise und M. Weidner, Auf der Suche nach der verschollenen Widmungsminiatur des Cod. C 91 der Düsseldorfer Universitätsbibliothek, in: Frühmittelalterliche Studien 23, 1989, S. 318–343.

Oexle, Otto Gerhard: Die Gegenwart der Toten, in: Death and Burial in the Middle Ages, hg. von H. Braet/W. Verbeke, Leuven 1983, S. 19–77.

–: Die Gegenwart der Lebenden und Toten. Gedanken über Memoria, in: Gedächtnis, das Gemeinschaft stiftet, hg. von Karl Schmid, München/Zürich 1985, S. 74–107.

Reuling, Ulrich: Zur Entwicklung der Wahlformen bei den hochmittelalterlichen Königserhebungen im Reich, in: Wahlen und Wählen im Mittelalter, hg. von Reinhard Schneider/Harald Zimmermann (Vorträge und Forschungen 37) Sigmaringen 1990, S. 227–270.

Schieffer, Theodor: Heinrich II. und Konrad II. Die Umprägung des Geschichtsbildes durch die Kirchenreform des 11. Jahrhunderts, in: Deutsches Archiv 8, 1951, S. 384–437.

Schmid, Karl: Die Sorge der Salier um ihre Memoria. Zeugnisse, Erwägungen und Fragen, in: Memoria. Der geschichtliche Zeugniswert des liturgischen Gedenkens im Mittelalter, hg. von Karl Schmid und Joachim Wollasch (Münstersche Mittelalter-Schriften 48) München 1984, S. 666–726.

Schmidt, Roderich: Königsumritt und Huldigung in ottonisch-salischer Zeit, in: Vorträge und Forschungen 6, hg. von Theodor Mayer, Sigmaringen ²1981, S. 97–233.

Schneider, Reinhard: Das Königtum als Integrationsfaktor im Reich, in: Ansätze und Diskontinuität deutscher Nationsbildung im Mittelalter, hg. von Joachim Ehlers (Nationes 8) Sigmaringen 1989, S. 59–82.

Váczy, Peter: Thietmar von Merseburg über die ungarische Königskrönung, in: Insignia Regni Hungaria I. Studien zur Machtsymbolik des mittelalterlichen Ungarns, hg. vom Ungarischen Nationalmuseum, Budapest 1983, S. 29–53.

Weinfurter, Stefan: Die Zentralisierung der Herrschaftsgewalt im Reich durch Kaiser Heinrich II., in: Historisches Jahrbuch 106, 1986, S. 241–297.

–: Herrschaftslegitimation und Königsautorität im Wandel: Die Salier und ihr Dom zu Speyer, in: Die Salier und das Reich, Bd. 1: Salier, Adel und Reichsverfassung, hg. von Stefan Weinfurter, Sigmaringen 1991, S. 55–96.

Winterfeld, Dethard von: Untersuchungen zur Baugeschichte des Bamberger Domes, Berlin 1972.

–: in Kubach/Haas (wie oben).

3. Kapitel

Althoff, Gerd: Königsherrschaft und Konfliktbewältigung im 10. und 11. Jahrhundert, in: Frühmittelalterliche Studien 23, 1989, S. 265–290.

Anton, Hans Hubert: Bonifaz von Canossa, Markgraf von Tuszien, und die Italienpolitik der frühen Salier, in: Historische Zeitschrift 214, 1972, S. 529–556.

Benz, Karl Josef: Kaiser Konrad II. (1024–1039) als kirchlicher Herrscher. Der Straßburger Adventsstreit und die Synode von 1038 im Kloster Limburg an der Haardt, in: Archiv für Liturgiewissenschaft 20/21, 1978/79, S. 56–80.

Boshof, Egon: Die Salier (wie Einleitung).

Engels, Odilo: Der Reichsbischof (10. und 11. Jahrhundert), in: Der Bischof in seiner Zeit. Festgabe für Joseph Kardinal Höffner, hg. von Peter Berglar/Odilo Engels, Köln 1986, S. 41–94.

–: Der Reichsbischof in ottonischer und frühsalischer Zeit, in: Beiträge zu Geschichte und Struktur der mittelalterlichen Germania Sacra, hg. von Irene Crusius, Göttingen 1989, S. 135–175.

Faussner, Hans Constantin: Königliches Designationsrecht und herzogliches Geblütsrecht. Zum Königtum und Herzogtum in Baiern im Hochmittelalter (Österr. Akademie der Wiss., phil.-hist. Kl. SB 429) Wien 1984.

Fink von Finckenstein, Albrecht Graf: Bischof und Reich. Untersuchungen zum Integrationsprozeß des ottonisch-frühsalischen Reiches (919–1056) (Studien zur Mediävistik 1) Sigmaringen 1989.
Fleckenstein, Josef: Problematik und Gestalt der ottonisch-salischen Reichskirche, in: Reich und Kirche vor dem Investiturstreit. Vorträge beim wissenschaftlichen Kolloquium aus Anlaß des achtzigsten Geburtstags von Gerd Tellenbach, hg. von Karl Schmid, Sigmaringen 1985, S. 87–98.
Heidrich, Ingrid: Die Absetzung Herzog Adalberos von Kärnten durch Kaiser Konrad II. 1035, in: Historisches Jahrbuch 91, 1971, S. 70–94.
Kahl, Hans-Dietrich: Die Angliederung Burgunds an das mittelalterliche Imperium, in: Schweizerische Numismatische Rundschau 48, 1968, S. 13–105.
Keller, Hagen: Adelsherrschaft und städtische Gesellschaft in Oberitalien, 9.–12. Jahrhundert, Tübingen 1979.
–: Schwäbische Herzöge als Thronbewerber: Herzog Hermann II. (1002), Rudolf von Rheinfelden (1077), Friedrich von Staufen (1125). Zur Entwicklung von Reichsidee und Fürstenverantwortung, Wahlverständnis und Wahlverfahren im 11. und 12. Jahrhundert, in: Zeitschrift für die Geschichte des Oberrheins 131, 1983, S. 123–162.
Maurer, Helmut: Der Herzog von Schwaben. Grundlagen, Wirkungen und Wesen seiner Herrschaft in ottonischer, salischer und staufischer Zeit, Sigmaringen 1978.
Müller-Mertens, Eckhard: Reich und Hauptorte der Salier: Probleme und Fragen, in: Die Salier und das Reich, Bd. 1: Salier, Adel und Reichsverfassung, hg. von Stefan Weinfurter, Sigmaringen 1991, S. 139–158.
Reuter, Timothy: The »Imperial Church System« of the Ottonian and Salian Rulers: a reconsideration, in: Journal of Ecclesiastical History 33, 1982, S. 347–374.
Santifaller, Leo: Zur Geschichte des ottonisch-salischen Reichskirchensystems, Graz, Wien, Köln ²1964.
Schieffer, Rudolf: Der ottonische Reichsepiskopat zwischen Königtum und Adel, in: Frühmittelalterliche Studien 23, 1989, S. 291–301.
Schneider, Reinhard: Landeserschließung und Raumerfassung durch salische Herrscher, in: Die Salier und das Reich, Bd. 1: Salier, Adel und Reichsverfassung, hg. von Stefan Weinfurter, Sigmaringen 1991, S. 117–138.
Schwarzmaier, Hansmartin: Reichenauer Gedenkbucheinträge aus der Anfangszeit der Regierung König Konrads II., in: Zeitschrift für württembergische Landesgeschichte 22, 1963, S. 19–28.
Schwineköper, Berent: Christus-Reliquien-Verehrung und Politik. Studien über die Mentalität der Menschen des früheren Mittelalters, insbesondere über die religiöse Haltung und sakrale Stellung der früh- und hochmittelalterlichen deutschen Kaiser und Könige, in: Blätter für deutsche Landesgeschichte 117, 1981, S. 183–281.
Schulze-Dörrlamm, Mechthild: Die Kaiserkrone Konrads II. (1024–1039). Neue Untersuchungen zu Alter und Herkunft der Reichskrone, Sigmaringen 1991.
Zielinski, Herbert: Der Reichsepiskopat in spätottonischer und salischer Zeit (1002–1125), Wiesbaden 1984.

4. Kapitel

Achter, Viktor: Geburt der Strafe, Frankfurt a. M. 1951.
Balzer, Manfred: Zeugnisse für das Selbstverständnis Bischof Meinwerks von Paderborn, in: Tradition als historische Kraft, hg. von Norbert Kamp / Jürgen Wollasch, Berlin 1982, S. 267–296.
Binding, Günther: Städtebau und Heilsordnung. Künstlerische Gestaltung der Stadt Köln in ottonischer Zeit, Düsseldorf 1986.
Böhme, Horst Wolfgang (Hg.): Burgen der Salierzeit, 2 Bde., Sigmaringen 1991.

- (Hg.): Siedlungen und Landesausbau zur Salierzeit, 2 Bde., Sigmaringen 1991.
BOSL, Karl: Die Sozialstruktur der mittelalterlichen Residenz- und Fernhandelsstadt Regensburg. Die Entwicklung ihres Bürgertums vom 9.–14. Jahrhundert, in: Untersuchungen zur gesellschaftlichen Struktur der mittelalterlichen Städte in Europa (Vorträge und Forschungen 11) Sigmaringen ²1974, S. 93–213.
DOLL, Anton: Zur Frühgeschichte der Stadt Speyer. Eine topographische Untersuchung zum Prozeß der Stadtwerdung Speyers vom 10. bis 13. Jahrhundert, in: Mitteilungen des Historischen Vereins der Pfalz 52, 1954, S. 133–200.
ENGELS, Odilo: (wie Kapitel 3).
ERKENS, Franz-Reiner: Die Bistumsorganisation in den Diözesen Trier und Köln – ein Vergleich, in: Die Salier und das Reich, Bd. 2: Die Reichskirche in der Salierzeit, hg. von Stefan WEINFURTER, Sigmaringen 1991, S. 267–302.
FRIED, Johannes: Endzeiterwartung um die Jahrtausendwende, in: Deutsches Archiv 45, 1989, S. 381–473.
FUHRMANN, Horst: Papst Urban II. und der Stand der Regularkanoniker (Bayerische Akademie der Wissenschaften, phil.-hist. Klasse, SB Jg. 1984, Heft 2) München 1984.
GIESE, Wolfgang: Zur Bautätigkeit von Bischöfen und Äbten des 10. bis 12. Jahrhunderts, in: Deutsches Archiv 38, 1982, S. 388–438.
GROTEN, Manfred: Von der Gebetsverbrüderung zum Königskanonikat. Zu Vorgeschichte und Entwicklung der Königskanonikate an den Dom- und Stiftskirchen des deutschen Reiches, in: Historisches Jahrbuch 103, 1983, S. 1–34.
–: Die Kölner Richerzeche im 12. Jahrhundert. Mit einer Bürgermeisterliste, in: Rheinische Vierteljahrsblätter 48, 1984, S. 34–85.
GRUPE, Gisela: Umwelt und Bevölkerungsentwicklung im Mittelalter, in: Mensch und Umwelt im Mittelalter, hg. von Bernd HERRMANN, Stuttgart 1986, S. 24–34.
HAVERKAMP, Alfred: Die Städte Trier, Metz, Toul und Verdun: Religiöse Gemeinschaften im Zentralitätsgefüge einer Städtelandschaft zur Zeit der Salier, in: Die Salier und das Reich, Bd. 3: Gesellschaftlicher und ideengeschichtlicher Wandel im Reich der Salier, hg. von Stefan WEINFURTER, Sigmaringen 1991, S. 165–190.
HERZOG, Erich: Die ottonische Stadt. Die Anfänge der mittelalterlichen Stadtbaukunst in Deutschland, Berlin 1964.
JAKOBS, Hermann: Der Adel in der Klosterreform von St. Blasien (Kölner Historische Abhandlungen 16) Köln, Graz 1968.
LAUDAGE, Johannes: Priesterbild und Reformpapsttum im 11. Jahrhundert (Beihefte zum Archiv für Kulturgeschichte 22) Köln, Wien 1984.
MAURER, Hans-Martin: Die Entstehung der hochmittelalterlichen Adelsburg in Südwestdeutschland, in: Zeitschrift für die Geschichte des Oberrheins 117, 1969, S. 295–332.
MAURER, Helmut: Kirchengründung und Romgedanke am Beispiel des ottonischen Bischofssitzes Konstanz, in: Bischofs- und Kathedralstädte des Mittelalters und der frühen Neuzeit, hg. von Franz PETRI (Städteforschung Reihe A, Bd. 1) Köln, Wien 1976, S. 47–59.
OEXLE, Otto Gerhard: Die funktionale Dreiteilung der »Gesellschaft« bei Adalbero von Laon. Deutungsschemata der sozialen Wirklichkeit im frühen Mittelalter, in: Frühmittelalterliche Studien 12, 1978, S. 1–54.
–: Tria genera hominum. Zur Geschichte eines Deutungsschemas der sozialen Wirklichkeit in Antike und Mittelalter, in: Institutionen, Kultur und Gesellschaft im Mittelalter. Festschrift für Josef Fleckenstein zu seinem 65. Geburtstag, hg. von Lutz FENSKE/Werner RÖSENER/Thomas ZOTZ, Sigmaringen 1984, S. 483–500.
–: Deutungsschemata der sozialen Wirklichkeit im frühen und hohen Mittelalter. Ein Beitrag zur Geschichte des Wissens, in: Mentalitäten im Mittelalter. Methodische und inhaltliche Probleme, hg. von František GRAUS (Vorträge und Forschungen 35) Sigmaringen 1987, S. 65–117.

Ortigues, Edmond: L'élaboration de la théorie des trois ordres chez Haymon d'Auxerre, in: Francia 14, 1986, S. 27–43.

Rösener, Werner: Bauern in der Salierzeit, in: Die Salier und das Reich, Bd. 3: Gesellschaftlicher und ideengeschichtlicher Wandel im Reich der Salier, hg. von Stefan Weinfurter, Sigmaringen 1991, S. 51–73.

Schmid, Karl: Zur Problematik von Familie, Sippe und Geschlecht, Haus und Dynastie beim mittelalterlichen Adel, in: Zeitschrift für die Geschichte des Oberrheins 105, 1957, S. 1–62.

–: Adel und Reform in Schwaben, in: Investiturstreit und Reichsverfassung, hg. von Josef Fleckenstein (Vorträge und Forschungen 17) Sigmaringen 1973, S. 295–319.

Schulz, Knut: Die Ministerialität als Problem der Stadtgeschichte. Einige allgemeine Betrachtungen, erläutert am Beispiel der Stadt Worms, in: Rheinische Vierteljahrsblätter 32, 1968, S. 184–219.

–: Zensualität und Stadtentwicklung im 11./12. Jahrhundert, in: Beiträge zum hochmittelalterlichen Städtewesen, hg. von Bernhard Diestelkamp, Köln, Wien 1982, S. 73–93.

Schulze, Hans K.: Grundstrukturen der Verfassung im Mittelalter, 2 Bände (Urban TB 371 u. 372) Stuttgart, Berlin, Köln, Mainz 1985 u. 1986.

Stehkämper, Hugo: Die Stadt Köln in der Salierzeit, in: Die Salier und das Reich, Bd. 3: Gesellschaftlicher und ideengeschichtlicher Wandel im Reich der Salier, hg. von Stefan Weinfurter, Sigmaringen 1991, S. 75–152.

Störmer, Wilhelm: Adel und Ministerialität im Spiegel der bayerischen Namengebung (bis zum 13. Jahrhundert). Ein Beitrag zum Selbstverständnis der Führungsschichten, in: Deutsches Archiv 33, 1977, S. 84–152.

Streich, Gerhard: Burg und Kirche während des deutschen Mittelalters. Untersuchungen zur Sakraltopographie von Pfalzen, Burgen und Herrensitzen (Vorträge und Forschungen, Sonderband 29) Sigmaringen 1984.

Vollrath, Hanna: Herrschaft und Genossenschaft im Kontext frühmittelalterlicher Rechtsbeziehungen, in: Historisches Jahrbuch 102, 1982, S. 33–71.

Winterfeld, Dethard von: (wie Kapitel 3).

Weinfurter, Stefan: Der Aufstieg der frühen Wittelsbacher, in: Geschichte in Köln 14, 1983, S. 13–47.

–: Sancta Aureatensis Ecclesia. Zur Geschichte Eichstätts in ottonisch-salischer Zeit, in: Zeitschrift für bayerische Landesgeschichte 49, 1986, S. 3–40.

Zotz, Thomas: Die Formierung der Ministerialität, in: Die Salier und das Reich, Bd. 3: Gesellschaftlicher und ideengeschichtlicher Wandel im Reich der Salier, hg. von Stefan Weinfurter, Sigmaringen 1991, S. 3–50.

5. Kapitel

Althoff, Gerd: Die Billunger in der Salierzeit, in: Die Salier und das Reich, Bd. 1: Salier, Adel und Reichsverfassung, hg. von Stefan Weinfurter, Sigmaringen 1991, S. 309–329.

Anton, Hans Hubert: Der sogenannte Traktat »De ordinando pontifice«. Ein Rechtsgutachten im Zusammenhang mit der Synode von Sutri (1046) (Bonner Historische Forschungen 48) Bonn 1982.

Balzer, Manfred: (wie Kapitel 4).

Beumann, Helmut: Der deutsche König als Romanorum Rex, Wiesbaden 1981.

–: Reformpäpste als Reichsbischöfe in der Zeit Heinrichs III. Ein Beitrag zur Geschichte des ottonisch-salischen Reichskirchensystems, in: Festschrift Friedrich Hausmann, hg. von Herwig Ebner, Graz 1977, S. 21–37.

Boshof, Egon: Lothringen, Frankreich und das Reich in der Regierungszeit Heinrichs III., in: Rheinische Vierteljahrsblätter 42, 1978, S. 63–127.

–: Das Reich in der Krise. Überlegungen zum Regierungsausgang Heinrichs III., in: Historische Zeitschrift 228, 1979, S. 265–287.
–: Die Salier (wie Einleitung).
BOSL, Karl: Die Markengründungen Kaiser Heinrichs III. auf bayerisch-österreichischem Boden, in: Zeitschrift für bayerische Landesgeschichte 14, 1944, S. 177–247.
BRÜHL, Carlrichard: Deutschland – Frankreich. Die Geburt zweier Völker, Köln, Wien 1990.
FLECKENSTEIN, Josef: Die Hofkapelle der deutschen Könige, Bd. 2: Die Hofkapelle im Rahmen der ottonisch-salischen Reichskirche (Schriften der Monumenta Germaniae Historica 16/II) Stuttgart 1966.
FREYTAG, Hans-Joachim: Die Herrschaft der Billunger in Sachsen, Göttingen 1951.
FRITZE, Wolfgang: Frühzeit zwischen Ostsee und Donau, Berlin 1982.
HEINEMEYER, Karl: Erzbischof Liutpold von Mainz – pontifex antiquę disciplinę. 1051–1059, in: Geschichte und ihre Quellen. Festschrift für Friedrich Hausmann zum 70. Geburtstag, hg. von Reinhard HÄRTEL, Graz 1987, S. 59–76.
HOFFMANN, Hartmut: Böhmen und das deutsche Reich im hohen Mittelalter, in: Jahrbuch für Geschichte Mittel- und Ostdeutschlands 18, 1969, S. 1–62.
JOHANEK, Peter: Die Erzbischöfe von Hamburg–Bremen und ihre Kirche im Reich der Salierzeit, in: Die Salier und das Reich, Bd. 2: Die Reichskirche in der Salierzeit, hg. von Stefan WEINFURTER, Sigmaringen 1991, S. 79–112.
LAUDAGE, Johannes: (wie Kapitel 4).
LUDAT, Herbert: Slawen und Deutsche im Mittelalter, Berlin 1982.
MINNINGER, Monika: Heinrichs III. interne Friedensmaßnahmen und ihre etwaigen Gegner in Lothringen, in: Jahrbuch für westdeutsche Landesgeschichte 5, 1979, S. 33–52.
PLOTZEK, Joachim M.: Das Perikopenbuch Heinrichs III. in Bremen und seine Stellung innerhalb der Echternacher Buchmalerei, Diss. phil. Köln 1970.
PRINZ, Friedrich: Kaiser Heinrich III. Seine widersprüchliche Beurteilung und deren Gründe, in: Historische Zeitschrift 246, 1988, S. 529–548.
–: Die Grenzen des Reiches in frühsalischer Zeit: Ein Strukturproblem der Königsherrschaft, in: Die Salier und das Reich, Bd. 1: Salier, Adel und Reichsverfassung, hg. von Stefan WEINFURTER, Sigmaringen 1991, S. 159–173.
SCHIEFFER, Rudolf: Erzbischöfe und Bischofskirche von Köln, in: Die Salier und das Reich, Bd. 2: Die Reichskirche in der Salierzeit, hg. von Stefan WEINFURTER, Sigmaringen 1991, S. 1–29.
–: Heinrich III. 1039–1056, in: Kaisergestalten des Mittelalters, hg. von Helmut BEUMANN, München 1984, S. 98–115.
SCHMALE, Franz-Josef: Die »Absetzung« Gregors VI. in Sutri und die synodale Tradition, in: Annuarium Historiae Conciliorum 11, 1979, S. 55–103.
SCHMID, Karl: Heinrich III. und Gregor VI. im Gebetsgedächtnis von Piacenza des Jahres 1046. Bericht über einen Quellenfund, in: Verbum et signum, Bd. II: Beiträge zur mediävistischen Bedeutungsforschung. Studien zu Semantik und Sinntradition im Mittelalter, hg. von Hans FROMM/Wolfgang HARMS/Uwe RUBERG, München 1975, S. 79–97.
SCHMIDT, Paul Gerhard: Heinrich III. – Das Bild des Herrschers in der Literatur seiner Zeit, in: Deutsches Archiv 39, 1983, S. 582–590.
SCHNITH, Karl: Recht und Friede. Zum Königsgedanken im Umkreis Heinrichs III., in: Historisches Jahrbuch 81, 1962, S. 22–57.
SPÖRL, Johannes: Pie rex caesarque future! Beiträge zum hochmittelalterlichen Kaisergedanken, in: Unterscheidung und Bewahrung. Festschrift für Hermann Kunisch zum 60. Geburtstag, hg. von Klaus LAZAROWICZ/Wolfgang KRON, Berlin 1961, S. 331–353.
SCHRAMM, Percy Ernst/Florentine MÜTHERICH: Denkmale der deutschen Könige und Kaiser. Ein Beitrag zur Herrschergeschichte von Karl dem Großen bis Friedrich II. 768–1250, 2. ergänzte Auflage München 1981.

STAAB, Franz: Die Mainzer Kirche. Konzeption und Verwirklichung in der Bonifatius- und Theonesttradition, in: Die Salier und das Reich, Bd. 2: Die Reichskirche in der Salierzeit, hg. von Stefan WEINFURTER, Sigmaringen 1991, S. 31–77.

STÖRMER, Wilhelm: Bayern und der bayerische Herzog im 11. Jahrhundert. Fragen der Herzogsgewalt und der königlichen Interessenpolitik, in: Die Salier und das Reich, Bd. 1: Salier, Adel und Reichsverfassung, hg. von Stefan WEINFURTER, Sigmaringen 1991, S. 503–547.

THOMAS, Heinz: Abt Siegfried von Gorze und die Friedensmaßnahmen Heinrichs III. vom Jahre 1043, in: Jahres-Chronik 1976 des Staatlichen Regino-Gymnasiums, Prüm 1976, S. 125–137.

VOLLRATH, Hanna: Kaisertum und Patriziat in den Anfängen des Investiturstreits, in: Zeitschrift für Kirchengeschichte 85, 1974, S. 11–44.

WEINFURTER, Stefan: Sancta Aureatensis Ecclesia (wie Kapitel 4).

WERNER, Matthias: Der Herzog von Lothringen in salischer Zeit, in: Die Salier und das Reich, Bd. 1: Salier, Adel und Reichsverfassung, hg. von Stefan WEINFURTER, Sigmaringen 1991, S. 367–473.

WOLTER, Heinz: Die Synoden im Reichsgebiet und in Reichsitalien von 916 bis 1056, Paderborn 1988.

6. Kapitel

BERGES, Wilhelm: Gregor VII. und das deutsche Designationsrecht, in: Studi Gregoriani 2, Rom 1947, S. 189–209.

BLUMENTHAL, Uta-Renate: Der Investiturstreit (Urban TB 335) Stuttgart, Berlin, Köln, Mainz 1982.

FREYTAG, Hans-Joachim: (wie Kapitel 5).

GROTEN, Manfred: Priorenkolleg und Domkapitel von Köln im Hohen Mittelalter. Zur Geschichte des kölnischen Erzstifts und Herzogtums (Rheinisches Archiv 109) Bonn 1980.

JASPER, Detlev: Das Papstwahldekret von 1059. Überlieferung und Textgestalt, Sigmaringen 1986.

JENAL, Georg: Erzbischof Anno II. von Köln (1056–75) und sein politisches Wirken. Ein Beitrag zur Geschichte der Reichs- und Territorialpolitik im 11. Jahrhundert (Monographien zur Geschichte des Mittelalters 8) Stuttgart 1974.

JOHANEK, Peter: (wie Kapitel 5).

LAMMERS, Walther: Das Hochmittelalter bis zur Schlacht von Bornhöved (Geschichte Schleswig-Holsteins 4/1) Neumünster 1981.

LEWALD, Ursula: Die Ezzonen. Das Schicksal eines rheinischen Fürstengeschlechts, in: Rheinische Vierteljahrsblätter 43, 1979, S. 120–168.

NELLMANN, Eberhard: Die Reichsidee in deutschen Dichtungen der Salier- und frühen Stauferzeit. Annolied – Kaiserchronik – Rolandslied – Eraclius (Philologische Studien und Quellen 16) Berlin 1963.

SCHIEFFER, Rudolf: Die Zeit der späten Salier (1056–1125), in: Rheinische Geschichte, Bd. 1, Teil 3: Hohes Mittelalter, hg. von Franz PETRI/Georg DROEGE, Düsseldorf 1983, S. 121–198.

SCHMIDT, Tilmann: Hildebrand, Kaiserin Agnes und Gandersheim, in: Niedersächsisches Jahrbuch für Landesgeschichte 46/47, 1974/75, S. 299–309.

SEMMLER, Josef: Die Klosterreform von Siegburg. Ihre Ausbreitung und ihr Reformprogramm im 11. und 12. Jahrhundert, Bonn 1959.

STEINBACH, Franz: Die Ezzonen. Ein Versuch territorialpolitischen Zusammenschlusses der fränkischen Rheinlande, in: Das erste Jahrtausend. Kultur und Kunst im werdenden Abendland an Rhein und Ruhr, Textband II, Redaktion Victor H. ELBERN, Düsseldorf 1964, S. 848–866.

STRUVE, Tilman: Zwei Briefe der Kaiserin Agnes, in: Historisches Jahrbuch 104, 1984, S. 411–424.

–: Die Romreise der Kaiserin Agnes, in: Historisches Jahrbuch 105, 1985, S. 1–29.

7. Kapitel

ANTON, Hans Hubert: Beobachtungen zur heinrizianischen Publizistik: die Defensio Heinrici IV. regis, in: Historiographia mediaevalis. Studien zur Geschichtsschreibung und Quellenkunde des Mittelalters. Festschrift für Franz-Josef Schmale zum 65. Geburtstag, hg. von Dieter BERG/Hans-Werner GOETZ, Darmstadt 1988, S. 149–167.

BEUMANN, Helmut: Die Auctoritas des Papstes und der Apostelfürsten in Urkunden der Bischöfe von Halberstadt. Vom Wandel des bischöflichen Amtsverständnisses in der späten Salierzeit, in: Die Salier und das Reich, Bd. 3: Gesellschaftlicher und ideengeschichtlicher Wandel im Reich der Salier, hg. von Stefan WEINFURTER, Sigmaringen 1991, S. 333–353.

BLUMENTHAL, Uta-Renate: (wie Kapitel 6).

BOSHOF, Egon: Heinrich IV., Herrscher an einer Zeitenwende, Göttingen 1979.

DROEGE, Georg: Landrecht und Lehnrecht im hohen Mittelalter, Bonn 1969.

ENGELS, Odilo: Das Reich der Salier – Entwicklungslinien, in: Die Salier und das Reich, Bd. 3: Gesellschaftlicher und ideengeschichtlicher Wandel im Reich der Salier, hg. von Stefan WEINFURTER, Sigmaringen 1991, S. 479–541.

ERDMANN, Carl/Dietrich VON GLADISS: Gottschalk von Aachen im Dienste Heinrichs IV., in: Deutsches Archiv 3, 1939, S. 115–174.

FENSKE, Lutz: Adelsopposition und kirchliche Reformbewegung im östlichen Sachsen. Entstehung und Wirkung des sächsischen Widerstandes gegen das salische Königtum während des Investiturstreits (Veröffentlichungen des Max-Planck-Instituts für Geschichte 47) Göttingen 1977.

FLECKENSTEIN, Josef: Hofkapelle und Reichsepiskopat unter Heinrich IV., in: Investiturstreit und Reichsverfassung, hg. von DEMS. (Vorträge und Forschungen 17) Sigmaringen 1973, S. 117–140.

FUHRMANN, Horst: Das Reformpapsttum und die Rechtswissenschaft, in: Investiturstreit und Reichsverfassung, hg. von Josef FLECKENSTEIN (Vorträge und Forschungen 17) Sigmaringen 1973, S. 175–203.

–: »Volkssouveränität« und »Herrschaftsvertrag« bei Manegold von Lautenbach, in: Festschrift für Hermann Krause, hg. von Sten GAGNÉR/Hans SCHLOSSER/Wolfgang WIEGAND, Köln, Wien 1975, S. 21–42.

–: Papst Gregor VII. und das Kirchenrecht. Zum Problem des Dictatus Papae, in: Studi Gregoriani 13, 1989, S. 123–149.

GIESE, Wolfgang: Der Stamm der Sachsen und das Reich in ottonischer und salischer Zeit. Studien zum Einfluß des Sachsenstammes auf die politische Geschichte des deutschen Reichs im 10. und 11. Jahrhundert und zu ihrer Stellung im Reichsgefüge mit einem Ausblick auf das 12. und 13. Jahrhundert, Wiesbaden 1979.

–: Otto von Bamberg und der Speyerer Dombau, in: Bericht des Historischen Vereins Bamberg 125, 1989, S. 105–113.

–: Reichsstrukturprobleme unter den Saliern – der Adel in Ostsachsen, in: Die Salier und das Reich, Bd. 1: Salier, Adel und Reichsverfassung, hg. von Stefan WEINFURTER, Sigmaringen 1991, S. 273–308.

GOEZ, Werner: »...iuravit in anima regis«: Hochmittelalterliche Beschränkungen königlicher Eidesleistung, in: Deutsches Archiv 42, 1986, S. 517–554.

GRAFEN, Hansjörg: Spuren der ältesten Speyerer Necrologüberlieferung. Ein verlorenes Totenbuch aus dem 11. Jahrhundert, in: Frühmittelalterliche Studien 19, 1985, S. 379–431.

JAKOBS, Hermann: Die Hirsauer. Ihre Ausbreitung und Rechtsstellung im Zeitalter des Investiturstreites (Kölner Historische Abhandlungen 4) Köln, Graz 1961.

–: Der Adel (wie Kapitel 4).

–: Rudolf von Rheinfelden und die Kirchenreform, in: Investiturstreit und Reichsverfassung, hg. von Josef FLECKENSTEIN (Vorträge und Forschungen 17) Sigmaringen 1973, S. 87–115.

Koch, Gottfried: Auf dem Wege zum Sacrum Imperium. Studien zur ideologischen Herrschaftsbegründung der deutschen Zentralgewalt im 11. und 12. Jahrhundert, Wien, Köln, Graz 1972.

Kost, Otto-Hubert: Das östliche Niedersachsen im Investiturstreit. Studien zu Brunos Buch vom Sachsenkrieg (Studien zur Kirchengeschichte Niedersachsens 13) Göttingen 1962.

Krabusch, Hans: Untersuchungen zur Geschichte des Königsgutes unter den Saliern (1024–1125), Diss. masch. Heidelberg 1949.

Krah, Adelheid: Absetzungsverfahren als Spiegelbild von Königsmacht (Untersuchungen zur deutschen Staats- und Rechtsgeschichte NF 26) Aachen 1987.

Kubach/Haas: (wie Kapitel 2).

Lange, Karl-Heinz: Der Herrschaftsbereich der Grafen von Northeim 960–1144 (Studien und Vorarbeiten zum Historischen Atlas Niedersachsens 24) Göttingen 1969.

Laudage, Johannes: (wie Kapitel 4).

Müller-Mertens, Eckhard: Regnum Teutonicum. Aufkommen und Verbreitung der deutschen Reichs- und Königsauffassung im früheren Mittelalter, Wien, Köln, Graz 1970.

Pischke, Gudrun: Herrschaftsbereiche der Billunger, der Grafen von Stade, der Grafen von Northeim und Lothars von Süpplingenburg (Studien und Vorarbeiten zum Historischen Atlas Niedersachsens 29) Hildesheim 1984.

Schieffer, Rudolf: Die Entstehung des päpstlichen Investiturverbots für den deutschen König (Schriften der Monumenta Germaniae Historica 28) Stuttgart 1981.

–: Gregor VII. – ein Versuch über historische Größe, in: Historisches Jahrbuch 97/98, 1978, S. 87–107.

Schimmelpfennig, Bernhard: Zölibat und Lage der »Priestersöhne« vom 11. bis zum 14. Jahrhundert, in: Historische Zeitschrift 227, 1978, S. 1–44.

Schmid, Karl: Kloster Hirsau und seine Stifter, Freiburg i. Br. 1959.

–: Salische Gedenkstiftungen für fideles, servientes und milites, in: Institutionen, Kultur und Gesellschaft im Mittelalter. Festschrift für Josef Fleckenstein zu seinem 65. Geburtstag, hg. von Lutz Fenske/Werner Rösener/Thomas Zotz, Sigmaringen 1984, S. 245–264.

Schneider, Christian: Prophetisches sacerdotium und heilsgeschichtliches regnum im Dialog 1073–1077. Zur Geschichte Gregors VII. und Heinrichs IV. (Münstersche Mittelalter-Schriften 9) München 1972.

Schulze, Hans K.: Adelsherrschaft und Landesherrschaft. Studien zur Verfassungs- und Besitzgeschichte der Altmark, des ostsächsischen Raumes und des hannoverschen Wendlandes im hohen Mittelalter (Mitteldeutsche Forschungen 29) Köln, Graz 1963.

–: Königsherrschaft und Königsmythos. Herrscher und Volk im politischen Denken des Hochmittelalters, in: Festschrift für Berent Schwineköper zu seinem 70. Geburtstag, hg. von Helmut Maurer/Hans Patze, Sigmaringen 1982, S. 177–186.

Seibert, Hubertus: Libertas und Reichsabtei. Zur Klosterpolitik der salischen Herrscher, in: Die Salier und das Reich, Bd. 2: Die Reichskirche in der Salierzeit, hg. von Stefan Weinfurter, Sigmaringen 1991, S. 503–569.

Spier, Heinrich: Die Harzburg Heinrichs IV. Ihre geschichtliche Bedeutung und ihre besondere Stellung im Goslarer Reichsbezirk, in: Harz-Zeitschrift 19/20, 1967/68, S. 185–204.

Struve, Tilman: Kaisertum und Romgedanke in salischer Zeit, in: Deutsches Archiv 44, 1988, S. 424–454.

–: Das Problem der Eideslösung in den Streitschriften des Investiturstreites, in: Zeitschrift für Rechtsgeschichte, Kan. Abt. 75, 1989, S. 107–132.

Tellenbach, Gerd: Der Charakter Kaiser Heinrichs IV. Zugleich ein Versuch über die Erkennbarkeit menschlicher Individualität im hohen Mittelalter, in: Person und Gemeinschaft. Karl Schmid zum 65. Geburtstag, hg. von Gerd Althoff/Dieter Geuenich/Otto Gerhard Oexle/Joachim Wollasch, Sigmaringen 1988, S. 345–367.

—: Die westliche Kirche vom 10. bis zum frühen 12. Jahrhundert (Die Kirche in ihrer Geschichte 2) Göttingen 1988.

THOMA, Gertrud: Namensänderungen in Herrscherfamilien des mittelalterlichen Europa (Münchener Historische Studien, Abt. mittelalterliche Geschichte 3) Kallmünz 1985.

VOGEL, Jörgen: Gregor VII. und Heinrich IV. nach Canossa. Zeugnisse ihres Selbstverständnisses (Arbeiten zur Frühmittelalterforschung 9) Berlin, New York 1983.

VOLLRATH, Hanna: Konfliktbewältigung und Konfliktdarstellung in erzählenden Quellen des 11. Jahrhunderts, in: Die Salier und das Reich, Bd. 3: Gesellschaftlicher und ideengeschichtlicher Wandel im Reich der Salier, hg. von Stefan WEINFURTER, Sigmaringen 1991, S. 279–296.

WEIDEMANN, Konrad: Burg, Pfalz und Stadt als Zentren der Königsherrschaft am Nordharz, in: Führer zu vor- und frühgeschichtlichen Denkmälern 35 (Goslar, Bad Harzburg), Mainz 1978, S. 11–50.

WERNER, Ernst: Pauperes Christi. Studien zu sozial-religiösen Bewegungen im Zeitalter des Reformpapsttums, Leipzig 1956.

WILKE, Sabine: Das Goslarer Reichsgebiet und seine Beziehungen zu den territorialen Nachbargewalten. Politische, verfassungs- und familiengeschichtliche Untersuchungen zum Verhältnis von Königtum und Landesherrschaft am Nordharz im Mittelalter (Veröffentlichungen des Max-Planck-Instituts für Geschichte 32) Göttingen 1970.

ZIMMERMANN, Harald: Heinrich IV., in: Kaisergestalten des Mittelalters, hg. von Helmut BEUMANN, München 1984, S. 116–134.

—: Die »gregorianische Reform« in deutschen Landen, in: Studi Gregoriani 13, 1989, S. 263–279.

8. Kapitel

BANNIZA VON BAZAN, Heinrich: Die Persönlichkeit Heinrichs V. im Urteil der zeitgenössischen Quellen, Berlin 1927.

BECKER, Alfons: Papst Urban II. (1088–1099), 2 Teile (Schriften der Monumenta Germaniae Historica 19/I und II) Stuttgart 1964 und 1988.

BOSL, Karl: Das Nordgaukloster Kastl (Gründung, Gründer, Wirtschafts- und Geistesgeschichte), in: Verhandlungen des Historischen Vereins von Oberpfalz und Regensburg 89, 1939, S. 3–186.

BÜTTNER, Heinrich: Erzbischof Adalbert von Mainz, die Kurie und das Reich in den Jahren 1118 bis 1122, in: Investiturstreit und Reichsverfassung, hg. von Josef FLECKENSTEIN (Vorträge und Forschungen 17) Sigmaringen 1973, S. 395–410.

CANTARELLA, Glauco Maria: La costruzione della verità. Pasquale II, un papa alle strette (Istituto Storico Italiano per il Medio Evo. Studi Storici, Fasc. 178–179) Roma 1987.

CLASSEN, Peter: Das Wormser Konkordat in der deutschen Verfassungsgeschichte, in: Investiturstreit und Reichsverfassung, hg. von Josef FLECKENSTEIN (Vorträge und Forschungen 17) Sigmaringen 1973, S. 411–460.

ENGELS, Odilo: Die Stauferzeit, in: Rheinische Geschichte, Bd. 1, Teil 3: Hohes Mittelalter, hg. von Franz PETRI/Georg DROEGE, Düsseldorf 1983, S. 199–296.

—: Die Staufer (Urban TB 154) Stuttgart, Berlin, Köln, Mainz ⁴1989.

FRIED, Johannes: Der Regalienbegriff im 11. und 12. Jahrhundert, in: Deutsches Archiv 29, 1973, S. 450–528.

GAETTENS, Richard: Das Geburtsjahr Heinrichs V. 1081 oder 1086? Rechtsgeschichtliche und numismatische Erörterungen, in: Zeitschrift für Rechtsgeschichte, Germ. Abt. 79, 1962, S. 52–71.

HAMPE, Karl: (wie Einleitung).

KRIMM-BEUMANN, Jutta: Der Traktat »De investitura episcoporum« von 1109, in: Deutsches Archiv 33, 1977, S. 37–83.

MÄRTL, Claudia: Regensburg in den geistigen Auseinandersetzungen des Investiturstreits, in: Deutsches Archiv 42, 1986, S. 145–191.
MAURER, Helmut: (wie Kapitel 3).
MILLOTAT, Paul: Transpersonale Staatsvorstellungen in den Beziehungen zwischen Kirchen und Königtum der ausgehenden Salierzeit (Historische Forschungen 26) Rheinfelden, Freiburg i. Br., Berlin 1989.
MINNINGER, Monika: Von Clermont zum Wormser Konkordat. Die Auseinandersetzungen um den Lehnsnexus zwischen König und Episkopat (Forschungen zur Kaiser- und Papstgeschichte des Mittelalters 2) Köln, Wien 1978.
NEUMEISTER, Peter: Heinrich V. 1106–1125, in: Deutsche Könige und Kaiser des Mittelalters, Leipzig, Jena, Berlin 1989, S. 129–138.
PETERS, Wolfgang: Coniuratio facta est pro libertate. Zu den coniurationes in Mainz, Köln und Lüttich in den Jahren 1105/06, in: Rheinische Vierteljahrsblätter 51, 1987, S. 303–312.
RASSOW, Peter: Der Kampf Kaiser Heinrichs IV. mit Heinrich V., in: Zeitschrift für Kirchengeschichte 47, 1928, S. 451–465.
SCHEIBELREITER, Georg: Der Regierungsantritt des römisch-deutschen Königs (1056–1138), in: Mitteilungen des Instituts für österreichische Geschichtsforschung 81, 1973, S. 1–62.
SCHIEFFER, Rudolf: Die Entstehung des päpstlichen Investiturverbots (wie Kapitel 7).
SCHMEIDLER, Bernhard: Heinrichs IV. Absetzung 1105/06, kirchenrechtlich und quellenkritisch untersucht, in: Zeitschrift für Rechtsgeschichte, kan. Abt. 43, 1922, S. 168–222.
SCHMID, Karl: (wie Einleitung).
–(Hg.): Die Zähringer. Schweizer Vorträge und neue Forschungen (Veröffentlichungen zur Zähringer-Ausstellung III) Sigmaringen 1991.
SCHNITH, Karl: »Kaiserin« Mathilde, in: Großbritannien und Deutschland. Europäische Aspekte der politisch-kulturellen Beziehungen beider Länder in Geschichte und Gegenwart. Festschrift für John P. Bourke, hg. von Ortwin KUHN, München 1974, S. 166–182.
SERVATIUS, Carlo: Paschalis II. (1099–1118). Studien zu seiner Person und seiner Politik (Päpste und Papsttum 14) Stuttgart 1979.
–: Heinrich V. (1106–1125), in: Kaisergestalten des Mittelalters, hg. von Helmut BEUMANN, München 1984, S. 135–154.
STÜLLEIN, Hans-Jochen: Das Itinerar Heinrichs V. in Deutschland, Diss. München 1971.
WAAS, Adolf: Heinrich V. Gestalt und Verhängnis des letzten salischen Kaisers, München 1967.
WADLE, Elmar: Heinrich IV. und die deutsche Friedensbewegung, in: Investiturstreit und Reichsverfassung, hg. von Josef FLECKENSTEIN (Vorträge und Forschungen 17) Sigmaringen 1973, S. 141–173.
WIBEL, Hans: Die ältesten deutschen Stadtprivilegien, insbesondere das Diplom Heinrichs V. für Speyer, in: Archiv für Urkundenforschung 6, 1918, S. 234–262.

Schlußbemerkung

ENGELS, Odilo: Die Staufer (wie Kapitel 8).
–: Stauferstudien, Beiträge zur Geschichte der Staufer im 12. Jahrhundert. Festgabe zu seinem 60. Geburtstag, hg. von Erich MEUTHEN und Stefan WEINFURTER, Sigmaringen 1988.
PETKE, Wolfgang: Kanzlei, Kapelle und königliche Kurie unter Lothar III. (1125–1137) (Forschungen zur Kaiser- und Papstgeschichte des Mittelalters 5) Köln, Wien 1985.
SCHMID, Karl: De regia stirpe Waiblingensium. Bemerkungen zum Selbstverständnis der Staufer, in: Zeitschrift für die Geschichte des Oberrheins 124, 1976, S. 63–73.
SPEER, Lothar: Kaiser Lothar III. und Erzbischof Adalbert I. von Mainz. Eine Untersuchung zur Geschichte des deutschen Reiches im frühen zwölften Jahrhundert (Dissertationen zur mittelalterlichen Geschichte 3) Köln, Wien 1983.

Orts- und Personenregister

Die salischen Kaiser sind nicht aufgenommen.

Abkürzungen: bez. = bezeugt; Bf. = Bischof; Bfe. = Bischöfe; bibl. = biblisch; Br. = Bruder; Bt. = Bistum; byzant. = byzantinisch; ca. = circa; Ebf. = Erzbischof; Ebfe. = Erzbischöfe; Ebt. = Erzbistum; Fst. = Fürst; Ftm. = Fürstentum; Gem. = Gemahl/Gemahlin; Gf. = Graf; Gfen. = Grafen; Gft. = Grafschaft; Hl. = Heilige/Heiliger; Hz. = Herzog; Hze. = Herzöge; Hzt. = Herzogtum; Kap. = Kapitel; Kard. = Kardinal; Kg. = König; Kge. = Könige; kgl. = königlich; Kgn. = Königin; Kgr. = Königreich; Kl. = Kloster; Kp. = Kapelle; Ks. = Kaiser; Ksn. = Kaiserin; M. = Mutter; Mgf. = Markgraf; Mgfen. = Markgrafen; Mgfn. = Markgräfin; Mgft. = Markgrafschaft; Pfgf. = Pfalzgraf; Pr. = Priester; S. = Sohn; s. = siehe; Schw. = Schwester; T. = Tochter; V. = Vater

Aachen 90
- Krönung Heinrichs III. (1028) 28, 34
- Krönung Konrads (III.) (1087) 140
- Krönung Heinrichs V. (1099) 142
- Pfalz 105
- Marienstift 28, 134, 151
- - Pröpste: Theoderich; Gottschalk; Adalbert (I., Ebf. v. Mainz)
- - Karlsthron 31, 97
Aachen-Frankfurter Heerstraße 107
Adalbero (v. Eppenstein), Hz. v. Kärnten (1012–1035, † 1039) 47, 53f.
Adalbero, Bf. v. Laon (977–1033) 72
- *Carmen ad Robertum regem* 72f.
Adalbert, Gf. v. Saargau († 1033) 14
Adalbert, Ebf. v. Hamburg-Bremen (1043–1072) 61, 65, 80, 93, 105, 109, 112, 115, 120
- nordische Legation 110
- Patriarchatsplan 112
- Zwölfbistumsplan 112
Adalbert I. (v. Saarbrücken), Ebf. v. Mainz (1109–1137) 151, 153f., 156
Adalbert, Abt v. Hornbach 17
Adam v. Bremen, Geschichtsschreiber 61, 80, 105, 108–110, 112
Adelheid (v. Metz), Gem. Heinrichs »v. Worms«, M. Konrads II. 13f., 17, 20, 56
Adelheit s. Agnes, T. Heinrichs IV.
Agnes (v. Poitou), Kgn. u. Ksn., 2. Gem. Heinrichs III. († 1077) 48, 78, 80, 87f., 95–102, 136

Agnes, T. Heinrichs IV., Gem. 1. Hz. Friedrichs I. v. Schwaben, 2. Mgf. Leopolds III. († 1143) 9, 125
Alberich, Bf. v. Como (1010–1028) 24
Alemannen, Stamm 52
Alexander II., Papst (1061–1073) 101, 109
Alpen 24, 90, 141, 143
Altmann, Bf. v. Passau (1065–1091) 132
Andernach 92
Andreas I., Kg. v. Ungarn (1046–1060) 98
Anno II., Ebf. v. Köln (1056–1075) 65f., 70f., 91, 99, 102–105, 107–110, 112, 114, 120, 124
- ›Annolied‹ 103–105
- *Vita Annonis* 107
Anselm, schwäb. Gf. 50
Anselm I., Bf. v. Lucca s. Alexander II., Papst
Apennin 131
Apulien, Hzt.
- Hz.: Robert Guiskard
Aquileia
- Patriarch: Poppo
- Dom
- - Apsisfresko 35, 46
Aquitanien, Hzt.
- Hz.: Wilhelm V.
Arelat s. Burgund, Kgr.
Arezzo 100
Aribert, Ebf. v. Mailand (1019–1045) 32, 45f.
Aribo, Ebf. v. Mainz (1021–1031) 27f., 55

Aribonen, bayer. Adelsgeschlecht 28
- s. auch Aribo, Ebf. v. Mainz; Pilgrim, Ebf. v. Mainz
Auelgau 105
Augsburg 32
- Bt. 28
- Bf. v. 50
- Bfe.: Bruno; Heinrich II.
- Annalen 85
- Synode (1062) 109
Augustinus, Kirchenvater 72
Augustus, röm. Ks. (31 v.-14 n. Chr.) 135
Azecho, Bf. v. Worms (1025–1044) 17, 55

B., Gf. (= Berengar I. v. Sulzbach ?) 144
Babenberger, süddt. Adelsgeschlecht 95
- s. auch Ernst II., Hz. v. Schwaben; Otto III., Hz. v. Schwaben; Leopold III., Mgf.
Balderich, Bf. v. Speyer (970–986) 38
Balduin V., Gf. v. Flandern (1035–1067) 91
Balduin VI., Gf. v. Flandern, I., Gf. im Hennegau (1067–1071) 91
Baltikum 110
Bamberg 40, 99
- Bt. 24, 28, 38
- Bf. v. 65
- Bfe.: Suidger (Clemens II., Papst); Gunther; Otto I.
- Dom 40
- - Grablege Heinrichs II. 36
- Domkap. 109
- Domstift
- - Propst: Hermann
- Domschule 107
- Ministerialen d. Bfs. 67
- ›Ministerialenrecht‹ (1061/62) 66f.
Bardengau 110
Bardo, Ebf. v. Mainz (1031–1051) 83
Basel 47, 153
Baumburg, Stift 144
Bayern 56, 64, 97, 139, 143
Bayern, Hzt. 50, 52, 93, 97, 141
- Hz. v. 20, 95, 141
- Hze.: Heinrich II. d. Zänker; Heinrich IV. (II., Kg. u. Ks.); Heinrich VI. (III., Kg. u. Ks.); Heinrich VII.; Konrad I.; Konrad II.; Agnes, Kgn. u. Ksn.; Otto (v. Northeim); Welf IV.; Welf V.
Bayern, Stamm 26, 139

Beatrix, Mgfn. v. Tuszien, Gem. 1. Mgf. Bonifaz' v. Tuszien-Canossa, 2. Gottfrieds d. Bärtigen († 1076) 90
Beatrix, Gem. Hz. Adalberos v. Kärnten, T. Hz. Hermanns II. v. Schwaben 47
Beatrix I., Äbtissin v. Quedlinburg u. Gandersheim, T. Heinrichs III. u. Gunhilds († 1061) 43, 100
Beichlingen, Burg 121
Bela I., Kg. v. Ungarn (1060–1063) 98
Benedikt IX., Papst (1032–1045) 78
Benediktbeuern, Kl. 116
Benno II., Bf. v. Osnabrück (1068–1088) 36, 38, 61f., 120, 136
Berchtesgaden, Stift 144
Berengar I., Gf. v. Sulzbach (1099–1125) 143f.
Berengar v. Tours, Theologe, als Irrlehrer verurteilt († 1088) 100
Bern(o), Abt v. Reichenau (1008–1048) 24, 28, 78, 86, 88
Bernhard II., Hz. v. Sachsen (1011–1059) 92, 110
Berta, Gem. d. Gf. Odo I. v. d. Champagne, T. Kg. Konrads v. Burgund 47
Bertha (v. Turin), Kgn. u. Ksn., 1. Gem. Heinrichs IV. († 1087) 115, 132
Berthold I. (v. Zähringen), Hz. v. Kärnten (1061–1077, † 1078) 98, 123, 125
Berthold II., Hz. v. Schwaben (1090–1098), »Hz. v. Zähringen« (1098–1111) 141f.
Berthold v. Reichenau, Geschichtsschreiber 124
Besançon, Ebt. 84
- Ebf.: Hugo
Billunger, sächs. Adelsgeschlecht 92f., 110, 120
- s. auch Bernhard II., Hz. v. Sachsen; Thietmar, Gf.; Otto (Ordulf), Hz. v. Sachsen; Magnus, Hz. v. Sachsen
Bliesgau 14f.
Blois, Gft. 91
- Gf.: Theobald III.
Böckelheim an d. Nahe, Burg 139
Bodfeld, Pfalz 95, 97
Bodo, Goslarer Präfekt 118
Böhmen, Hzt./Kgr. 49
- Hz. v. 49
Boleslaw I. Chrobry, Hz./Kg. v. Polen (992–1025) 49
Bonifaz v. Canossa, Mgf. v. Tuszien (1030–1052) 90

Bonizo, Bf. v. Sutri (vor 1078–1082) u. Piacenza (1088/89, † wohl vor 1099), Kanonist 130
Bonngau 105
Brauweiler
- Burg d. Ezzonen 106
- Kl. 106, 108
Bremen 110
- s. auch Hamburg-Bremen, Ebt.
Bretagne 15
Brixen
- Bf.: Poppo (Damasus II., Papst)
- Synode (1080) 132
Bruchsal, Königshof 21
- Begräbnisort Hz. Ottos v. Kärnten (?) 17, 21
Brun, Leitname d. Ottonen 23
Brun, Ebf. v. Köln (953–965) 55
Bruno, S. Hz. Ottos v. Kärnten s. Gregor V., Papst
Bruno, Bf. v. Augsburg (1006–1029) 75
Bruno, Bf. v. Toul (1026–1051) s. Leo IX., Papst
Bruno, sächs. Kleriker, Verfasser d. Buchs v. Sachsenkrieg 109, 115f., 122, 125
Burchard II., Bf. v. Halberstadt (1059–1088) 109, 122, 132
Burchard I., Bf. v. Worms (1000–1025) 20f.
Burchard, Propst v. Ursberg, Geschichtsschreiber 157
Burghausen, Gfen. v. s. Sighard
Burgscheidungen, Burg 121
Burgund 73, 78
- Gottesfriedensbewegung 87
Burgund, Kgr. 31, 46–48, 50, 84, 87
- Kg. v. 15
- Kge.: Konrad; Rudolf III.
- Erzkanzellariat 84
Burgunder, Stamm 49
Byzanz 33f., 36, 38, 56, 104
- Kaiser: Justinian; Konstantin VIII.; Romanos III. Argyros

Cadalus, Bf. v. Parma (1045–1071/72) s. Honorius (II.), Gegenpapst
Calixt II., Papst (1119–1124) 149
Calw, Gfen. v. s. Gottfried, rhein. Pfgf.
Cambridge, Liedersammlung von – (Carmina Cantabrigiensia) 85
Canossa, Burg
- Gang nach – (1077) 91, 131

Capua, Ftm. 101
- Fst.: Richard
Cham, Mark 95
Champagne, Gft.
- Gfen.: Odo I.; Odo II.
Chartres, Gft.
- Gf.: Theobald III.
Chlodwig I., fränk. Kg. (481–511) 14
Chur, Bt. 28
Clemens II., Papst (1046–1047) 80f., 132
Clemens III., Gegenpapst (1080–1100) 132, 143
Cluny, Kl. 107
- Äbte: Odilo; Hugo
Cochem an d. Mosel, Burg 107
Como, Bt. 24
- Bf.: Alberich
Corvey, Kl. 116
Crassus, Jurist 129, 135
Cremona 33
- Bf. v. 46
Crescentier, stadtröm. Adelsgeschlecht 78
- s. auch Silvester III., Papst

Damasus II., Papst (1047/48) 81
Dänemark, Kgr. 104, 112
- Kg.: Knut d. Gr.
Dänen, Volk 110
David, bibl. Kg. 78, 146
Dedi, Mgf. d. Niederlausitz (1046–1075) 102, 121f.
Desenberg, Burg 121
Diepold III., Mgf. v. Cham-Vohburg-Nabburg (1099–1146) 143
Diepoldinger, süddt. Adelsgeschlecht 95
Dietkirchen bei Bonn, Damenstift 106
Donauwörth, Gfen. v. 56
- s. auch Manegold I., Gf.

Ebbo, Verfasser einer Vita Bf. Ottos I. v. Bamberg 114
Ebbo, Wormser *magister*, Verfasser einer Liedersammlung 85
Eberhard, bayer. Gf. 32
Eberhard, Ebf. v. Trier (1047–1066) 91
Ebersberger, bayer. Adelsgeschlecht 64
Echternach, Kl. 107
- Buchmalerei 80
Egilbert, Bf. v. Freising (1005–1039) 53f., 56
Egisheim-Dagsburg, Gfen. v. 56

– s. auch Leo IX., Papst
Eichstätt
– »Sakrallandschaft« 61
– Bt. 28
– Bf. v. 63, 76
– Bfe.: Willibald; Heribert; Gebhard I. (Viktor II., Papst); Gundekar II.
– Bischofsgeschichte d. Anonymus v. Herrieden 61, 65, 69, 80
– Dom 59
Eifelgau 105
Ekbert I. (v. Braunschweig), Gf., Mgf. v. Meißen († 1068) 102f.
Ekkehard v. Aura, Geschichtsschreiber 9, 143f., 146, 151, 153f., 156
Elbslawen 110
Elsaß 15, 50, 154
Elsenzgau
– Gft. im – 16
– – Gf.: Otto, Hz. v. Kärnten
Elster, Schlacht an d. – (1080) 125
Emichonen, rhein. Adelsgeschlecht 20
Engern, Stamm 119
England, Kgr. 104
– Kg.: Knut d. Gr.
Enzgau
– Gft. im – 16
– – Gf.: Otto, Hz. v. Kärnten
Eppensteiner, Kärntner Adelsgeschlecht s. Adalbero, Hz. v. Kärnten
Erfurt
– Provinzialsynode (1074) 127
Erlung, Bf. v. Würzburg (1105–1121), Verfasser d. *Vita Heinrici IV. imperatoris* (?) 114, 153
Ernst I., Hz. v. Schwaben (1012–1015) 47, 49
Ernst II., Hz. v. Schwaben (1015–1030) 47, 49–52, 54, 121
– Sage v. »Herzog Ernst« 52
Eschwege, Damenstift 135
Essen, Damenstift 106
– Vogtei 106
Ethelinda, 1. Gem. Welfs IV., T. Ottos v. Northeim 121
Ezzo (Erenfried), rhein. Pfgf. (1020–1034) 105f.
Ezzonen, rhein. Adelsgeschlecht 64, 84, 105f.
– s. auch Ezzo (Erenfried), rhein. Pfgf.; Otto, rhein. Pfgf., II., Hz. v. Schwaben; Konrad I., Hz. v. Bayern; Hermann II., Ebf. v. Köln; Konrad III., Hz. v. Kärnten

Flandern, Gft. 91, 104
– Gfen.: Balduin V.; Balduin VI.
Florenz, Bt.
– Bf.: Gerhard (Nikolaus II., Papst)
Fonte Avellana, Eremitenkongregation 79
– Prior: Petrus Damiani
Forchheim, Gft. 136
Forchheim, Pfalz
– Fürstentag (1077)
– – Wahl Rudolfs v. Rheinfelden 125, 131
Franken, Hzt. 20
Franken, Stamm 13, 16, 26, 31, 33
– Hzt. d.– 20
– *lex Salica* 13
Frankfurt a.M. 15
Frankreich, Kgr. 81, 91
– Kge.: Robert II.; Heinrich I.; Philipp I.
Freising, Bt.
– Bf. v. 44
– Bfe.: Egilbert; Otto I.
Friedrich I. Barbarossa, Kg. u. Ks. (1152–1190) 156f.
Friedrich II., Hz. v. Oberlothringen (1026/27) 47, 49
Friedrich I., Hz. v. Schwaben (1079–1105) 141f.
Friedrich II., Hz. v. Schwaben (1105–1147) 125, 153, 156
Friedrich I. (v. Sommerschenburg), sächs. Pfgf. († 1120) 144
Friedrich, schwäb. Gf. 50
Friedrich v. Lothringen, S. Hz. Gozelos I. s. Stephan IX., Papst
Friedrich I., Ebf. v. Köln (1100–1131) 153f.
Friesen, Stamm 119
Frutolf v. Michelsberg, Geschichtsschreiber 98
Fruttuaria, Kl.
– Reformverband 107
Fürth
– Markt 109

Gandersheim, Damenstift 100, 106
– Äbtissin: Beatrix I.
Gebhard I., Ebf. v. Salzburg (1060–1088) 125, 132
Gebhard I., Bf. v. Eichstätt (1042–1057) s. Viktor II., Papst
Gebhard III., Bf. v. Konstanz (1084–1110) 144
Gebhard II., Bf. v. Speyer (1105–1107) 145

Gelasius I., Papst (492–496)
- Zweigewaltenlehre 134
Genf
- Krönung Konrads II. zum Kg. v. Burgund (1034) 48
Gerberga, Gem. Hz. Hermanns II. v. Schwaben, T. Kg. Konrads v. Burgund 23, 47
Gerhard, Gf. v. Metz († 1021/33) 14
Gerhard, Bf. v. Florenz (1045–1061) s. Nikolaus II., Papst
Gerresheim, Damenstift 106
Gerstungen, Frieden v. – (1074) 123
Gisela, Kgn. u. Ksn., Gem. Konrads II., T. Hz. Hermanns II. v. Schwaben († 1043) 23, 28, 31, 33, 35f., 41, 46f., 49, 51, 75f., 86, 136
Gisela (v. Burgund), M. Heinrichs II., Schw. Kg. Rudolfs III. v. Burgund († 1004) 46f.
Gorze, Kl.
- Abt: Siegfried
Goslar 93, 119
- Bürger 119
- Pfalz 85, 93, 117
- Reichsgutsbezirk 118
- Silberbergbau 93
- St. Simon u. Judas, Pfalzstift 85, 93, 96, 107
- - *Codex Caesareus* 80
- - Propst: Anno (II., Ebf. v. Köln)
- - Schule 120
Gottfried II. d. Bärtige, Hz. v. Oberlothringen (1044–1047), Hz. v. Niederlothringen (1065–1069) 84, 90–92, 97, 100, 102, 114, 121
Gottfried III. d. Bucklige, Hz. v. Niederlothringen (1069–1076) 123
Gottfried v. Calw, rhein. Pfgf. (1113–1131) 153
Gottschalk, Propst d. Marienstifts in Aachen, kgl. Notar 134
Gozelo I., Hz. v. Niederlothringen (1023–1044), Hz. v. Oberlothringen (1033–1044) 89
Gozelo II., Hz. v. Niederlothringen (1044–1046) 90
Grafschaft, Kl. 108
Gregor V., Papst (996–999) 13
Gregor VI., Papst (1045–1046) 78–80
Gregor VII., Papst (1073–1085) 66, 83, 91, 98, 100, 124, 126–132, 134, 140, 143
Grönland 110
Grönländer, Volk 110
Gundekar II., Bf. v. Eichstätt (1057–1075) 96
- *Pontifikale Gundekarianum* 63

Gunhild, Kgn., 1. Gem. Heinrichs III., T. Kg. Knuts d. Gr. v. Dänemark († 1038) 42
Gunther, Bf. v. Bamberg (1057–1065) 99, 102

Habsberg-Kastl, Gfen. v. s. Otto, Gf.
Halberstadt, Bt. 28, 63
- Bfe.: Burchard II.; Reinhard
Hamburg 110
- Dom 59
Hamburg-Bremen, Ebt. 110
- Ebf. v. 76
- Ebfe.: Adalbert; Liemar
- Kirchengeschichte d. Adam v. Bremen 61, 65, 80, 105, 109
Hammerstein, Gfen. v. s. Otto, Gf.
Hanstein, Burg 121
Harz 120
- Burgenbau Heinrichs IV. 69, 116, 120
- Erz- u. Silberbergbau 118
- Reichsgut 93, 118
Harzburg 117, 119, 121
- St. Valerius, Stift 118
- - Gräber Konrads (Br. Heinrichs IV.) u. Heinrichs (S. Heinrichs IV.) 118, 123f.
Haserensis, Anonymus s. Herrieden
Havelmündung, Schlacht an d. – (1056) 93
Heinrich, Leitname d. Salier 23
Heinrich II., Kg. u. Ks. (1002–1024) 20f., 23–25, 27, 31f., 35, 38, 42, 46–52, 55f., 59, 75, 78, 81, 87, 157
Heinrich I., Kg. v. Frankreich (1031–1060) 91
Heinrich II. d. Zänker, Hz. v. Bayern (955–976, 985–995) u. Kärnten (989–995), V. Heinrichs II. 47
Heinrich I., Gf. v. Luxemburg (998–1026), V., Hz. v. Bayern (1004–1009, 1017–1026) 52
Heinrich VI., Hz. v. Bayern (1027–1042), Schwaben (1038–1045) u. Kärnten (1039–1047) (= Heinrich III., Kg. u. Ks.) 52, 54, 93
Heinrich II., Gf. v. Luxemburg (1026–1047), VII., Hz. v. Bayern (1042–1047) 93
Heinrich »v. Worms«, V. Konrads II. († 990/91) 13, 17, 20, 23
Heinrich I., rhein. Pfgf. (1045–1061) 91, 106f.
Heinrich II., Bf. v. Augsburg (1047–1063) 99
Heinrich, S. Heinrichs IV. 118
Helmarshausen, Kl. 59
- Abt: Wino

Hennegau
- Gft. im - 91
- - Gf.: Balduin I. (VI., Gf. v. Flandern)
Heribert, Bf. v. Eichstätt (1022–1042) 57, 61
Hermann v. Salm, Gegenkg. (1081–1088) 115, 131
Hermann II., Hz. v. Schwaben (997–1003) 23, 47
Hermann III., Hz. v. Schwaben (1003–1012) 47
Hermann II., Ebf. v. Köln (1036–1056) 84, 106
Hermann v. Reichenau (d. Lahme), Geschichtsschreiber 87, 89f., 92
Hermann, Bamberger Dompropst 99
Herrieden, Anonymus v., Verfasser einer Geschichte d. Eichstätter Bfe. 61, 65
Hersfeld, Kl. 123, 134
Hezilo, Bf. v. Hildesheim (1054–1079) 122, 127
Hildebrand s. Gregor VII., Papst
Hildesheim
- »Sakrallandschaft« 59
- Bt. 28
- Bf.: Hezilo
- Dom 59
- Domstift 120
- - Propst: Benno (II., Bf. v. Osnabrück)
- Annalen 139
Hirsau, Kl. 132
- Abt: Gebhard (II., Bf. v. Speyer)
- Reformverband 64, 143
Homburg an d. Unstrut, Schlacht bei - (1075) 123
Honorius (II.), Gegenpapst (1061–1064) 102, 109
Hornbach, Kl. 14f., 135
- Abt: Adalbert
Hugo, Ebf. v. Besançon (1031–1066) 84
Hugo, Abt v. Cluny 140
Hunsrück 153

Iburg
- Burg 121
- Kl.
- - Abt: Norbert
Idar-Oberstein 14
Ingelheim, Pfalz 140
- Hoftag (1030) 51
- Sturz Heinrichs IV. (1106) 140
Isländer, Volk 110
Italien 67, 81, 90, 97
- Erzkanzlariat 84

- Zug Konrads II. (1026/27) 32, 50, 52
- Zug Konrads II. (1036–1038) 45
- Zug Heinrichs III. (1046/47) 76, 79
- Zug Heinrichs V. (1110/11) 151
- Zug Heinrichs V. (1116–18) 153
Italien (Reichsitalien) 24, 31–33, 35, 44–46, 147
- Lehnsgesetz (1037) 46
Italien, Kgr. 48, 141
Ivois
- Herrschertreffen (1056) 91

Jerusalem 59
- Grabeskirche 59
Johannes XIX., Papst (1024–1032) 33
Johannes Gratianus, Kardpr. v. St. Johann an d. Porta Latina s. Gregor VI., Papst
Johannes, Bf. v. Sabina (1012–1062/63) s. Silvester III., Gegenpapst
Judith, Gem. Hz. Ottos v. Kärnten († 991) 17
Judith, Schw. Konrads II. († 998) 17
Judith-Sophie, Gem. 1. Kg. Salomons v. Ungarn, 2. Hz. Wladislaw I. Hermanns v. Polen, Schw. Heinrichs IV. († 1092/96) 98
Justinian, byzant. Ks. (527–565)
- ›Codex Iustinianus‹ 135
- Institutionen 135

Kaiserswerth, Pfalz
- »Staatsstreich« (1062) 102f., 105, 108, 114
Kamba gegenüber Oppenheim
- Königswahl (1024) 13, 24–27, 31
Karl d. Gr., Kg. u. Ks. (768–814) 23, 31f.
Kärnten, Hzt. 52f., 93, 98
- Hz. v. 17
- Hze.: Heinrich II. d. Zänker; Otto; Konrad I.; Adalbero (v. Eppenstein); Konrad II. d. Jüngere; Heinrich (III., Kg. u. Ks.); Welf III.; Konrad III.; Berthold I. (v. Zähringen)
Kärnten, Mgft. 53
Karolinger 14, 53, 78
Kastl, Kl. 143
Kaufungen, Frauenkl. 135
Keldachgau 105
Kempten, Kl. 50, 116
Klingenmünster an d. Haardt, Kl. 134
Knut II. d. Gr., Kg. v. England, Dänemark (1017/18–1035) u. Norwegen (seit 1028) 33
Köln 70, 75, 80, 104f., 107, 140
- »Sakrallandschaft« 61
- Bürger 65, 70, 140

- Aufstand d. Bürger (1074) 70f., 124
- Ebt. 103–108, 120
- Ebf. v. 76, 84, 122
- Ebfe.: Brun; Pilgrim; Hermann II.; Anno II.; Friedrich I.
- Erzkanzellariat d. Ebfs. f. Italien 84
- Gottesfrieden (1083) 142
- Hoftag (1056) 91, 97
- Krönung Giselas (1024) 28, 31
- Krönungsrecht d. Ebfs. 28
- Lehnshof d. Ebfs. 107
- Priorenkolleg 107
- »Richerzeche« 70
- St. Maria im Kapitol, Frauenkl./Damenstift 106
- St. Pantaleon, Kl. 108

Konrad I., Kg. (911–918) 15
Konrad (III.), Kg. (1087–1098, † 1101), S. Heinrichs IV. 9, 140–142, 144
Konrad III., Kg. (1138–1152) 153, 156
Konrad, Kg. v. Burgund (937–993) 13, 23, 47
Konrad I., Hz. v. Bayern (1049–1053) 93, 95
Konrad II., Hz. v. Bayern (1054–1055), S. Heinrichs III. 98, 118
Konrad I., Hz. v. Kärnten (1004–1011), V. Konrads d. Jüngeren 13, 17, 20f., 26, 47
Konrad II. d. Jüngere, Hz. v. Kärnten (1036–1039) 13, 17, 21, 26f., 46f., 49, 51
Konrad III., Hz. v. Kärnten (1056–1061) 97
Konrad d. Rote, Hz. v. Lothringen (944/45–953, † 955) 14–17
Konrad I., Bf. v. Speyer (1056–1060) 96
Konradiner, fränk. Adelsgeschlecht 15, 23, 64
- s. auch Konrad I., Kg.
Konstantin d. Gr., röm. Ks. (312–337) 135
- »Konstantinische Schenkung« 149
Konstantin VIII., byzant. Ks. (1025–1028) 33f.
Konstantinopel 135
- Patriarch: Michael Kerullarios
Konstanz 31, 52
- »Sakrallandschaft« 61
- Bt. 28
- Bf. v. 52
- Bfe.: Theoderich; Gebhard III.
- Dom
- - Grablege Hz. Ernsts II. v. Schwaben 52
- Hoftag (1025) 35
- Synode (1043) 86
Kornelimünster, Kl. 116
- Vogtei 106

Kraichgau
- Gft. im – 16
- - Gf.: Otto, Hz. v. Kärnten
Kunigunde, Kgn. u. Ksn., Gem. Heinrichs II. († 1033) 27
Kuno, Kardbf. v. Praeneste (1111[1107?]–1123) 149
Kuno, kgl. Ministeriale, Erzieher Heinrichs IV. 99
Kyburg, Gft.
- Gf.: Werner (Wezelo)

Lambrecht, Leitname d. Widonen-Lambertiner 15
Lampert v. Hersfeld, Geschichtsschreiber 65, 71, 93, 95, 97, 99, 103, 108, 114, 116, 118–120, 122–124, 127
Langobarden, Stamm 33
Laon, Bt. 72
- Bf.: Adalbero
Lautern (Kaiserslautern), Königshof 17
Lechfeld bei Augsburg, Schlacht auf d. – (955) 16
Leiningen, Gfen. v. 20
Leo IX., Papst (1048/49–1054) 56f., 65, 81, 83f., 90f., 110, 112, 126
Leopold III., Mgf. d. bayer. Ostmark (1095–1136) 156
Lesum bei Bremen, Königshof 92
Liemar, Ebf. v. Hamburg-Bremen (1072–1101) 127
Limburg an d. Haardt
- salische Burg 36
- Stift/Kl. 36, 40, 43, 56, 69, 116, 135, 153
- - Grab Mathildes (T. Konrads II.) 17
- - Abt: Poppo (v. Stablo-Malmedy u. St. Maximin)
Liudgard, Gem. Konrads d. Roten, T. Ottos I. († 953) 14f., 25
Liudolf, Hz. v. Schwaben (949[948]–953, † 957), S. Ottos I. 16, 52
Liudolfinger, sächs. Adelsgeschlecht
- s. auch Otto I.; Liudolf, Hz. v. Schwaben; Otto II.; Heinrich d. Zänker; Otto III.; Mathilde, Gem. Pfgf. Ezzos; Heinrich II.; Bruno, Bf. v. Augsburg
Loire 15
Lombardei 101
Lorsch, Kl. 116
- Abt: Udalrich

Lothar III. (v. Supplinburg), Kg. u. Ks. (1125–1137), Hz. v. Sachsen (1106–1137) 153f., 156
Lothringen 73, 90f.
Lothringen, Hzt. 15f., 89
– Hz. v. 15, 91
– Hz.: Konrad d. Rote
Lothringer, Stamm 26f., 47
Lucca, Bt.
– Bf.: Anselm I. (Alexander II., Papst)
Lußhardtforst 21
Lüttich 140, 145
– Bf.: Wazo
– Bischofsgeschichte 80, 91
– Gottesfrieden (1082) 142
Luxemburger, Adelsgeschlecht – s. Heinrich II., Gf., VII., Hz. v. Bayern; Hermann v. Salm, Gegenkg.

Maas 15
Maastricht
– St. Servatius, Stift 151
– – Propst: Adalbert (I., Ebf. v. Mainz)
– – Vogtei 106
Magdeburg, Ebt.
– Ebf.: Werner
Magnus, Hz. v. Sachsen (1073/74–1106) 119f., 122
Mailand 45
– Ebf. v. 127
– Ebf.: Aribert
– Aufstand d. Valvassoren (1035/36) 45
– Belagerung (1037) 46
– Krönung Konrads II. z. Kg. v. Italien (1026) 32, 45
Mainz 61, 70f., 75, 139, 151, 153f.
– Bürger 153f.
– Ebt. 27, 109, 151
– Ebf. v. 27, 63, 76, 84, 122
– Ebfe.: Willigis; Aribo; Bardo; Siegfried I.; Adalbert I. (v. Saarbrücken)
– Kirchenprovinz 27
– Bischofspfalz 153
– Dom 59, 154
– »Erststimmrecht« d. Ebfs. 27
– Erzkanzellariat d. Ebfs. 83f.
– Erzkapellanat d. Ebfs. 28, 83f.
– Hoftag (1035) 53
– Hoftag (1098) 142
– Hoftag (1100) 143

– Hoftag (1105) 139
– Hoftag (1114) 151
– Hoftag (1115) 153
– Krönung Konrads II. (1024) 27f.
– Krönungsliturgie (um 960) 21
– Krönungsrecht d. Ebfs. 27f.
– Reichsfrieden (1103) 142
– Stadtherrschaft d. Ebfs. 38
– Stadtprivileg (1119/20) 154
– Wahlversammlung (1125) 156
– Altmünster, Frauenkl. 106
– Liebfrauenstift (Mariengreden) 154
Malmedy, Kl. 66, 116
Manegold I., Gf. v. Donauwörth 34
»Manegolde« s. Donauwörth, Gfen. v.
Maria, Gottesmutter 27, 35, 38
Mathilde, Kgn., Gemahlin Heinrichs V., Tochter Kg. Heinrichs I. v. England († 1167) 153, 156
Mathilde, Mgfn. v. Tuszien (1052–1115) 90f., 115, 131, 141, 153
Mathilde, Gem. 1. Hz. Konrads I. v. Kärnten, 2. Hz. Friedrichs II. v. Oberlothringen, 3. Gf. Esikos v. Ballenstedt, T. Hz. Hermanns II. v. Schwaben († 1032/33) 13, 17, 47, 49
Mathilde, Gem. Pfgf. Ezzos, Schw. Ottos III. († 1025) 105
Mathilde, T. Konrads II. († 1034) 17
Maximilla, Gem. Konrads (III.), T. Gf. Rogers I. v. Sizilien 141
Meinwerk, Bf. v. Paderborn (1009–1036) 59
Meißen, Mgft.
– Mgf.: Ekbert I.
Merowinger 14, 20, 78
Merseburg
– Bf.: Thietmar
– Hoftag (1053) 93
Mettlach, Kl. 14f.
Metz 14
Metz, Gfen. v. 56
– s. auch Gerhard, Gf.; Adalbert, Gf. v. Saargau; Adelheid, M. Konrads II.
Michael Kerullarios, Patriarch v. Konstantinopel (1043–1058) 83
Mieszko II., Kg. v. Polen (1025–1034) 49
Minden 31
– »Sakrallandschaft« 59
Mittelitalien 81
Mittelrhein 15f., 20, 107
Mont Cenis, Paß 131

Monte Cassino, Kl. 91
- Abt: Friedrich (Stephan IX., Papst)
Moosburg, Kl./Stift 44
Mosel 107
Mouzon 149
Murbach, Kl. 14
Murten, Burg 48

Nabburg, Mark 95
Nahegau 136
- Gft. im - 15f.
- - Gfen.: Werner; Konrad d. Rote; Otto, Hz. v. Kärnten
Naumburg in d. Wetterau, Propstei 136
Neckar 16
Neumark 95
Neustadt an d. Weinstraße 19
Neuß, St. Quirin, Frauenkl./Damenstift 106
Niddagau
- Gft. im- 15f.
- - Gfen.: Konrad d. Rote; Otto, Hz. v. Kärnten
Niederaltaich, Kl. 116
- Annalen 99, 102
Niederlausitz, Mgft.
- Mgf.: Dedi
Niederlothringen, Hzt. 90f., 114
- Hz. v. 89
- Hze.: Gozelo I.; Gozelo II.; Gottfried d. Bärtige; Gottfried d. Bucklige
Niederrhein 64, 107
Nikolaus II., Papst (1058/59–1061) 100f., 126
Nivelles, Frauenkl./Damenstift 106
Noah, bibl. Figur 72
Norbert, Abt v. Iburg, wohl Verfasser d. Vita Bf. Bennos II. v. Osnabrück 36
Nordgau, Mgft.
- Mgfen.: Otto v. Schweinfurt; Diepold III. (v. Cham-Vohburg-Nabburg)
Nordmark
- Mgf.: Udo II.
Nordsee 110
Normannen 101
Norwegen, Kgr. s. Knut II. d. Gr.
Norweger, Volk 110
Nürnberg
- Markt 109

Oberitalien 32, 45
Oberlothringen, Hzt. 90f.
- Hz. v. 90
- Hze.: Friedrich II.; Gozelo I.; Gottfried d. Bärtige
Oberrhein 16, 136, 151
Odilo, Abt v. Cluny 33
Odo I., Gf. v. d. Champagne († 996) 47
Odo II., Gf. v. Blois-Champagne (995–1037) 45–49
Odo, Kardbf. v. Ostia (1079/82–1088) s. Urban II., Papst
Olmütz, Bt. 28
Oppenheim am Rhein 13, 130
- Burg 153
Ordulf, Hz. v. Sachsen s. Otto
Osnabrück, Bt.
- Bf.: Benno II.
Ostfalen, Stamm 119
Ostfranken, Hz. in - 153
Ostia, Bt.
- Kardbfe.: Petrus Damiani; Odo (Urban II., Papst)
Ostmark, bayer. 54
- Mgf.: Leopold III.
Otloh, Mönch v. St. Emmeram, Geschichtsschreiber
- *Liber Visionum* 88
Otnand, kgl. Ministeriale 99
Otto, Leitname d. Ottonen 23
Otto I. d. Gr., Kg. u. Ks. (936–973) 14–16, 21, 24, 32f., 52f.
Otto II., Kg. u. Ks. (973–983) 17
Otto III., Kg. u. Ks. (983–1002) 17, 19, 35, 62
Otto (v. Northeim), Hz. v. Bayern (1061–1070, † 1083) 98, 102, 121f., 124f.
Otto, Hz. v. Kärnten (978–985, 1002–1004) (auch Hz. »v. Worms«) 13f., 16f., 19–21
Otto (Ordulf), Hz. v. Sachsen (1059–1072) 119
Otto, rhein. Pfgf. (1035–1045), II., Hz. v. Schwaben (1045–1047) 93
Otto v. Schweinfurt, Mgf., III., Hz. v. Schwaben (1048–1057) 93
Otto, Gf. v. Habsberg-Kastl (1102–1112) 143
Otto, Gf. v. Hammerstein († 1036) 28
Otto I., Bf. v. Bamberg (1102–1139) 136
- Vita 114
Otto I., Bf. v. Freising (1138–1158), Geschichtsschreiber 153, 156
Ottonen 10, 14, 23, 50, 55

Paderborn 59, 61
- Bt. 28
- Bf. v. 76
- Bf.: Meinwerk
- Bischofspfalz 59
- Dom 59
- Königspfalz 59
- - Bartholomäus-Kapelle 59
- Marktsiedlung vor d. Domburg 61
- Abdinghof, Kl. 59
- Busdorf-Stift 59
Parma, Bt. 102
- Bf.: Cadalus (Honorius [II.], Gegenpapst)
Paschalis II., Papst (1099–1118) 142f., 147, 149
Passau, Bt. 63
- Bf.: Altmann
Pavia
- Bürger 35
- Königspfalz 35
Peterlingen
- Wahl Konrads II. zum Kg. v. Burgund (1033) 48
Petershausen, Kl. (bei Konstanz)
- Chronik 93
Petrus, Apostel 110, 129, 132, 134, 149
Petrus Damiani, Kardbf. v. Ostia (1057–1072) 79, 83, 126f.
(Petrus) Crassus s. Crassus, Jurist
Pfälzer Wald 151
Pfinzgau
- Gft. im – 16
- - Gf.: Otto, Hz. v. Kärnten
Pfrimm 15
Philipp I., Kg. v. Frankreich (1060–1108) 140
Piacenza
- Bf. v. 46
- Bf.: Bonizo
- Gebetsverbrüderung (1046) 79
Pilgrim, Ebf. v. Köln (1021–1036) 28, 84
Pirmasens 14
Pirmin, Hl., irofränk. Missionar 14
Polen, Hzt./Kgr. 49
- Hz./Kg. v. 49
- Hze./Kge.: Boleslaw I. Chrobry; Mieszko II.
- Feldzug Konrads II. (1032) 48
Polling, Stift 116
Poppo II., Gf. (v. Rott, Gf. an d. Sempt [bez. 1002/03–ca. 1040] ?) 44
Poppo, Patriarch v. Aquileia (1019–1042) 46

Poppo, Bf. v. Brixen (1039–1048) s. Damasus II., Papst
Poppo, Abt v. Stablo-Malmedy u. St. Maximin (Trier) (1020–1048) 88
Prag, Bt. 28
Praeneste, Bt. 149
- Kardbf.: Kuno
Praxedis, Kgn. u. Ksn., 2. Gem. Heinrichs IV., T. d. Großfürsten Wsewolod v. Kiev († 1109) 115

Quedlinburg, Damenstift
- Äbtissin: Beatrix I.

Ravenna
- Ebf.: Wibert (Clemens III., Gegenpapst)
- Aufstand (1026) 32
Regensburg 67, 70, 139
- Bürger 70
- Hoftag (1027) 44, 52
- Hoftag (1056) 97
- »Alte Kapelle« (Pfalzkp.), Stift 65
- St. Emmeram, Kl.
- - Evangeliar (1105/06) 144
Reichenau, Kl. 14
- Abt: Bern(o)
- Nekrolog 49
- Schule 120
Reims, Ebt. s. Remigius, Bf.
Reinhard, Bf. v. Halberstadt (1107–1123) 153
Remigius, Hl., Bf. v. Reims (ca. 462–533) 14
Remstal 136
Rhein 15f., 27, 154
Rheinau, Kl. 116
Rheinfeldener, Adelsgeschlecht s. Rudolf, Gegenkg.
Rheinfranken 13
Richard, Fst. v. Capua (1058–1078) 101
Robert Guiskard, Hz. v. Apulien (1058–1085) 101, 132
Robert II., Kg. v. Frankreich (996–1031) 45
Rodulfus Glaber, Geschichtsschreiber 58
Roger I., Gf. v. Sizilien (1061–1101) 141
Rom 24, 34, 59, 61, 78, 88, 101, 109, 127, 132, 135f., 143, 147f.
- Bürger 135
- Engelsburg 132
- Fastensynode (1075) 128
- Fastensynode (1076) 129
- Krönung Konrads II. u. Giselas (1027) 33

- Krönung Heinrichs IV. u. Berthas (1084) 132
- Krönung Heinrichs V. (1111) 145, 148
- Laterankonzil (1112) 149
- Lateransynode (1059) 100, 127
- – Papstwahldekret 100
- Lateransynode (1102) 143
- Patricius 83, 101
- stadtröm. Adel 83, 101
- Synode (1046) 80
- Synode (1049) 81
- Zug Heinrichs III. (1046/47) 78, 84
- Zug Heinrichs V. (1110/11) 147
- Marienkl. auf d. Aventin 126
- Santa Maria in Turri
- – Verhandlungen (1111) 147f.
- Peterskirche 147f.

Romanos III. Argyros, byzant. Ks. (1028–1034) 33f.

Römer 33f.

Rudolf v. Rheinfelden, Gegenkg. (1077–1080), Hz. v. Schwaben (1057–1079) 48, 98, 123–126, 138

Rudolf III., Kg. v. Burgund (993–1032) 33, 46–49

Ruhrgau 105

»Ruodlieb«, mittellat. Epos (2. Hälfte 11. Jh.) 85

Rußland 104

Saalfeld, Kl. 108
Saar 14f., 151
Saarbrücken, Gfen. v. 151
- s. auch Adalbert I., Ebf. v. Mainz
Saargau, Gft. s. Adalbert, Gf.
Sabina, Bt. 78
Sachsen 27, 100, 116, 118, 120f., 132, 136, 143, 153f.
- Reichsgut 119
Sachsen, Hzt.
- Hze.: Bernhard II.; Otto (Ordulf); Magnus; Lothar (v. Supplinburg)
Sachsen, Stamm 25f., 31, 93, 97, 119–123, 128, 135, 139, 153
- Aufstand (1073–75) 122f.
- Sachsenkriege 121
Sachsenstein, Burg 116
Saint-Bénigne (Dijon), Kl. s. Wilhelm, Abt
Salerno 132
Salomon, Kg. v. Ungarn (1063–1074, † 1087) 98

Salzburg, Ebt. 63
- Ebf.: Gebhard I.
Scheyern-Wittelsbacher, Adelsgeschlecht 65
Schwaben 23, 64, 87, 107, 132, 143
Schwaben, Hzt. 50–52, 93, 98, 141
- Hz. v. 51
- Hze.: Hermann II.; Ernst I.; Ernst II.; Heinrich (III., Kg. u. Ks.); Otto II.; Otto III.; Rudolf v. Rheinfelden; Friedrich I.; Berthold II.; Friedrich II.
Schwaben, Stamm 26, 118, 139
Schweden, Volk 110
Schweinfurt, Gfen. v. s. Otto III., Hz. v. Schwaben
Seligenstadt, Kl. 109
Selz, Kl.
- Münze 38
Siegburg
- Burg d. Ezzonen 106
- Kl. 105, 107f.
Siegfried I., Ebf. v. Mainz (1060–1084) 99, 101f., 109, 125, 127
Siegfried, Abt v. Gorze (1031–1055) 88
Sigebert v. Gembloux, Geschichtsschreiber 146
Sighard, Gf. v. Burghausen († 1104) 67
Sigibodo, Bf. v. Speyer (1039–1054) 96
Silvester III., Gegenpapst (1045–1046) 78
Skandinavien 110
Slawen 93
Soana 126
Speyer 36, 38, 40, 70, 76, 97, 135, 145, 151, 153
- Bürger 145
- Bt. 28, 36, 38, 40, 76
- Bfe.: Walther; Sigibodo; Konrad I.; Gebhard II.
- Dom 40, 62, 76, 78, 96, 114, 120, 135f., 138, 145
- – Afrakapelle 145
- – karolingischer Bau 38
- – Königsgräber 17, 36, 40, 43, 75f., 78, 96, 136, 138, 145, 156
- – Marien-Patrozinium 36, 38, 136
- Domschule 76, 120
- *Codex Aureus* 76
- Münze 38
- Stadtprivileg (1111) 145, 154
- St. Johannes Evangelist/St. Wido, Stift 40
Speyerbach 19
Speyergau 15, 136
- Gft. im – 15f.

– – Gfen.: Werner; Konrad d. Rote; Otto, Hz. v. Kärnten
Spoleto, Hzt. 15
– Hz.: Wido
St. Blasien, Kl. 132
– Reformverband 64
St. Gallen, Kl.
– Annalen 87
– Nekrolog 52
St. Lambrecht/Pfalz, Kl. 19, 116, 135
– Besitz 19
– Gründungsurkunde 19
– Vogtei 19
St. Maximin (Trier), Kl. s. Poppo, Abt
St. Philipp zu Zell, Kl./Stift 15, 17
– Vogtei 17
Stablo-Malmedy, Kl. s. Poppo, Abt
Staufer 10, 45, 156f.
– Herrscheridee 10
Stephan I., Kg. v. Ungarn (1001–1038) 33, 38
Stephan IX., Papst (1057–1058) 90f., 100
Straßburg
– Bt. 13, 28
– Bfe.: Werner I.; Wilhelm
– Dom 59
– Domschhule 120
Süditalien 101
Suidger, Bf. v. Bamberg (1040–1047) s. Clemens II., Papst
Sulzbach, Gft. s. Berengar I., Gf.
Sutri
– Bf.: Bonizo
– Synode (1046) 79f.
– Verhandlungen (1111) 147f.

Theobald III., Gf. v. Blois u. Chartres († 1089) 91
Theoderich, Kg. d. Ostgoten (471–526) 35
Theoderich, Kanzler u. Propst d. Marienstifts in Aachen (1044–1046), Bf. v. Konstanz (1047–1051) 83
Thietmar, Gf., Br. Hz. Bernhards II. v. Sachsen († 1048) 92
Thietmar, Bf. v. Merseburg (1009–1018), Geschichtsschreiber 155
Thüringen 27, 108
Thüringer, Stamm 119f.
Tomburg 106f.
Toskana 126

Toul, Bt. s. Bruno (Leo IX., Papst)
Trebur, Pfalz 89
– Fürstenversammlung (1076) 130
Trier 14
– »Sakrallandschaft« 59
– Ebf. v. 14f.
– Ebf.: Eberhard
Trifels, Burg 151, 156
Troja 14
– Kge. v. 14, 34
Tusculum, Gfen. v. 78
– s. auch Benedikt IX., Papst
Tuszien, Mgft. s. Mgfen.: Bonifaz; Beatrix; Gottfried d. Bärtige; Mathilde

Udalrich, Abt v. Lorsch 66
Udo II., Gf. v. Stade, Mgf. d. Nordmark († 1082) 122
Uffgau
– Gft. im – 16
– – Gf.: Otto, Hz. v. Kärnten
Ulm
– Hoftag (1027) 50
Ungarn 93
Ungarn, Kgr. 38, 93, 95, 98
– Kge.: Stephan I.; Andreas I.; Bela I.; Salomon
Ungarn, Volk 16, 54, 58, 84, 86
Unteritalien 101
Urban II., Papst (1088–1099) 115, 140–143
Ursberg, Stift
– Propst: Burchard
Utrecht 75, 156
– »Sakrallandschaft« 59
– Bt. 33
– Dom 75

Venedig 33
Vercelli
– Bf. v. 46
– Synode (1050) 81
Verden, Bt. 28
Verdun (»Ardennerhaus«), lothr. Adelsgeschlecht 89f.
– s. auch Gozelo I., Hz. v. Ober- u. Niederlothringen; Gozelo II., Hz. v. Niederlothringen; Gottfried d. Bärtige, Hz. v. Ober- u. Niederlothringen; Gottfried d. Bucklige, Hz. v. Niederlothringen

Verona 115
Viktor II., Papst (1054/55–1057) 81, 84, 91, 95–98, 100
Vilich, Damenstift/Frauenkl. 106, 116
– Vögte 106

Waiblingen 138
Waiblingen, »Heinriche v.« (= Salier) 157
Walther, Bf. v. Speyer (1004–1027) 38, 70
Wasgauforst 17
Wazo, Bf. v. Lüttich (1042–1048) 80, 91
Weißenburg im Elsaß, Kl. 17
Welf II., Gf. in Schwaben († 1030) 50f.
Welf III., Gf., Hz. v. Kärnten (1047–1055) 93, 95
Welf IV., Gf., I., Hz. v. Bayern (1070–1077, 1096–1101) 121, 125, 141
Welf V., Gf., II., Hz. v. Bayern (1101–1120) 141f.
Welfen, Adelsgeschlecht 141
– s. auch Welf II.; Welf III.; Welf IV.; Welf V.
Welfesholz bei Eisleben, Schlacht am – (1115) 153
Werner, Gf. im Nahe-, Speyer- u. Wormsgau 15f.
Werner (Wezelo), Gf. v. Kyburg († 1030) 51
Werner, Ebf. v. Magdeburg (1063–1078) 122, 125
Werner I., Bf. v. Straßburg (1001–1028) 33
Westfalen 108, 110
– Stamm 119
Wetterau 64
Wibert, Ebf. v. Ravenna (1072–1100) s. Clemens III., Gegenpapst
Wido, Leitname d. Widonen 14
Wido II., Ks. (891–894), Kg. v. Italien (888–894), Hz. v. Spoleto 15
Widonen, Adelsgeschlecht 14f.
– Widonen-Lambertiner 15
– s. auch Wido II., Ks.
Widukind v. Corvey, Geschichtsschreiber 16
Wilhelm V., Hz. v. Aquitanien (995–1029) 45, 87
Wilhelm, Bf. v. Straßburg (1029–1046) 13

Wilhelm, Abt v. Saint-Bénigne (Dijon) (990–1031) 107
Willibald, Hl., erster Bf. v. Eichstätt (744/45[751/52?]–787/88) 63
Willigis, Ebf. v. Mainz (975–1011) 27
Wino, Abt v. Helmarshausen 59
Winterbach 138
Wipo, Geschichtsschreiber 13f., 19f., 23, 25–27, 32, 34–36, 40, 44–48, 50f., 75, 79, 85f., 155
Worms 15, 20, 70, 75
– Bürger 70
– Bt. 28, 55
– Bf. v. 17
– Bfe.: Burchard I.; Azecho
– Dom 59
– – Petrus-Patrozinium 38
– – salische Grablege 14, 16f., 42
– Hoftag (1076) 128, 130
– Konkordat (1122) 148–150, 155
– Ministerialen d. Bfs. 70
– Pfalz 16
– salische »Herzogsgewalt« 16f., 20f.
– salische Burg 16, 21
– Schwertleite Heinrichs IV. (1065) 114
– Stadtherrschaft d. Bfs. 38
– Stadtprivileg (1114) 154
– Zoll 17
– St. Paul, Stift 16
Wormsgau 14f.
– Gft. im – 15f.
– – Gfen.: Werner; Konrad d. Rote; Otto, Hz. v. Kärnten
Würzburg
– Bt. 28
– Bf.: Erlung
– Dom 59
– Reichstag (1121) 154
– – Friedensvertrag 150, 154

Zähringen, »Hz. v.« 141
Zähringer, schwäb. Adelsgeschlecht 141f.
– s. auch Berthold I., Hz. v. Kärnten
Zülpichgau 105
Zürich 48
– Reichsvogtei 141

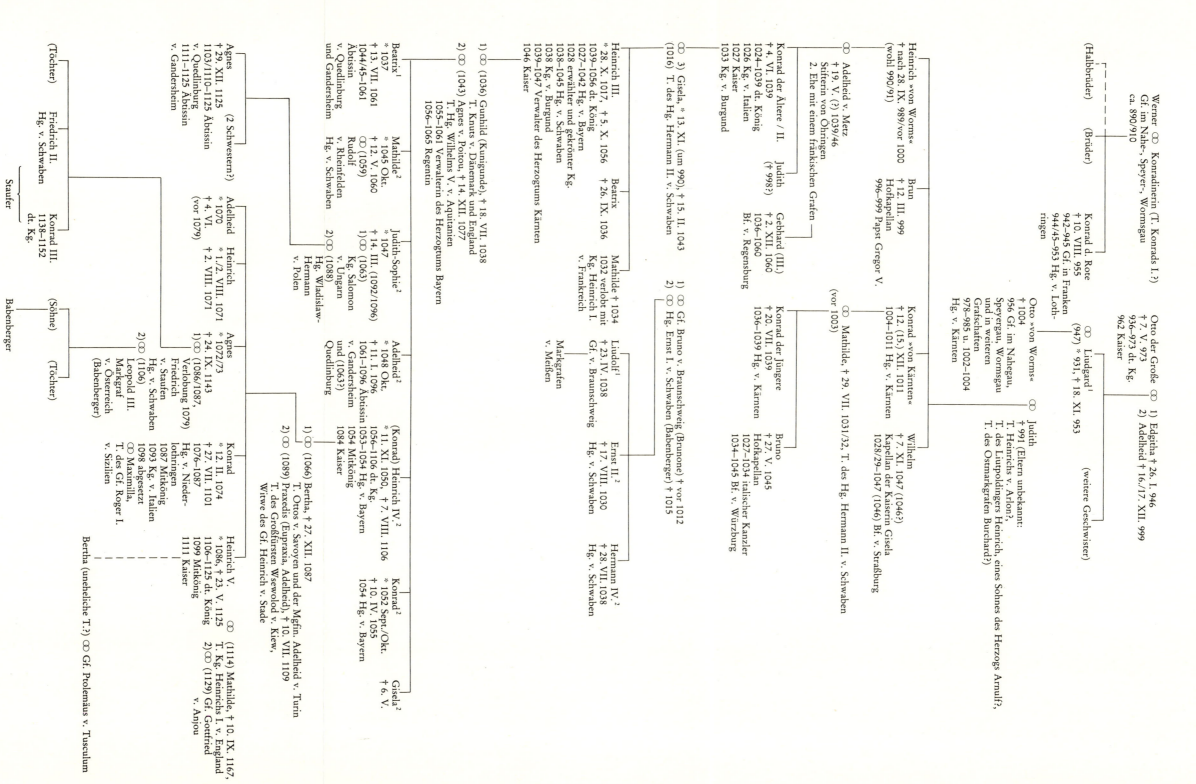